新しい地球へようこそ!

サブコンシャスからのメッセージ

Naoko

ナチュラルスピリット

私たちの未来は私たち次第ではないだろうか？
そして、未来は今、始まる！

――ドロレス・キャノン

目次

第三部　新しい地球　サブコンシャスからのメッセージ

第一部

イントロダクション

新しい地球へのシフトがいよいよ本格的に始まりました。

それは予期せぬ形で始まりました。2020年の新型コロナウイルス感染拡大です。これにより全世界の人々がこれからどのように生きていくのかに向き合わざるを得なくなってきました。

新しい地球へ行くのか、それともこのまま古い地球へとどまるのか。

その行き先はひとつではないでしょう。

どこへ行くかは、すべてあなた次第です。この不安定な移行期だからこそ、自由に選ぶことができるのです。意志の力によって、あなたの道を創ることができるのです。この時期にはそれがたやすくできるようになるということです。

私は、ドロレス・キャノンが発案したクオンタム・ヒーリング・ヒプノシス・テクニック（以下、QHHT）を2017年に学び、プラクティショナーとして、数多くのセッションを行ってきました。2017年から2019年のセッションの中で、2020年、2021年の地球の変化について言及されていたものが多くありました。一部を前著『宇宙世記憶』（ヒカルランド）にも掲載しましたが、実は収めきれないほどありました。

2020年の新型コロナウイルスのパンデミックが本格的に始まってからは、地球の変化、新しい地球に関連するセッション内容やサブコンシャス（大きな自己の一部、第2章参照）の言葉が増えました。それをこの本で共有して、今起きていることの意味、新しい地球へのステップなどを一緒に考えてみましょう。

そして、あなたの行く先を決めてください。

第1章

新しい地球へようこそ！

「マスクをしている」

それでは、まず2017年8月のセッションの一部をご紹介しましょう。

（N：施術者［筆者］　I：クライアント）

I　でも、4年後（2021年）には地球の変化があるから、避けられない。

N　地球の変化？　どんな変化がありますか？

I　……マスクを……。

N　マスクをしたほうがいいと？　空気が汚れてくるのですか？

I　みんな、息ができない。

N　そんなふうに地球が変化していくのですか？

I　うん。

N　地球の変化に際して他に何かやったほうがいいことはありますか？

I　それぞれの目的に向かって急ぐ。

これは実際に行われたQHHTセッションの一部です。実は『宇宙世記憶』に掲載した「Iさん　銀河を作る」の一部だったのですが、省いてしまったものです。このとき、セッションでは4年後（2021年）のIさん個人についての話題が、急に「地球の変化」、そして「マスクをしている」と意味がつながらなかったため、私はかなり狼狽してしまったことを覚えています。後でご本人からいただいたメモには「4年後マスク重要？　カプセルをかぶった人たちの姿（が見えた）」とありました。確かに4年後にはペットボトルをカプセルのように作ってかぶっている姿もどこかの国の写真で見かけました。

このように時空を超えた領域からの情報は、その時になってみないと意味がわからないものが多いのです。この本で紹介しているセッションはすべてQHHTを使って得られた情報ですが、それが後ほど説明しているようにQHHTの特徴ともいえます。

次にご紹介するのは、2020年3月21日のセッションです。

サイクルの変わり目

（**N**：施術者［筆者］　**T**：クライアント）

世の中全体へのアラーム

N　ある星のまわりに別の星が回っているのを見るという不思議な体験を中学生のときにしましたが、これはいったい何だったのでしょうか？

T　気づきのための合図だね。今になって思い出すように、今に向かっての気づきの合図だね。

N　今朝は、アラーム音で目が覚めたと思ったけれども、実際には鳴ってなかったという不思議な現象があったそうです。これも似たようなものですか？

T　そう。サイクルの変わり目です。新しく始まります。

N　今からどのようになっていくのですか？

T　それは言えないのかな。

N　どうして言えないのでしょうか？

T　何もかも驚きがなくなるからです。世の中の人もみんな初めて向き合う体験だから。今は世の中の変わり目ですよね。

N　そういう意味のアラームということなのですか？

T　この人にとっても、アラームですが、世の中全体としてのアラームでもあるのです。だから、ひとつ、ひとつが始めからわかっていたら、学びになりません。今は知らないほうがいいのです。でも、何かあるよということだけです。見てのお楽しみです。でも新しいサイクルに入りました、と。

N　今、おっしゃっているのは質問リストにある新型コロナウイルスの意味ということですか？　これは世界全体の誰にとっても新しいサイクルということですか？

T　はい。みんなで体験してみようよ、この新しい体験に乗ってみようよ、という感じですね。

N　それぞれ個人でも、この体験を通しての何か学びや発見があったりするのですか？

T　人によって違うでしょうし、受け止め方もみんな違うでしょうが、とにかく変わります。だけど、乗ってみようよ（笑）。運試しですよね。

N　運試しとは、どういう意味ですか？

T　コロナで死んでしまう人もいるでしょう。

N　世界でひとつの出来事を同じように一緒に体験していますが、そのことに意味はありますか？

T　この変化を見るために集まってきました。だから見なければ損です。だけど、始めから知っていたら、面白くないでしょう。

新しい地球への移行

N　これは新しい地球への移行とも何か関係があるのですか？

T　多分、関係があるでしょう。それも体験してみないとわかりません。

N　コロナで外に出る機会が減ったことで、家にいて自分を見つめる機会が増え、自分について前よりも考えていますが、これも意味があるのでしょうか？

T　内に籠ります。内面を見つめる良い機会です。そして、時間が取れるので成長します。修行できます。内に注意を向けることは大切です。

N　これを体験して、何か新しい流れに乗って、変化していくということですか？

T　価値観が変わるでしょう。富は貯めておけないと気づくでしょう。見方、考え方が少しずつ変わっていきます。

今私たちがやるべきことは？

N　不安になっている人もいると思いますが、今私たちがやるべきことはどんなことですか？

T　日本ではそんなに不安に思う必要はありません。

N　どういう心構えがいいのですか？

T　リラックスして、自然を愛していけばいいのです。これまでは大勢の人が世の中に溢れ過ぎていたのですが家に籠るようになってきたので、日本ではそんなに不安に思う必要はありません。自然に優しい、野菜などをたくさん食べるような、そういう生活に戻っていけば大丈夫です。

このセッションを行ったのは、新型コロナウイルスが蔓延し始め、全国で緊急事態宣言が出る直前でした。ＱＨＨＴセッションでは本人が質問したいことをリストにして提出していただくのですが、その中に〝新型コロナウイルスについて〟というものがありました。そして、こちらがそのことを尋ねる前に、「新しいサイクルに入ったことを知らせるアラーム」であると答えたのです。この直後に、新型コロナウイルスのパンデミックによるロックダウンが世界各国で始まりました。時を同じくして、ＱＨＨＴの創始者ドロレス・キャノンの娘ジュリアと、ＱＨＨＴインストラクターで、チャネラーでもある、カイヤ・ウィッテンバーグが一緒にFacebookでライブ・メッセージを発信し始めました（２０２０年3月28日）。

その内容は、このセッションでＴさんが語ったこととほぼ同じでした。そう伝えるとＴさん自身が最も驚いていました。

地球のシフト

２０２０年3月28日のジュリアとカイヤのライブ・トークは、「おめでとうございます！」から始まりました。それは全世界で地球のシフトが始まったことに対するお祝いの言葉でした。このときのライブ・トークを要約すると、以下のようになります。

地球のシフトはいつ始まるのかと言われてきましたが、今がまさにその時です。3次元の現実から5次元の現実へとシフトしていきます。5次元の現実で機能しないものを再調整する必要があるのです。だから、今、医療や金融、大企業などの大きな組織が壊れつつあるのを見ています。

起きることにはすべて何かの意味があるのです。いずれ、より高い次元の惑星存在（宇宙人）から直接、物理的コンタクトを受けることになると言われています。しかし、宇宙人たちは私たちの恐怖がなくなるまでそれはできないと言っています。今起きていることの意味、それはコロナウイルスなど様々な恐れや不安に私たちを向き合わせ、その準備をさせているといえます。

私（ジュリア）は、２０１１年にすでに地球はシフトしたというメッセージを受け取りました。新しい地球はすでにそこにあります。周波数が異なるので、信じる人には見えるということです。シフト自体はもうずっと前に始まっています。

５次元の新しい地球へ移行するプロセスは個人的なものです。それぞれが自分の経験に取り組むことが大切です。他人を気にする必要はありません。それぞれに道があり、どのように取り組むかはその人次第なのです。自分の内を見つめること、自分を信頼すること、自分自身でいることです。これはすばらしい機会なのです。これを通して「私たちは誰なのか」を学んでいくのです。これは本来、一生涯を通して学ぶものですが、それが今とても速いスピードで進んでいるということです。

この話（パンデミックから深刻化する社会的混乱）はドロレスの著書『入り組んだ宇宙　第三巻』（未

邦訳）にも出てきます。とにかく大切なのは、この渦中にいても、穏やかでいることです。ノストラダムスは予言することで私たちに最悪のシナリオを回避させようとしました。* ノストラダムスによると、多くのタイムライン（時間線）というものが存在し、どのタイムラインでも選ぶ可能性もありました。私たちには第三次世界大戦という可能性もありましたが、私たちの集合意識は別のタイムラインを選びました。私たちは変えることができたのです。

（＊後述するように、ドロレス・キャノンは存命中のノストラダムスにアクセスし、彼の予言を彼自身に解説してもらっている。）

「混乱の時の助け」

ジュリアとカイヤのライブ・トークで触れていた、２０２０年のコロナ禍から深刻化する「社会的混乱の予言の話」は、ドロレス・キャノン著『入り組んだ宇宙　第三巻』第30章「混乱の時の助け」に記載されています。このセッションは２０００年始め頃に行われたものだそうです。以下に、彼ら（サブコンシャス）がクライアントのアンを通して、ドロレスに伝えたいことがあると言ってくる場面から抜粋しました。

（**D**：ドロレス　**A**：アン）

D　その美しい場所（アンの宇宙世）を離れて、この時に、ここ（地球）に来るために志願するには勇気が必要でしたね。彼女（アン）は変化の時にここに来ることを志願したとあなたは言いました。これらの変化というのは、ずっと私が聞かされてきたものでしょうか？（はい）そのことについて話してみたいですか？

A 多くの変化があります。あなたが取り組んでいるものは何ですか？ 何か質問があるかもしれないですね。

D 私たちが新しい振動数とバイブレーションに移行しようとしていることですか？

A その通りです。何か質問はありますか？

D これまで非常に多くの情報を受け取りましたが、「すべてが加速し、私たちの次元全体の振動数とバイブレーションが変化しつつある」と言われてきました。それは正しいでしょうか？

A 社会的混乱、多くの社会的混乱は非常に速く来ます。だから、どっしりと構えている必要があります。大きな騒ぎです。ここにいるすべての人は落ち着いている必要があります。なぜなら人々は理由がわからなくなり、混乱し、多くの痛みを伴うからです。わかりますか？

D 社会的混乱によって起きる地球の変化の多くが暴力的であることを意味するのでしょうか？

A 人間によってその状況が引き起こされ、さらに地球の変化によって引き起こされます。そして、人間には見慣れない新しいエネルギーと存在が現れます。何が起きているのかを理解している人だけが冷静さを保ち、混乱している人を安心させるでしょう。その状況が実際に起きるまでに考えておくのは簡単なことだから、これを覚えておいて準備してください。それから、物質的な身体について、エネルギーのシフトとその変化のプロセスに伴うショックを扱うための準備もする必要があります。ショックの扱い方のひとつは、何が起きているのかを理解できると感じることです。もうひとつは、混乱の真っ只中にいて、それが起こっている時に自分自身を落ち着かせ続けることです。

D 人間にとっては難しいことですね。

A 難しいです。これはこの時点でフォーカスすべき重要かつ実際的な部分なのです。なぜなら、あなたは物質領域で手助けをしているからです。他のレベルで手助けしている他の存在もいますが、あなたは彼女と同様に物質領域にいます。物質領域にいるからこそ混乱状態の時に必要な穏やかさを送ることができます。

D でも、その人たちは私たちに耳を傾けるでしょうか?

A 決めるのはあなたではありません。あなたに耳を傾けたい人のために、心の静けさと落ち着いたエネルギーを持っていることが、あなたにできることとです。物質領域ではそのエネルギーを保つことだけでも大変な仕事です。あなたはこのために来ました。アンは非常に訓練されています。なぜなら彼女の人生経験では狂気の中で落ち着いていることが必要だったからです。

アンは不安定で虐待的な両親の元で子ども時代を過ごし、後に滅茶苦茶な結婚生活を送っていた。

A それは彼女にとって良い訓練の場だったので、その時が来たら、彼女が物質領域で落ち着きを保つことは、それほど難しくはありません。わかりますか?

D ええ、わかります。振動数とバイブレーションが上昇するにつれて、これらの変化が「古い地球」と「新しい地球」の二つの地球への分離を引き起こすと言われました。それは正しいですか?

A その通りです。異なる世界になります。もし望むなら、いくつかの魂は残るか、変化のあとに住むことを選択するでしょう。

D　古い地球に残るということでしょうか？

A　ええ。彼らがとどまりたい振動数レベルを保つ世界にです。そのまま残るか、その世界に移動するかということです。新しいエネルギーの場所は、その振動数にまで自分のエネルギーを上げた人たちだけが住むことができる所でしょう。

D　では、あなたが話している社会的混乱は、古い地球で起こるのでしょうか？

A　私たちは今これらの変化を経験しています。今後数年間は変化の時であり、そのことは多くの人によって予言されているので、私からは、そんなに付け加える必要はありません。ただ、ここ（地球）にいる人たちは、変化が起こる前、つまり最終的な変化が起こる前に、物質領域で果たす重要な役割があることを覚えておく必要があります。その変化のプロセスの最中に必要とされる手助けのために来ています。望むならば軍隊のように整列して前に出る時が来たのです。まさにこの時のために呼ばれて準備してきたことに気づいてください。その立場を頑なに守ってください。なぜなら、それが、ある魂にとって振動数的に移動できるかどうかの重要なポイントかもしれないのです。その時にあなたがその違いを生むことができるかもしれないからです。

D　移動できるかどうか、とはどういう意味でしょうか？

A　彼らの精神的成長によって、より高い振動数にステップアップできるかどうか、グレーゾーンにあるかもしれないのです。ただジャンプする勇気を持っていればよいだけですが、勇気がなければ選ばないかもしれません。それは彼らの選択です。しかし、あなたがそのエネルギーを保つならば、彼らがジャンプするために手を差し出すことができ、その状況で誰かにとって重要な役割を果たすでしょう。

D　高い振動数にジャンプさせるのですね。（はい）　でも、より高い振動数にある新しい地球は、この社会的混乱を経験するのでしょうか？　（いいえ）　まるで今、私たちは社会的混乱を経験しているようですが。

A　ほんの始まりにすぎません。すでに始まっていますが、ひどい混乱状態はまだ始まっていません。ひどい混乱状態、錯乱の中で走りまわる人々の狂気。それは、彼らの幻想がすべて打ち砕かれたせいで起こります。そのプロセスを助けるために、ここに来たあなた方は、前に出るのに必要な強さが試される時になるでしょう。ルイジアナ州のハリケーンと違って、人々が混乱し、恐怖におののいて街を走りまわる時が来るでしょう。

D　私も津波やハリケーンのようなことを考えていました。

A　しかし、それは世界中のほとんどの都市に波及するものなので、非常に異なるシナリオになります。

D　多くの都市で同じような災害が発生するのでしょうか？

A　自然によって引き起こされるものもあれば、物事を一定の状態に保とうと、権力者があらゆることをするために引き起こされるものもあります。権力者は変化を認識しているのです。しかし受け入れることを拒否しています。真実を聞きたくない子どものようです。自分たちにはもはやコントロールする力がないことを認めようとしません。そのため彼らは従来のやり方に固執し続けて、より多くの混乱を引き起こす可能性があります。表面的な恐怖を保つことでそのプロセスを遅らせ、低い振動数を維持することができるかもしれないと考えています。

D　権力者は人々に恐怖を植えつけようとしています。

A　恐怖は常に人々の中にありました。この世界は長年にわたって恐怖により機能してきたからです。それがすべてではないにしても、恐怖は彼らが力を維持してきた方法であり、この世界のほとんどすべての人が恐怖の中にいます。恐怖のレベルは様々ですが、これまでの変化と、誰もが自由にコミュニケーションを取ることを可能にした技術により、今では恐怖が消えつつあることを、権力者たちはかなり危惧してきています。多くのことが起きていますが、大惨事ですら恐怖を引き出し、それを扱えるようになるための触媒として働くのです。これはある意味での浄化です。しかし、権力者はこのプロセスが起こることを望んでいませんし、できれば水面下で一定の恐怖を保つことを好みます。権力者たちはだだをこねる子どものように、その恐怖が消えないように、この時点で考え得るすべての策略を必死に試みています。なぜならすでに消えつつあるからです。表向きとは違って、恐怖は消えつつあるのです。

D　それは、人々が自分で考え始めているからでしょうか？

A　そうです。人々は自分自身の悪に向き合っているのです。なぜなら他の時期には向き合う必要がなかったものを見ざるを得ないところに人生が導かれているからです。それゆえに、以前はなかった所に、元々存在していた恐怖が、表面に浮き上がってきているということです。ですから、これは浄化であり、これが続くことで、ますます解放されるだけなのです。権力者はこのことをよくわかっています。彼らはそれを防ぐ方法があるかもしれないと思い、遅らせようと考えています。だから、彼らは物事が非常に困難になるまで、行きつく所までどんどん追い詰めようとします。しかし、多くの人々は、権力者が押しつけようとする危機に対しての心構えがないのです。

D　戦争もそのひとつでしょうか？

A　戦争、戦争も絶対にそうです。それから、病気。人々を怖がらせる病気。

D　病気というのは本当には存在しないですよね？

A　そのエネルギーが自分の身体に入ることを許した場合、病気になることはあります。しかし、ほとんどの場合、病気はエネルギー・フィールドにしかありません。そして、話したり考えたりするとそうなるように、病気も物理的に現実になる可能性があります。

D　ええ、それだけ十分な人々が現実として受け入れるなら、ということですね。

A　しかし、病気は大げさに誇張されていて、権力者が言うほど流行性のものではありません。メディアや映画は、完全に否定的で恐怖に基づく情報を大衆に提示することに固執し、その絶望をあなたに見せています。殺人、死と裏切り、攻撃などのテーマは、これらの問題にフォーカスする意識をもたらします。希望やインスピレーションなどをメディア・イメージで描くのとは対照的です。にもかかわらず、現時点で放送されている中に肯定的なメッセージは十分にあり、それはドミノ効果（ひとつの行動が変わると連鎖的に他の行動が変わっていくこと）のようになっています。もはやそれを止めることはできません。

D　政府が推進しようとしている、もうひとつの恐怖はテロですね。

A　はい。テロも病気と同じように、恐れから人々を分断します。これは人々の問題は政府が解決すると信じさせる道具のひとつにすぎません。それらは実在しない問題だと、多くの人々が潜在意識レベルで気づき始めています。多くは一般の人ですが、彼らはもはやそのことを信じていません。一般の人は潜在意識レベルで目覚め始めており、権力者はそのことを知っています。信じたい人だけが馬鹿げた話を信じています。なぜなら、論理的で合理的に考える人なら誰も権力者を信じることはできないからです。

D　そうです。自分で考える人は誰も信じませんね。

A　だから権力者は一般の人に選択する機会を提示しているということになります。彼らは危機を押しつけようとするからです。そういう意味では、権力者が危機を押しつけることで、誰もが選択するという目的に貢献しているのです。なぜなら、今は選択の時だからです。もはや中間点や中立の時代ではないのです。

D　先ほど、混乱が起こる時には私たちはここにいると言いました。混乱の多くは災害によって起きるのでしょうか？

A　災害と政府組織の崩壊です。そして、ほとんどの人が属していると感じているセーフティーネット、社会保障、給料、仕事、宗教的信念の崩壊などです。さらに宇宙船などのように、多くの人が準備できていないものが意識の一部になり始めた時には特に、人々はショックと混乱の中で走り回り、何が現実で何がそうでないのかわからなくなるかもしれません。政府組織は壊れつつあり、混乱時にさらに壊れます。ドミノ効果で崩れ落ちるように。

D　もし宇宙船が到着するとしたら、彼らが来る目的は何でしょうか？

A　彼らは常に存在しています。許可が下りて、彼らが見えるようになるというだけです。今のように自由意志で存在するというだけでなく、その時期には他の存在が新しい世界で自分の居場所を主張するからです。ここには、人間だけでなく、異なる振動数の他の存在がいます。つまり、彼らが自ら選んで見えるようになるというだけではなく、エネルギーが彼らを見えるようにしてくれるということです。

D　私は彼らがここにいることを知っていますし、彼らと一緒に仕事をしてきました。彼らがポジティブであることを知っています。何の問題もありません。

A　しかし、彼らが目に見えるようになって人々に意識されるようになると、政府は崩壊し、混乱し、さらに自然災害が起きることで、大多数の人々が完全にショックを受けることがわかります。そして、宗教やきちんとした暮らしという考えが壊れます。そうなると、人々がすがることができるものは何もないでしょう。これは、自分たちの枠から出ない人々に多大な恐怖を引き起こします。その恐怖は、狂気や統合失調症や他のタイプの反応につながる可能性があります。そして、そのような反応は人々をとても弱気にしてしまうので、あなた方が最も必要とされる時期なのです。

D 私とアンのように、他の人も、手助けするためにここにいるのですか？

A これらの変化を見ても、恐怖で崩れ落ちない準備ができている人は、訳がわからなくなった時に寄りかかることのできる柱となります。あなたが人々に真実を提供するという意味ではなく、あなたは彼らのように倒れないという意味です。

D 誰もが混乱している時、私たちに何ができるかと考えているのですが。

A あなたは正気を保ち、落ち着いていればいいのであって、何をするかは関係ありません。人々は見ているものをどう受け取ったらいいかわからないので、あなたの中にそれを求めるでしょう。あなたも見ているものをどう受け取ったらいいのかわからないかもしれませんが、あなたには準備ができています。あなたはわかっているし、いろんなことがうまくいくという、ある程度の信頼感を持っているでしょう。あなたは狂っていないのです。

D 他の人は全く準備をしていないのですね。

A その通りです。

(Pg. 519-526 "The Convoluted Universe Book 3" by Dolores Cannon published by Ozark Mountain Publishing, Inc, Huntsville, AR. 2008.)

—中略—

D　混乱が古い世界に属するのであれば、これは分離した二つの世界で同時に起こるのでしょうか？　それが正しいかどうかわかりませんが。新しい地球は新しい振動と新しい次元に入ることになっています。分離していって、二つの世界になると説明されています。意味はわかりますか？

A　多くの理論があります。どの視点で見るかですが、エネルギーの振動の問題なのです。ある振動数では目に見えるものが、別の振動数ではお互いに見えないのです。したがって、ある振動数（低い振動数、または遅い振動数）に残るならば、それは別の世界になるのではなく、単に見えなくなるということです。より高い振動数になって離れていくのが基本的に新しい世界です。

D　でも、新しい世界では、物事が古い世界とは異なるのですよね。そうですよね？　（はい）　そこでは混乱を経験しないのですよね？

A　はい、混乱は主に信念体系の打破のためです。混乱によって信念体系が揺さぶられ、完全に空白、つまり白紙の状態になります。それは多くの人にとっては混乱です。新しい世界に進む人々は、新しい信念体系を心地よく思うので、もはや今苦しんでいるようには苦しみません。突然、自分ではないものに変容するというわけではないのです。それは単なる変化です。人々がそこから、その信念体系から離れることができるかどうかなのです。

D　それを理解しようとしていました。新しい世界は美しいと言われてきたので、私たちはこういう問題を抱えないと思っていました。彼らは振り返るな、古い世界で何が起こっているかを見たくないだろう、と言います。

A　基本的に振り返ることで引き留められてしまいます。振り返ることができないのではなく、他人の選択を変えることができないだけなのです。振り返って、それが悲しみを引き起こすなら、それはあなたの進みを遅くするだけです。

D　けれども、あなたは、私たちはそういう人々と関わっているはずだと言いました。

A　私たちは変化の時に、ここにいます。私たちはエネルギーを根づかせるために、ここにいます。より高い振動数の人たちは自力でなんとかやっていくことができるので、その人たちの側にいることは、それほど多くはありません。根深いネガティブの人たちのためにいるということでもありません。私たちは、混乱の中でジャンプする準備ができている人たちのためにいるのです。それが私たちの最も役に立てることなのです。

D　私たちはそのような役割を持つ者として、古い世界にとどまらなければいけないということでしょうか？

A　あなたは旅立つ時まで滞在するだけです。そして、ここに滞在している間、あなたは貢献することができます。旅立つ時がきたら、あなたにはわかるでしょう。そして、そういう人たちはあなたを利用することができなくなるでしょう。「いつまでここに滞在すればいいのか」という問題ではありません。その答えは最終的にわかるでしょう。むしろ、あなたがここにいる間に何をすべきかを知ることが大事なのです。

D　私たちは、混乱の経験からは切り離され、美しい別の世界にいるものだと思っていました。

A　変換プロセスの間しばらくは、必ずしも切り離されてはいません。ある日、あなたの属する新しい世界が出てきて、古い世界が消え去るのではありません。一連の過程があるのです。最終的には状況は変わります。しかし、その過程が1カ月あるいは5年続こうと、今のあなたがそうであるように、その過程の中にいるのです。あなたがここにいる限り、混乱している人々のためにしっかりと落ち着いたエネルギーを保つことがあなたの仕事です。実際にシフトが起こると、たとえあなたが残りたくても、ここにいることはできないでしょう。

D　振動を上げた人が行くのですね。

A　その通りです。

(Pg. 527-529 "The Convoluted Universe Book 3" by Dolores Cannon published by Ozark Mountain Publishing, Inc, Huntsville, AR. 2008.)

―中略―

D　それで、私たちはまだ迷っている人たちを手助けしているということですね？（はい）私はそこを明確にしたいのです。多くの人々から新しい地球への移行について聞いていましたが、少々混乱していました。

A　人間の見地からは混乱するものです。

D　それで、より多くの社会的混乱が起こっているのが見えるのですね。

A　はい、全くその通りです。これは始まりです。なぜなら権力者はまだその戦略を終えていないからです。権力者はより多くの出来事を引き起こすでしょう。それから、自然に起因する他の出来事もあります。だから、混乱は私たちが単独のものとして予想するよりも、はるかに大きなものなのです。しかし、もちろん、決まった未来があるわけではないので、それらすべてが変わる可能性もあります。

D　年齢は誰にとっても重要ではないと言われましたが。

A　年齢は幻想です。進化の過程が進むにつれて、それはより明らかになるでしょう。

D　移行が起きる時、望むなら、私たちの身体を持っていくことが許されると聞いたことがあります。それは正しいのでしょうか？
A　それは本当ですが、短い間です。その後まもなく別の移行があるでしょう。
D　その時に何が起こるのでしょうか？
A　人類は純粋なエネルギーになります。
D　アセンションするのですね。
A　その通りです。
D　誰もが移行するわけではないと聞いたことがありますが。
A　誰にでも機会は与えられます。彼らがその振動を保持できるかどうかは彼ら次第です。ジャッジするものはありません。彼らがただそのエネルギーを持つことができるかどうかだけです。噂されているような、人類が破壊するということはありません。彼らの出す振動数に合った適切な場所に行くでしょう。
D　それが残る人がいるという意味ですね。
A　神の計画では、みんな神に還ります。
D　違ったタイミングでそうなるというだけですね。

(Pg. 529-530 "The Convoluted Universe Book 3" by Dolores Cannon published by Ozark Mountain Publishing, Inc, Huntsville, AR. 2008.)

これはドロレスの2000年のセッションです。新しい地球へのシフト、そのために起こる社会的大混乱があること、その中で信念体系が崩壊していくこと、その不安や恐怖に向き合うことが他の宇宙知性体

（宇宙人）とのコンタクトの準備となること、このことを理解できる人は落ち着いているだけでよく、振動数を上げるためにジャンプしたい人の手助けになること、新しい地球とは物理的にどこか別に存在しているというよりは別次元のものであること、まずは現在の身体を持ったまま別の次元の新しい地球へ移行し、その後アセンションして純粋なエネルギーになることが語られています。

２０２０年からのコロナ禍によって、この中で語られている「きちんとした暮らし」は見事に崩壊しつつあります。しかし、それは新しい価値観、新しい生き方、ゆくゆくは新しい地球へ移行するために必要なことと言えるわけです。前述のセッションでも、新型コロナウイルスの世界的なパンデミックは、新しいサイクルに入ることを告げる世の中全体へのアラームであり、新しいサイクルに入ることで「価値観が変わっていく」と言っていました。ドロレスのセッションと同様のことを言っていたわけです。「富は貯めておけない」というのは、これまでの偏った資本主義経済のあり方、物質主義の価値観が変化していくことを示しています。つまり、今まで持っていた信念体系が揺るがされ、古い考えを手放さざるを得なくなるということです。

そうやって揺るがされた信念体系が変化することで、ゆくゆくは私たちが宇宙知性体（宇宙人）を、一般的に受け入れられるようになるのです。そうなるためには人類がかなり意識を変える必要があるため、まだまだ時間がかかりそうです。

２０２２年になり、ロシアによるウクライナ侵攻も始まり、第三次世界大戦も噂されています。これも私たちの信念体系を変えるために起きていることなのでしょうか？

それまで、このような状態が続くということでしょうか？

ノストラダムスの予言

1999年の7カ月　空から恐怖の大王が降りて来るだろう
彼はモンゴルの大王を復活させるだろう
戦争が　幸せに君臨する前も後も

（百詩篇X—72）

このノストラダムスの予言詩を五島勉は、「1999年7月、空から恐怖の大王が降りてきて、人類が滅亡する」と解釈したことは有名です。これにより、日本中でノストラダムス・ブームが巻き起こりました。もちろん、実際には人類は滅亡しなかったので、ノストラダムスの予言は結局デマだったと多くの人に認識されました。

しかし、いまだにインターネットでは「ノストラダムスの予言　コロナ」、「恐怖の大王　コロナ」などが検索されています。何か衝撃的な出来事が起こるたびに、「これこそが『恐怖の大王』の正体であることを発見した！」などと独自の解釈がブログに書かれているのを見かけます。ノストラダムスの予言は謎めいているからこそ、時代を超えて、いつまでも人々の心に残っているのです。

私はちょうど2020年に発令された緊急事態宣言中に、ドロレス・キャノン著『ノストラダムスとの対話　予言者みずからが明かす百詩篇の謎』（3巻に分冊、ナチュラルスピリット）の翻訳をしていました。この本は、副題にもあるように、ノストラダムス自身がドロレスの所に現れて、自分の予言について解説している内容です。

ノストラダムスが予言を残したのは、未来にいる私たちに警告するためでした。彼は私たちの意志の力で未来を変えることができると信じていたので、最悪の未来を知れば人はその道筋を変えるだろうと考えたのです。しかしながら、彼が残した予言がその難解さゆえに、あやまって解釈されて、うまく伝わっていませんでした。これを察したノストラダムスは未来にいるドロレスにコンタクトをしてきたのです。


では、ノストラダムスは現在の世界的な新型コロナウイルスによるパンデミックについて何か言っているのでしょうか？

苦難の時代

ノストラダムスが見ていた未来の最悪のシナリオとは、以下のようなものでした。

いわゆるアルマゲドンと呼ばれる、反キリストによる第三次世界大戦が起こり、核兵器をはじめとする恐ろしい兵器が使われ、地球環境は破壊され、人類が自ら人類を破滅させようとする。その前触れの時代から第三次世界大戦の最中にかけては、人類にとっての苦難の時代となるだろう。しかし、その後には千年に及ぶ平和な時代が来る、と。ノストラダムスがドロレスのもとに現れたのは、１９８６年ですが、そのときすでに苦難の時代は始まっていると述べています。

このシナリオは、多くの日本人にはあまり馴染みがないかもしれませんが、聖書の黙示録に示されている終末論思想に基づいていると思われます。これは悪魔の使いである反キリストによる最終戦争が起こり世界は滅亡するが、最後の審判により、信者は願っていた正義と平和の実現する世界、新天新地に住むことになるというものです。しかし、キリスト教の宗派によりその解釈は異なるようです。

ノストラダムスの予言詩（四行詩）は約1000篇ありますが、私が翻訳したうち1巻目だけでも、約140篇が掲載されています。内容は過去から遠い未来に及ぶものです。ヒトラーの最期や9・11のワールドトレードセンターへの攻撃、アメリカ大統領選挙（2020年トランプとバイデン、2000年のブッシュとゴア）とそれに起因する騒動、デジタル化が進み私たちが管理されてしまうことなど。そして新型コロナウイルスと思われる疫病（実験室から流出し、変異株の出現によりなかなか収束しない）なども書いてありました。また核実験や気象操作実験などにより、自然の気候変動、異常気象が促され、地震、台風、洪水、干ばつなどが、苦難の時代には起きやすくなるということも書かれています。驚くほど正確なので、恐ろしくなってしまうほどです。私たちは確かに苦難の時代にいるのです。

しかしながら、ノストラダムスは私たちを無駄に恐がらせるために、わざわざ時を超えてドロレスのもとに現れたのではありませんでした。まずは間違って解釈されている予言を正しく伝えるため、そして、そこから私たちの意志の力で未来を変えることができると知らせるためでした。ドロレスがノストラダムスとともに本格的に予言の解釈に取り組み始めたのは、チェルノブイリ原発事故の直後でした。ノストラダムスはそのことも知っていて、このタイミングで現れ、警告したかったのです。

ドロレスの娘ジュリアは、『ノストラダムスとの対話』を〝希望の書〟と呼んでいます。私たちが未来を変えられることを教えてくれているからです。1巻目に掲載されている137篇の中には、恐ろしい予言だけでなく、アトランティス文明の崩壊についてや、宇宙人とのコンタクトを示すものもあります。そして、遠い未来に人類同士で争うことに辟易して、協力し合い、科学テクノロジーを良い方向に使い、火星に科学基地を作る話なども出てきます。そして何より大切なことである、私たちの意志の力で未来は変えられるということを伝えてくれているのです。

ところで、これだけ正確に未来が予言されているのに、それを意志の力で変えるとはどういうことでしょうか？

それを理解するには、ノストラダムスが見ていたタイムライン（時間線）の概念を知る必要があります。

タイムライン（時間線）とネクサスポイント（連結点）

このタイムライン（時間線）と、同じく重要な概念であるネクサスポイント（連結点）を説明するために、まずは『ノストラダムスとの対話』2巻目の一部をご紹介しましょう。

日本の原爆についての予言はいくつもあるのですが、その内のひとつを解説しているときに、「原爆が時間風景にしたことを知っていれば、予言詩の数は少ないくらいだ」とノストラダムスが語った場面からの引用です。ノストラダムスは、それを言葉にするのは難しいと、ノストラダムスを媒介する被術者ブレンダにその時間風景のイメージを見せて、そのセッションは終わりました。ブレンダは目を覚ました後、なぜかわからないままノストラダムスが残した原爆のシーンと、それがタイムラインとどう関係するのかを説明し始めました。

（D：ドロレス　B：ブレンダ）

B　まず、一般的にタイム・スケープ（時間風景）がどのようなものかを説明しましょう。想像しうる限り最も純粋で黒いベルベットでできた巨大な世界をイメージしてみてください。この世界を横切る、ネオンライトのような明るい光の線があります。これは、天文学でいうところの巨大な輝線スペクトルのように見えます。ところで、光のスペクトルには2種類あります。〝吸収線スペクトル〟は虹色の光で表されますが、その中に黒い線が入るのは、その波長の光が太陽から放出されないからです。〝輝線スペクトル〟は、そのスペクトルが黒で、他のスペクトルに吸収される所にだけ色のついた線が見えるようになっています。あなたには意味不明なことを話しているとわかっていますが、読者はここから意味を理解することができるでしょう。タイムラインは、巨大な輝線スペクトルのように見えますが、タイム・スケープ（時間風景）全体としては、非常に小さな一部です。これは彼が見ているタイム・スケープ（時間風景）の一部分にすぎません。この風景の中で、これらの線のひとつひとつは、タイムライン、つまり可能性のある現実、または可能性のある未来を表しています。可能性のある未来はたくさんあります。これらの線は整然と、きれいに、整って、そして規則正しく並んでいるのですが、突然、すべての線が中心点に向かって走っています。

D　それがネクサスポイント（連結点）と呼ばれるものですか？

B　そうです。しかし、そのすべての線が一斉に向かう合流点では、まるで巨大な爆発、最も拡大した状態で凍結した光の爆発のようなものが見えます。ネクサスポイント（連結点）は見ることができず、代わりにこの凍結した爆発が見えるのです。これが、原子爆弾の発明によるタイムラインへの影響です。非常に多くの代替現実では、原子爆弾の発明により世界は存続することができませんでした。この世界では、それが連鎖反応を起こして世界中すべての原子爆弾が爆発し世界が破壊してしまうのかどうか、科学者たちにはわかりませんでした。それは彼らの持つ不安要素のひとつでした。他方、代替現実では、実際に破壊が起きました。その代替現実の世界がそういう成り立ちだったからです。ご存知のように、問題がどちらかの方向に進むような場合、実際には両方の方向に進みますが、あなたの現実では一方の方向だけが現れます。もうひとつの方向は別の現実で現れます。

D　そうですね。別のセッションで、代替宇宙について取り上げました。

B　これはその別の側面です。これらすべてのタイムラインは巨大なネクサスポイントで合流します。なぜなら、これは技術開発における重要なポイントだったからです。しかしこれは非常に危険な道でした。というのも、同じ効果を得られる同じ種類の技術的進歩や代わりとなるエネルギーや動力が他にも開発される可能性があったからです。原子力が発明されて生き残った現実もあれば、そうでない現実もあります。生き残った現実でも、政治的、歴史的、経済的に大きな影響を受けました。つまり、原子力はタイムライン全般に多大な影響を与えたのです。

彼女は、別のセッションで私たちが話し合った理論にも触れていた。それは、複数の代替宇宙や現実が並行して存在し、それぞれの現実は他の現実に気づいていないという考えである。複雑な理論だが、要するに、世界のすべての決定と行動の背後に生成されるエネルギーが存在するということである。一方の道を選んだとき、もう一方の道を決定するエネルギーはどこかに行かなければならない。このように、代替現実の調整のために、もうひとつの現実が存在するようになるのである。これはまた、関わる人々が選択する行動によって可能になる未来がいくつかあるという考えや、私たちに正しい道、最も悲惨でない可能性を選択してほしいというノストラダムスの願いを説明するものである。これについては、私の著作『入り組んだ宇宙』の中でさらに詳細に説明している。

（『ノストラダムスとの対話』2巻第2章より）
(Pg. 21-22"Conversations with Nostradamus Volume II" by Dolores Cannon Published by Ozark Mountain Publishing, Inc, Huntsville, AR. 1990)

ノストラダムスは、このようにタイムライン（時間線）やタイム・スケープ（時間風景）を見ているのです。それをもとに予言を書いていました。

私たちがこの物質次元に存在し体験している〝時間〟が、過去から未来へと線に沿って動いているものをひとつのタイムラインと考えます。そこにはひとつの現実があります。しかし実は、そのタイムラインがいくつも存在しており、それぞれのタイムラインにはそれぞれ異なる現実があるということなのです。

ネクサスポイント（連結点）はすべてのタイムラインの合流点ですが、それはどの現実を通っても避けられない大きな出来事を示します。ここでは原子力の発明というネクサスポイントが大きなものであると語られています。

この原子力の使い道に関して、ノストラダムスは警告を発していました。１９８６年のチェルノブイリ原発事故直後にドロレスのもとに現れたノストラダムスは、私たちが、それ以降戦争や実験で核を濫用し、人類や地球環境を破壊する可能性があるので、それとは異なる現実を選んでほしいということを伝えたかったのです。ドロレスはノストラダムスの予言に関する本を3巻に分けて出版した後、ノストラダムスの依頼により、世界中を旅し、この考えを広めていったそうです。

ネクサスポイントは避けられませんが、そこから別のタイムラインを選ぶことはできます。未来を変えるには、それに近い時期から働きかける必要があるとノストラダムスが語っているのはそのためです。そこからどのタイムラインを選ぶかは、私たち次第なのです。

この情報をドロレスが最初に受け取ったのは、1980年代だったので、この「タイムライン（時間線）が様々な方向に広がっている」という概念は、さぞかし理解しがたいものだったでしょう。現在の私たちは、いろいろなタイムライン（時間線）が存在しているという概念を、ゲームやSF、ファンタジーなどの物語を通じて感覚的に理解しているように思います。「世界線」もそれを表す言葉のひとつで、最近では普段の会話でもよく使われるようになりました。世界線とは、元々は相対性理論の言葉で、「零次元幾何を持つ点粒子の時空上の軌跡」のことです。あるゲームで世界のひとつの可能性を示す用語として使われ始め、「パラレルワールド」の同義語として使われることが多くなったそうですが、そのゲームでは「無限に存在するが、世界はただひとつの世界線に必ず収束し、別の世界が同時に存在することはない」としています。

これは、いくつもの別の世界が同時に存在しているという、先にご紹介したタイムラインや複数の代替宇宙、並行宇宙（パラレルユニバース）の考えとは明らかに異なります。ひとつを選ぶともうひとつが無くなってしまうという考えでは、ただひとつの時間（現実）しか存在しないとなってしまいます。しかし、選ばなかった現実が目の前に見えなくても、存在はしているのです。

最近では映画やドラマで並行宇宙や並行現実を取り上げているものがかなり増えました。さらに進んでマルチバース（多元宇宙論）という考えも広まっています。マーベルの大衆向けの映画「スパイダーマン」や「ドクター・ストレンジ」の最新シリーズはその考えを元に作られていますし、「エブリシング・エブリウェア・オール・アット・ワンス」がアカデミー賞を受賞したことで、この考えがいかに世間に浸透してきたかがよくわかります。現実はたったひとつではなく、様々な次元で重なり合っているのです。また映画「ブレードランナー」の原作者として有名なフィリップ・K・ディックは、現タイムラインとは別のタイムライン（第二次世界大戦でドイツと日本が勝利した）が存在し、それを行き来しているという SF小説『高い城の男』を1962年に出版しています。この時代にこのような視点から物語を書くことができたのは、おそらく彼がスターピープルだからであり、その記憶について彼の友人で、超常現象の研究家のブラッド・スタイガー（268ページ参照）に手紙を残しています。このような物語は、夢やインスピレーションでヒントを得ることが多いと思いますが、コートニー・ブラウンは科学的リモートビューイングをまとめた『コズミック・ヴォエージ』（徳間書店）の中で、「宇宙人が物語のヒントとなる夢を見せている」としています。このように多くの映画、ドラマに取り上げられるのは、私たちの意識をこの考えに慣れさせるために何者かが仕向けているためかもしれません。

果たして運命は変わったのか？

様々なタイムラインが存在する中で、私たちの意志の力で、核兵器や核実験をしない、第三次世界大戦のない未来を選んでいくことができる、それを伝えるためにノストラダムスは時を超えてドロレスのもとに現れて、自分の予言を説明しました。なぜその時期を選んだのかというと、未来を変えることは、時間的にあまり離れたポイントから行うことができないからです。

『ノストラダムスとの対話』は全部で3巻あります。ドロレスとノストラダムスは、未来を変えることができたのでしょうか？　3巻目の最後は、このように締めくくられています。

……ノストラダムスは、思考は非常に強力な力を持つのに、まだ十分に活用されていないと考えていた。思考を使うことで、望むものを引き寄せるように方向づけることができる。ノストラダムスは、もし人類が自分たちの行動の結果を知っていれば、人類の思考を合わせて、彼が見た最悪の未来を打ち消し、人類の道をより平和なものに変える強力な力を生み出すことができると信じていた。ノストラダムスは私たちに瞑想を学び、ノストラダムスの予言とは逆の良いイメージを思い浮かべ、思考を逆転させるように勧めた。また、予言された出来事が起こり始めたときに、それに気づき、ひとりまたはグループで瞑想や祈りを行うことを望んだ。個人の意識《マインド》は強力で、自分の求める現実を創り出すことができるが、グループの思考の力は合わせると途方もないものになるのだ。グループでフォーカスすればその力はただ人数倍になるというわけではなく、数学的には人数乗され、まさに奇跡を起こすことができるのだ。これこそが、ノストラダムスが時を超えて私たちの世代に伝えた目的である。つまり、私たちが自らの現実や未来を創造するためのツールを提供することである。彼の旅と努力を無駄にしないためにも、私たちは彼のアドバイスを賢く利用しようではないか。

ノストラダムスが四行詩で作ったのは、疲れた地球旅行者が様々なタイムラインに沿って自分の道を見つけるためのガイドブックだった。これは多くの可能性のある未来の道を示すことで、山に登るのを助けたり、落とし穴、裂け目、崖っぷちを避けたりするためのものである。最悪の事態を見せることで、彼は最高の事態を提供してくれた。彼の仕事は終わり、彼の課題は完了した。彼は未来のビジョンを我々の時代にもたらすことに成功した。

ノストラダムスが羽根ペンを置き、椅子にもたれかかり、ひげを撫で、満足そうにほほえむ姿を見ることができるようだ。「よくやった、私の善良で忠実なしもべよ」と聖書に書いてあるように。彼の任務は終わったのだ。彼は恐怖や驚きに満ちた様々な可能性を持つ未来を示してくれた。その情報をどうするかは私たちの責任である。私たちの未来は私たち次第ではないだろうか？

そして、未来は今、始まる！

（『ノストラダムスとの対話』3巻より）

(Pg. 343-344 "Conversations with Nostradamus Volume III" by Dolores Cannon Published by Ozark Mountain Publishing, Inc, Huntsville, AR. 1992)

ドロレスはノストラダムスがもたらしてくれた情報と彼の強い意志の力、思考の力で未来にまでアクセスしてきたこと、それを用いることで未来は変えることができることを誠実に伝え、ＱＨＨＴを創るに至ったのではないかと感じます。ＱＨＨＴで大事にされている概念は、まさに私たち自身の意志の力によって未来は創造できるということですから。

この時代を選んで来たのは

ノストラダムスが「変えられる未来」と言ったのは、核実験、核兵器使用や戦争など人類自身が関与する事柄についてです。それらの使用によって触発されてしまったとしても、気候変動による自然災害など地球の変化については変えられないと言っています。例えば２０２２年1月には、トンガ諸島の海底火山の大規模噴火が起きましたが、このようなものに関しては、私たちの意志の力で変えることができるとは言っていません。

この自然災害で国力が弱まった隙を利用して戦争を始めるのが反キリストです。反キリストについての予言は止めようとしても無駄だとノストラダムスは語っています。しかし、ジュリアは先に述べたように、私たちは第三次世界大戦を避けることができ、その代わりに新型コロナウイルス感染拡大というタイムラインを選択したと考えたようです。

しかしながら、たくさんの国がこの新型コロナウイルス感染拡大を、国民の監視、コントロールを目的とした規制強化のために利用しているようにも見えます。ロシアによるウクライナ侵攻も、コロナ騒動のすきを狙って始まったようにも見えます。さらに、２０２３年10月には、パレスチナ・イスラエル戦争が始まりました。私たちはまだまだ苦難の時代の最中にあると言えます。

では、私たちは、どうしてこの〝苦難の時代〟を通過しなければいけないのでしょうか？

ノストラダムスは、その理由をこのように語っています。「その出来事が変えられようと変えられまいと、またたとえ最悪の事態が起こったとしても、全世界で大きな霊的再生が起こることでしょう。そして、苦難の時代には、個人個人が自分自身に向き合い、唯物論的な価値観が間違っていたことに気づく機会を得るでしょう。苦難の時代の後で人々が再び心を通わせ始めるとき、他の人もそのことに気づいているのがわかります。このことは、哲学の偉大な再生を促し、東洋と西洋の宗教の最良の側面の偉大な融合をもたらすことになるでしょう。それは、人々が知っていることと真実だと感じていることが一致するような、哲学的思想の世界的な運動を起こすことでしょう。これが水瓶座の時代の最良の面をもたらすのです。人々が前もってこのことに気づき、この希望の光を持ち続けることができれば、やがてやってくる苦難の時代の最悪の面のいくつかを減じることができるでしょう。しかし、大多数の庶民が唯物論的価値観を持っているために、そのようなことが広範囲で起こる可能性は低いかもしれないと、彼は懸念しています。」（『ノストラダムスとの対話』1巻第17章）。

これは先にご紹介した「サイクルの変わり目」（8ページ）でサブコンシャスが語っていたことに通じます。唯物的価値観に偏ると、お金や物が一番大切であり、人の心や精神性や霊性などの非物質的なものに価値を置かなくなります。

実際に新型コロナウイルス感染拡大防止のため、人々が自粛して家にいると経済が回らないと政府は嘆いていました。経済か、人の命か、とよく言われ、GOTOトラベルなどで経済を回そうとして感染状況が拡大しました。これは日本政府だけの話ではありません。一時はワクチン・パスポートを普及させ、もとの古い経済中心の世界に戻そうと躍起になっていました。

しかし、人々はどうでしょうか？　アメリカではコロナ危機からの景気回復が進む一方で、求人しても応募する人が少なく、人々が仕事に戻りたがらないという現象が進み、大離職時代と言われていました（2021年時点）。コロナをきっかけにして、仕事のリスクや自分の生き方を考え直す人が増えたということなのです。2021年秋のパリで行われたルイ・ヴィトンのファッションショーでは、過剰消費＝滅亡と書かれたプラカードを持った人が、モデルに混じってランウェーに乱入しました。このように、コロナ以前の経済中心の消費社会を変えようという動きが、少しずつですが、世界中で見られるのです。人間の消費を中心にするのではなく、自然と共生する持続可能な社会システムを目指す、サステナビリティーという概念も、この頃一気に広がりました。これらの変化は徐々に起こっていくものなのです。「新しい地球」というと、何かが一気に変わり、夢のようなすばらしい場所へ誰かが連れて行ってくれると考える人もいるかもしれませんが、それは大きな間違いです。私たち自身が自らの意識を少しずつ変えていく必要があるのです。

新型コロナウイルスの蔓延は世界が一体となって、同じテーマに取り組む良い機会でした。これだけ一度に大量の人々の意識が同じ出来事に向くのは、世界戦争くらいしかないと思います。ノストラダムスが言う「人類の意識を合わせ」て良い未来をイメージする良い機会です。それにより社会が変わっていきますが、その前にまずは、その社会を構成している私たちの意識を変える必要があるのです。新型コロナが収まったとしても、今後も世界各地で様々な異常気象、気候変動、地震などの自然災害も起こるでしょう。その中で、どのように生きていきたいのか？　何を選ぶのか？　それぞれの人が考える必要があるのです。ドロレスが『ノストラダムスとの対話』3巻の終わりに書いているように、この先どこへ向かうのかは私たちの意識次第なのです。

これが苦難の時代であり、アルマゲドンなのです。本来のアルマゲドンの意味は、「死と再生のプロセス、古いものから新しいものへと生まれ変わるプロセス」、つまり、変化のときに起こる様々な出来事を示すものであり、悲観的な面のみが強調されて、アルマゲドンと呼ばれていると『この星の守り手たち』（ドロレス・キャノン著　ナチュラルスピリット）でも、述べられています。これまで築き上げられた物質至上主義的な考えから、精神性や霊性などの非物質的なものを大事にする考えへと変えていくということです。が、それが難しい人も多いでしょう。新しいものを手にするには古いものを捨てなければできません。

ノストラダムスによると、苦難の時代は非常に試練の多い、困難な時代である分、この時期に地球にいる魂は大量のカルマを解消することができるそうです。この時代に生き抜くことができれば、地球の歴史の他の時代の10回分の人生に相当するカルマの量を片づけられるので、多くの魂が自ら志願したと言っています。また、彼らがやり遂げるのを助けるために来ている古い、進化した魂もいれば、単に冒険心からここに来た若い魂もいるそうです。しかしながら、そうしなければ魂の成長が終わりになってしまうと知り、他に選択の余地がなかったので、強制的に志願した魂たちもいるそうです（『ノストラダムスとの対話』１巻第20章より抜粋）。

私たちは何らかの理由があってこの〝苦難の時代〟を選んで来ているのです。しかし、そう呼んでしまうと、苦難だけが待ち受けているかのようなイメージが作られてしまいます。それよりも、ノストラダムスの提案にそって良いイメージに逆転させるため〝新しい地球へのステップ〟と呼ぶのが良さそうです。皆で新しい地球の意識を創っていくのです。この時期に、多くのサブコンシャスが語った新しい地球の意識とは何かをＱＨＨＴセッションの内容から見ていきましょう。

第2章

QHHTから得られる情報

QHHTとは

本題に入る前に、QHHTについて簡単に説明したいと思います。前著にもまとめていましたが、その後の私自身の経験やセッションで理解したことや研究によって学んだことなども加えながら、あらためて説明していきます。

QHHTとは、クオンタム・ヒーリング・ヒプノシス・テクニック（Quantum Healing Hypnosis Technique）の略で、ドロレス・キャノンが長い年月をかけ完成させた催眠テクニックです。1960年代に海軍で催眠士として従事する夫の手伝いをする中で、ある患者が従来の催眠法で過去世回帰した（"Five Lives Remembered" 未邦訳）ことに興味を覚え、子育てが終わった1970年代から独自に研究を始めました。前世療法で有名なブライアン・ワイス博士の本が出版されたのは1988年ですが、それよりも20年以上も前のことになります。自ら暗中模索し、様々な被術者に退行催眠を行う中で、イエス（『イエスとエッセネ派』『イエスと接した二人』ともにナチュラルスピリット）やノストラダムス（『ノストラダムスとの対話　予言者みずからが明かす百詩篇の謎』ナチュラルスピリット）などにつながるセッションをしました。後に、その対象はUFOコンタクティや地球に生まれた宇宙人へと移行していき、そこで得た情報から20冊もの著作を残しました。邦訳されているものはこの本の中でも紹介していますが、その中で開発されていったのが、このQHHTです。

サブコンシャスとは

他のヒプノセラピーや前世療法とQHHTが異なるのは、サブコンシャスにアクセスし、本人がサブコンシャスとして話をするというところです。

QHHTで使われる〝サブコンシャス（The Subconscious）〟とは、一般的に心理学などで使われる〝潜在意識〟とは異なるものです。ドロレス自身は、サブコンシャスのことを、ずっと「彼ら」、もしくは「SC（Subconscious の略）」と呼び、特に名前をつけませんでした。QHHT本部のオフィシャルサイト（QHHT ｛Quantum Healing Hypnosis Technique｝ Official Training https://www.qhhtofficial.com/）によると、「サブコンシャスは、私たちの大きな自己の一部であり、創造の源や神や物質的な身体を癒やすことのできる無限の知識や無限の能力である」と説明しています。ハイヤーセルフ、オーバーソウル、魂、超意識、宇宙意識などとして説明されることもあります。つまり、一般的な潜在意識という言葉では説明できない、名前もつけられないような領域なのです。

私の行うセッションでは「潜在意識」という言葉の持つ一般的なイメージから離れるために、日本語の潜在意識ではなく、あえてサブコンシャスという言葉を使っています。「潜在意識」というと、いわゆるフロイトが定義したような個人の抑圧された欲求が潜む無意識と結びつけられやすく、子ども時代の出来事や親との関係など一般社会で考えられる無意識領域に限定されることを懸念したためです。サブコンシャスはそのような一般的な潜在意識ではありません。個人が意識化できない領域には違いないのですが、その範囲は宇宙意識領域にまで広がるものなのです。

セッションでは、過去世（その人がその時に見る必要があるもの）を見た後に、このサブコンシャスにアクセスして、本人が持ってきた質問のリストを、プラクティショナーが本人に代わって尋ねます。サブコンシャスは、本人の口を使いながらも、ふだん本人が考えつかないような答えをくれたりします。どうしてそのようなことができるのでしょうか？　それを紐解く鍵はＱＨＨＴの催眠時にみられる夢遊性トランス状態（脳波がシータ波レベルの状態）にあります。

夢遊性トランス状態

ＱＨＨＴでは、一般の催眠法によって至る催眠状態とは異なる「夢遊性トランス状態（Somnambulistic trance state）」になると言われています。ヒプノセラピーなどの催眠法による一般的なリラックス状態では脳波はアルファ波レベル（8～13ヘルツ）であることが多いそうです。一方の夢遊性トランス状態は、とても深いリラックス状態で脳波はシータ波レベル（4～7ヘルツ）であると言われています。とはいうものの、これはそれほど特殊な状態ではなく、誰でも1日に二度、朝目覚めてすぐと眠りに入る直前のボーッとしたときに体験しています。ドロレスが初期に行っていた退行催眠では、この夢遊性トランス状態に入りやすい被術者は少なく、そういう人を常に探していたといくつかの著作に書かれています。

ドイツの物理学者シューマンが発見した地球の地表と電離層の間に存在するシューマン共振周波数は地球の意識に共鳴しているのではないかと言われていますが、その波長は7・8ヘルツで、スローアルファ波と言われています。このことから、アルファ波は地球の集団意識の範囲にあり、一方、シータ波は地球よりも外に意識を拡大できる脳波なのではないかと松村潔氏は述べています（松村潔『精神宇宙探索講座マニュアル：講座の補足本』）。

最近の脳波の研究では、夢遊性トランス状態時の脳波であるシータ波とワーキングメモリーが関連していることがわかってきています。ワーキングメモリーとは、入ってきた情報をいったん保持し、どの情報が必要でどの情報が不要かを整理する記憶能力のことです。これは、一種のメタ認知機能とも言えます。メタとは、「超越した」、「高次の」という意味の接頭辞で、ある学問や視点の外側にたって見ることを意味します。メタ認知機能が働いているときには、そのときの自分の思考や行動そのものを対象化して認識することができ、自分自身が何を認知しているのかを把握することができます。すると、まるで「もうひとりの自分」が、何かしている自分を客観的に見ているような状態になります。そういう自己を一般的な主観的自己と分け、「客観的自己」と呼ぶこともあります。

面白いことにＱＨＨＴセッションでは、サブコンシャスは本人のことを「この人」や「彼女」、「彼」、もしくは名前で呼んだりします。そう呼んでくださいとお願いしているわけではないのに、ほとんどの方が自然とそうします。自分の口で自分のことを「この人」と呼び、まるで第三者のように諭したり、励ましたりするのです。夢遊性トランス状態時には脳波がシータ波レベルになっているために、メタ認知機能が働き、サブコンシャスがメタ的にその人の視点の外側にたって、「客観的自己」の視点から、本人を見ていることがよくわかる例だと思います。

時空を超えた領域

ドロレスは現在のQHHTの形にするまで、50年近くの年月をかけたそうです。私が翻訳に携わっていた『ノストラダムスとの対話』は、1986~1987年にかけて行われたセッションをもとに書かれているのですが、所々にその頃のドロレスが発見したこと、QHHTの夢遊性トランス状態とはどのようなものか、何が得られるのかも書かれています。

ドロレスによると、生きている間は、「人の認識は狭まり、物理的な環境こそが、一般的に自分の知っているすべてとなる」が、夢遊性トランス状態では「生と生の間、いわゆる『死んだ』状態に戻ることができ、その状態にあるとき、人は人生に直接関与していないためか、より多くの情報を得ることができる」としています(『ノストラダムスとの対話』1巻第7章より一部抜粋)。

私たちは気づかなければ、この限られた小さな身体という器の中にいる自分がすべてだと思い込んでいます。この物質世界の中で日々の生活に埋没してしまうと、大きな自己である魂の全体像を忘れてしまうのです。それは本来の魂の大きさに目覚めていない〝眠った〟状態と言えます。しかし、QHHTでは夢遊性トランス状態で、ただ単に「制限となる身体の束縛を一旦取り除く」だけではありません。セッションの前半で過去世など別の人生で生を死を体験します。そして「生と生との間、いわゆる『死んだ状態』」に行き、人生を一括りにまとめ、客観的に俯瞰します。臨死体験者の話を聞くと、それまでの人生が走馬灯のように流れてくると言いますが、「死」というひとつの区切りによって、魂はその人生を「客観的に」一括りにまとめ、次へ行く準備をします。それにより私たちは「死」を超えた存在であることが体感できます。そしてその過去世の人生を「客観的に」俯瞰して見ることにより、この人生に限定された「小さな自己による客観的」視点よりも、いくつもの人生を生きた魂としての「大きな自己による、メタ的に得られる客観的」視点にシフトするのです。QHHTではその体験ができるのです。だからこそ、QHHTのセッションで得られる情報は、個人の枠や時間や空間に縛られていないどころか、時空を超えた人類の集合意識や地球惑星意識、宇宙意識の情報にまでアクセスすることが可能なのです。

人類の意識の変化と宇宙意識からのメッセージ

この本はそのQHHTセッションで得られた新しい地球への移行に関する情報をまとめたものです。前述した通り、私がセッションを始めた2017年から、「地球のシフト」についてはいろいろな方のサブコンシャスが言及していました。その一部は前著にも宇宙からのメッセージとして入れています。しかしながら、それがどのような形で起こるともわからなかったので、気になりながらもそこまで強く受けとめていなかったというのが正直なところです。

しかし、この時期（2019~2020年）はとても重要な時期だったのでしょう。個人に対するメッセージと重ね合わせ、地球にいる私たち全員へのメッセージが多かったような印象を受けました。サブコンシャスは時空を超えた領域の意識ですので、時間は関係ないはずです。では、どうしてその時期に多かったのでしょうか？　それは情報の「共鳴」に関係しています。サブコンシャスは時空を超えた領域にアクセスし、その時に地球で起きていることや人類の意識、宇宙意識と「共鳴」するものを捉えているのです。そういう意味では、直接サブコンシャスから語られた言葉だけでなく、何を見せたかというセッション内容も重要な情報ということになります。

この、セッションの内容がサブコンシャスからのメッセージであるということについてもう少し説明します。前述したようにＱＨＨＴの催眠は二つの部分からなります。まずはサブコンシャスがその方にとって必要だと思われるビジョンを見せる部分と、その後に引き続き、本人が持ってきた質問にサブコンシャスが答える部分です。ビジョンと書いたのは、最近では単なる過去世を見る方が少なく、現世や宇宙世を見る方が増え、加えて単なるイメージ（と本人は思っています）の方もいるからです。何を見るかは、人によって違いますし、同じ人でもセッションを受ける時期によって変わります。サブコンシャスは理由があってそのビジョンを選んで見せていると言われています。

このようにどんなビジョンであるかも、サブコンシャスの意図が存在しているのです。時空を超えた領域から、それぞれのサブコンシャスが見せるものは、その時期のそれぞれの個人にとって大事な理由があるということになります。そしてその時期が誰にとっても地球のシフトという重要な時期であるならば、同じようなテーマという形で伝えてくることもあると考えられます。

このようなセッション内容のテーマ自体の変化は、何を意味するのでしょうか？

セッションの内容が、その時に地球で起きていることや人類の意識、宇宙意識と「共鳴」するものを捉えて見せているならば、そこには人類の意識の変化や宇宙意識が伝えたいことが表れていると言えるのではないかと感じています。

これはドロレスの著作から考えてみてもわかることです。初期の著作は、ノストラダムスやイエスなど実在した人物に関するものでした。今と違って催眠から目覚めた後にセッションの内容を覚えていない人が大半だったのは、過去世を見ること自体が、輪廻転生を信じないキリスト教圏の文化の下で非難されていたせいだと思われます。それが、私たちの意識の変化により、過去世が宇宙にある人や宇宙の源に行く人、そして宇宙意識から情報を得る人々が次第に増えていき、宇宙から地球を助けるために志願してきたという方のセッションを"The Three Waves of Volunteers and the New Earth（ボランティアの三つの波と新しい地球）"（ナチュラルスピリットより刊行予定）にまとめています。ドロレスはこの本を読んだ世界中の方から、「私もそうだ（地球の次元上昇を助けるためにボランティアとしてやってきた）」というメールをたくさんもらったそうです。セッションの開始から50年後にドロレスは宇宙の仕組みについての本（入り組んだ宇宙シリーズ）を書くようになりました。

後に紹介するセッションで語られている（「地球解放」57ページ、「自由の新天地《ほし》を求めて」119ページ）ように、宇宙の意識を浸透させるための計画（宇宙意識を保った人を地球に転生させる）によって、私たちの意識は変化していっているのです。

そして、今やスターシードやスターピープル（同義として、以下スターシードと呼ぶ）という言葉が一般的に浸透してきたゆえに、自分たちが宇宙に根源があるという記憶を抑えなくてもよくなり、また覚えていてもよくなってきたのです。

このように地球の人類全体の意識が徐々に変化し、地球上の輪廻転生だけでなく、宇宙から地球に転生する魂があることを受け入れるようになり、人類の集合意識が多様な存在に生まれ変わる可能性を受け入れるように徐々に変化してきています。

私は2020年新型コロナウイルスのパンデミック前後では、セッション内容と、そのテーマが明らかに変化したことに気づきました。振り返ると、その直前には地球の解放がテーマとして多く、それ以降は移動や移住などのテーマが増えていました。前後ともに地球の変化とそのための宇宙からのサポートについて語り始めるサブコンシャスが多くいました。そして「以前は伝えられなかったことが、コロナ以降は人々の意識が変化したために伝えることができる」というサブコンシャスもいました。

宇宙世においても様々な形態の宇宙人が登場するようになりました。二つの次元にまたがる宇宙人存在もいました。そして宇宙人だけでなく、ロボットやモビルスーツなど、機械存在だった宇宙世も出てきました。多くのスターシードが降りてきている様々な意味や、彼らに対するサポートとなる存在も同時に降りてきているというようなメッセージもありました。

この本を編集している2022年では、この世界に存在しながらも宇宙にも同時に存在しているというパラレルユニバースを示すセッションが増えています。紙面の都合上、すべてを載せることはできませんでしたが、たくさんの興味深いセッションがありました。これらを見ていくことで人類の集合意識の変化や宇宙意識からのメッセージがわかってくるのです。

今回は、今の地球の変化、新しい地球についてサブコンシャスがメッセージを送ってくれているセッションを中心に取り上げています。それらをもとに、この新型コロナウイルス感染拡大という大きな節目はどのような意味を持つのか、新しい地球とは何なのかを一緒に考えていきたいと思います。

第二部
セッションからのメッセージ

ここからは、2019年から2020年のQHHTのセッションで語られた内容をテーマ別にご紹介します。セッションで語られた内容は基本的にそのまま掲載していますが、紙面の都合上、読みやすいように省略したり、わかりやすい言葉に直したりしています。クライアントが見ているものを話し始めたとき、何について話しているのかプラクティショナー側にはわかりません。その順番に従って書いているため、読まれるときにまどろっこしいと感じるかもしれません。また、物質次元に存在しないサブコンシャスは象徴的な物言いをすることが多く、意味がはっきりしないものもありますが、そのまま掲載しています。

第3章

地球の目的の変化　解放へ

コロナ禍の始まる前にあたる2019年はサブコンシャスから地球の変化が告げられるメッセージが多くありました。それまでの地球の目的が「閉じ込め」から「解放」へと変わったということです。それを示すいくつかのセッションをご紹介しましょう。

地球は囚人惑星なのか？

地球は刑務所であり、私たち人類は罰として地球に連れて来られたという説があります。アメリカの生態学者エリス・シルバー博士が研究から導き出した説によると、地球で殺人・窃盗などの暴力的行為が多かったり、欲望・復讐心を持ちやすいのは、私たちは元々犯罪者集団で、銀河文明の脅威となっていたため、そこから隔離された原始的状態の監獄惑星である地球に集められ、人類となったためということです（エリス・シルバー著"Humans are not from Earth : a scientific evaluation of the evidence（人類は地球由来ではない　科学的証拠の評価）"2017)。

その根拠としてシルバー博士は、人間は他の生物の種と異なり、地球の生態系に合わせて進化していないとしています。例えば、トカゲは丸一日日差しを浴びても平気なのに、人間は長時間紫外線の下にいると癌のような致命的な病気になる可能性があること、他の生物の種ではほとんど問題がない出産に関しても、人間の場合は科学の進歩がなければ命取りになる可能性があったこと、他の生物の種ではほどんど見られない腰痛が人間に多いのは、もっと重力の軽い場所から来たことを示す可能性があることなどです。

この説によると、私たち人類は火星やこの太陽系に最も近いケンタウルス座α星の惑星などの比較的に近い所から連れて来られ、暴力性がなくなり精神的に進化するのをどこかから見守られているというのです。銀河や星、惑星の数が他よりもはるかに少ない宇宙空間領域をボイドといいますが、地球は天文学的に宇宙で最も大きな空洞であるＫＢＣボイド（直径10億光年の球形の領域、平均的なボイドの7倍の大きさ）の中にあります。これほど大きな空洞は、隔絶された流刑地としては理想的な場所だそうです。

シルバー博士の仮説の真偽はわかりませんが、なかなか面白い論点だと思います。

ドロレスの著作『この星の守り手たち』では、「地球は世捨て人のような星で、宇宙の中でひとりぼっちでいるのがどんな気持ちか？　これこそが、地球で学ばれるべき内容」と言っています。これも地球が何らかの形で隔絶されていることを示すものです。

ミシェル・デマルケは、自らのアブダクション体験で宇宙人より得た情報から地球をカテゴリー1の進化の段階である「悲しみの星」とし、地球が「かなり特別な種類の習得環境になっている」と述べています。（ミシェル・デマルケ著『超巨大「宇宙文明」の真相―進化最高「カテゴリー9」の惑星から持ち帰ったかつてなき精緻な「外宇宙情報」』徳間書店）。

Ｋさんは、これらのことを疑問に思われたのか、「地球は囚人惑星なのか？」という質問を持ってこられました。サブコンシャスは、その答えとともに、地球の目的の変化について語りました。

セッション1（2019年4月）

（N：施術者［筆者］　K：クライアント）

地球の目的の変化

N　地球は囚人惑星という説があるそうですが、これをどんなふうに思われますか？

K　笑ってしまいますね。本当に誰が言ったのかわかりませんが、そうとも言えるかもしれないですね。

N　Kさんのサブコンシャスの考えはどうですか？

K　おそらく、いろいろな階層があるから、人それぞれということです。繰り返す人は囚人かもしれません。でも、卒業する人もいるでしょう。階層、次元の違いです。

N　繰り返す人とは、その繰り返す次元のままにいるということですか？

K　もっと経験したいから繰り返すのです。違う階層に行くと、卒業があります。

N　どういう時に卒業できるんですか？

K　人それぞれです。

N　Kさんは、ゆくゆくは宇宙に帰りたいとおっしゃっていましたが。

K　まだいいです。楽しんでいますから。来世も地球です。

N　元々違う所から来たのですか？

K　ずっと、ここでしょうか。もう思い出せません。

N　生まれたのも地球ですか？

K　そういうわけじゃないでしょう。魂は永遠だから。

N　スピリチュアルなことも子どもの時から馴染みがあったようですが、どうしてですか？

K 昔から、ただ知っていました。わかっていました。知らない人も多いですが、知らない人は忘れているから、訓練すれば、思えば、だんだんそうなっていきます。少しずつ変わっていきます。あなたも知ってるでしょう？

N そういう感じがしています。最近、宇宙がより近くみんなの意識に入ってきている感じはありますが。

K 宇宙、宇宙って言いますが、宇宙がそんなに大事でしょうか？　みんなが宇宙でしょう。宇宙は別物ではなく、みんなが宇宙なのです。「星空が宇宙」と特別視してはダメでしょう。そこが間違いです。あなたは宇宙です。私も宇宙です。宇宙の中で住んでいるのです。

N では、先ほどの質問の囚人惑星というのは、そう思い込んだ人がそういう宇宙を創っているという考えなのですか？

K そういうこともあったかもしれないです。昔のことでしょう。

N 今は全然違うのですか？

K 目的が違います。変わりました。最近「閉じ込め」から「解放」に目的が変わりました。

N では、今からますます解放に向かっていくということですか？

K 乗り遅れないようにしてくださいね。

N 乗り遅れないために何かできることや、気をつけるべきことはありますか？

K 今のままでいいです。自分に素直にいてください。自分の気持ちが大切です。

地球解放──上なるものは下なるもののごとし

2020年からの本格的な変化の予兆は2019年4月のセッションにありました。「上なるものは下なるもののごとし」とは、エメラルド・タブレットに記された錬金術の基本原理ですが、「すでに銀河で起こったことだから、地球でも解放が起きる」という形でセッションで告げられたものです。

セッション2（2019年4月）

麻のようなボロ布を纏《まと》ったみすぼらしい姿で灰色の岩の地表に降り立った。岩の瓦礫の山の中に入り口があることに気づき、乗り気がしないながらも、中に入り、地下へと続く石の階段を降りていった。下へ降りるにつれ、人工的に造られた塔であることがわかる。この塔の下には闇があり、そのまま降りていくと物質ではなくなっていき身体が溶けてしまうので、地上へ引き返した。その後、無の境地で真っ白な中に溶けていた。

（N：施術者［筆者］ Ni：クライアント）

地下の黒い塔

N　嫌なのに、どうして地下の塔へ入っていったのですか？

Ni　その黒い塔はおそらく忌み嫌われているので、気になるのです。そこにいる存在である黒は、ただ黒いという理由で嫌われています。そういう差別的なことが少し嫌でした。排他的な目に遭っているのか、彼らには自由がありません。黒には黒の魅力があるというのに、少しかわいそうです。でも、黒も閉じ込められているから、その世界の中だけで縮こまっているのです。もっと広げたら、本当は魅力的なのですが。

N　どうするといいのでしょうか？

Ni　塔などに閉じ込めるのをやめて、黒をそのまま広げてしまえばいいのではないでしょうか。ただの黒い、つまらない、下に降りて溶けていくだけの存在になっていますが、これが広がればすごいでしょうね。夜の星空のように、黒の中にはいろいろな色があるのです。光にもいろいろな色がありますが、光で出力すると最終的に必ず白色になってしまって、色が生まれないんです。しかし、それが黒の世界だと、夜空に見える星やいろいろな星雲、天の川のように、いろいろな色が生まれるんです。

N　白は、なぜ黒を閉じ込めてしまったのですか？

Ni　自分と違う、嫌いだからという単なる感情論です。それで他人を閉じ込めるのは本当に良くありません。所詮、白という色しか出力できないくせに偉そうにしすぎなんです。黒のほうが多様性がすばらしいです。

塔の破壊

Ni　黒は閉じ込められて苦しくてうめいているから、それがつまらないと感じることを生み出す原因になっています。うめきしかないから、辛そうなだけで、どうにもできません。塔を破壊するしかありません。塔を壊したいです。

（塔を破壊した）

Ni　塔を壊せました。想像していた黒が広がった世界そのままになりました。こちらの世界のほうがきれいです。地球から空を見た星の世界ように、いろいろな色があります。それが、360度全球に広がって、地上がないのできれいです。白は黒をこんなに広げるなと少し怒ってます。でも、実は閉じ込められていた黒の勢力が相当多かったので、白は少数です。それで、白は怖がっていたのでしょうか。そういう恐怖からの支配はマジでナンセンスですね。

N 黒にいた人たちは、どうなっているのですか？

Ni 黒にいた人たちは元々はいろいろな色があって、黒という分類ではなかったんです。それが断罪されたように、みんな真っ黒に塗り潰されていました。いろいろな色があるのに、閉じ込められていました。

N この塔はかなり長い間あったのでしょうか？

Ni 長くあったでしょうね。簡単に壊せましたが、何か巧妙に隠されていました。地下の塔で、しかもカムフラージュされていた。見てくれはみすぼらしく、人の手が加わっていないようでいて、でも中はきちんと計算され尽くされています。これは悪意の塊です。

N 出られないように造られていたということですか？

Ni 封印がヤバいです。なぜ中からは壊せなかったかというと、いくら中で暴れても、無に全て変換されてしまう、全部呑み込まれてしまうからです。だから闇が深かったんでしょう。あれは出ようとして頑張った残骸のようなものですが、壊せてしまいました。

N どうして壊せたのでしょうか？

Ni 自分が強い？　しかし、誰でも同じようにやろうと思えばできたと思うんです。閉じ込められていた人も誰でもみんな同じだから、願えばできたはずなんです。他に壊そうとした人がいなかった？　わかりました。あの支配者が超強いので、みんな怖がってしまって、誰も反抗できなかったのです。私は少し非常識だからですね。

N （笑）それが良かったのですね。塔の存在にはみなさん気づいていたのでしょうか？

Ni 支配するというような布告があったから、多分みんな塔のことは知っていました。でも、それに怖気づいてしまったのか、みんなおとなしく塗られてしまいましたね。

N 長く入っていた人たちは、そこで溶けてしまうのですか？

Ni 願えば、白い人たちとは全く関係のない、もっと上のほうに昇華することはできると思います。もうこんな所は嫌だ、もう絶対肉体なんかになるものか、と思った人は多分そちらのほうに飛んでいっています。ただ痛い苦しいと呑まれてしまっている人、つまりその痛い苦しい自分を、本当はそうでない世界に戻したかったけど、それが叶わないから痛い苦しいと言い続ける人は、ずっとそこに溜まっています。諦めた人、もうどうでもいいと思った人から上に消えていきます。

N 塔を壊して解放して、白の人は反撃してくることもなかったのですね。

Ni ただカラフルになっただけですね。しかも、塗りたくられた黒すらも彩りの一部になっています。それがあったからこそ、より輝いています。そのコントラストがすごくきれいです。いいですね！　宇宙が創られたのでしょうか？　今の銀河のもとだったのでしょうか？　そんな感じがします。それが写っているから、地球が今こういう状態なのでしょうか？

地球の解放

N どういうことですか？

Ni 上の世界のものが、同じく下の世界にも起こります。だから、おそらくここも良くなりますよ。解放はもう起こっています。だから宇宙が生まれたのですから。

N 解放はもうすでに起きているから、それはここ地球でも起きるということですか？

Ni そうです、起きます。大丈夫です。ただ人類は少し苦しいですよね。

N どうしてですか？

Ni やはり、去っていった白い人たちの概念が落とされているからです。どうしてこんなに強いのでしょう。人類というシステムと白い人たちの恐怖政治に親和性があって、必要以上に浸透してしまった感じがします。人類には恒常性を保とうとする、生き残りたい欲が強すぎるから、自分に固執しすぎて、ここまでひどくなっています。どうにかできないでしょうか、この地球。

N 塔を壊したように、どうにかできませんか？

Ni 地球はとても固いから、アプローチが難しいです。あのときの存在には割に力があったし、自由だったので、簡単に塔を壊せました。しかし、人間と同じ存在になると、この地球全体がその塔の中身のようになっているから、何をしてもみんな消されます。人間になった瞬間に、もう塔から出られないようなので、いくら知っていても無理です。これは、どうしたらいいのでしょうか。わかりませんね。

N 塔のほうは、願えば出られると言われていましたが？

Ni 中に入ってしまったら、おそらく恐怖に支配されてしまいます。闇に溶けたときは願えば出られますが、それはもう諦めの境地です。この世界で幸せになりたいなどと願っていたら、もう絶対無理です。これは、物理的な幸せのことで、例えばお金持ちになりたいとか、こういう生活がしたいとか、物質ベースな幸せのことです。物質だから人質のようにできるんです。働くということも、結局お金を人質に取られているような状態ですから、こういう体系がある限りは人類は少し難しいですね。

N　働かなくても、お金が入るようになればいいということですか？　そもそも、お金があるのがおかしいのですか？

Ni　実はお金というものは、そもそも白い人たちが支配しやすいように創った概念のようなものなので、お金に引きずられている限りは少し難しいです。人間になってしまったら、どうしようもないところがありそうです。あまりにも体制が敷かれすぎていて、はっきり言って斜めからのアプローチがほとんど通りません。地球という星には本当に凝り固まった信念体系があります。

N　彼らに従わないといけないのですか？

Ni　彼らは低いといってもやはり、人間よりは上なので、人間の世界程度ならば、どこにも穴がないように簡単に支配を広げられます。地球はどうしようもないと、わかっていましたが、気になって気になって、気にせずにはいられませんでした。

サブコンシャスとの会話

なぜ、先ほどのビジョンを見せたのか？

Ni　全体の絵を見せるために必要だからです。この星は本当はとても美しいのですが、そう信じてない人間がたくさんいますね。それが我々としては悲しいのです。

N　先ほど、閉じ込められているゆえに気づいていないと話をされてましたが、どういうことですか？

Ni　閉じ込められると本当に狭められるので、自分が誰だったかも、どれだけすごい存在かも、忘れてしまうのです。閉じ込められていても、「こんなものは本当は全部幻想だ」と振りほどいてしまえば、誰でも解放することができるのです。みなさんは霊で、肉体というのはただの飾りだから、捨てればいいのです（笑）が、人間になってしまったら捨てたくないのです。それがすべてになってしまって、自分が霊だったということを忘れるからです。それが消えたら自分がなくなると思い、どうしても固執するのです。そういう恐怖による考え方の矮小化、狭められ方が非常に良くないのです。人間というものは知恵を与えられているので、身体はただの殻で、自分たちは永遠の存在だと理解はできるのです。けれども、そのことを本当にはわかっていません。どうすればいいでしょう。困りましたね。

N　Niさんにその全体を見せたというのはどういう意味があるのですか？

Ni　あの人には、一応肉体があるので、道具として使えるからです。我々は少し遠すぎて身体がないので、それで降りてくるために造ったのがあの人です。

N　では、Niさんはやるべきことがあるのですか？

Ni　ありますが、やはり、このシステムはやりづらいですね。端末としてはよく動いていると思います。ただこの世界において、人間というのが矮小化されすぎています。人間は本当はもっとすごいのですが、誰もそれを信じてくれないので、あの人が何をしても少し無駄な感じがしますね。正確に言うと、全くの無駄ではないですが、非常に非効率的ですね。

人間が本当は偉大だと知らしめる

N　Niさんが、生まれてきた目的は何でしょうか？

Ni　人間が本当は偉大だというのを知らしめたかった。人間の世界での宗教というものが、人間をひたすら貶め、神の子だとか言って、奴隷のように扱いますよね。そもそも神が地上で自由に行動したくて造ったのが人間でしょう。人間というアバターの中身は自分たち、神本人なのに、アバターに入った瞬間に、そのアバターに入った神を簡単に支配できるなんて、誰が見つけたんでしょう。そういう悪いことを考える奴がいけないのです。どうして、そいつがこんなに繁栄しているのでしょうね！

N 今言われたことを知らない人もいますよね。Niさんがここに来てやることとは何でしょうか？

Ni 人間がすばらしいと言っていただければいいです。内側からうまくできるかもしれないですね。肉体がなければ関与できないので、身体を使って人に喜びの世界があるということを教えてほしいです。手段は別に何でもいいので、触れ合う人すべてに、「あなたたちはすばらしいのですよ」と伝えてもらえればいいです。しかし、ネットは悪意が甚だしいです。白の支配体系の傘下にあるのか、ネットというのは電子領域だから、関与しやすいんです。悪意のほうを伝える力が強くて恐怖に寄っているから、蔓延しやすいのです。

N では、どうしたらいいのですか？

Ni 肉体という強い器があるので、それを使って波動？ 振動？ そういう周波数を発していればいいだけでしょう。特に仕事とかしなくてもいいです。ここ全部がすでに支配されていますからね。

N お金が絡むと、結局は所有されてしまうということですか？

Ni そうです。だから存在としてそこに在って、「人間はすごい存在だから本来はいるだけで幸せなのですよ」「誰によってではなく、あなたたちによって、人間はすばらしいから、神など要りません」と。だって人間が神自身だからです。この世界で唯一神のように「自分は神だ！」などと言って人を支配したがる人がいますが、それはもう悪意と同じです。あれはよくありません！

人間は元々神である

N 人間が、元々は「神」というのは、どういう意味ですか？

Ni 人間というのは元々ソース（源）から造られている存在で、ソース自体が神だからです。ソースの中では、最初は個人や自我などが特にないのですが、それが少し分岐していって、それぞれ神が生まれて、その神たちが自我を持ったので、それに相応する仕切りがほしいと言い出しました。層、レイヤーがいろいろありますが、究極的にセパレートされたのが人間です。これがうまく機能したら、本当にすばらしいのですよ。みんなひとりひとりが神様ですから。みなさん信じてくれませんが、人類というのはすばらしいのですよ！

人間は神の思考力を転写できるすばらしい存在

N どういう点ですばらしいのですか？

Ni まず、思考力によって何でもできるのです。思考力というのは神が持っていたものなので、それを転写できる存在、システム、器というのは、本当は難しいのです。思考システムというのが繊細で、それを物質に落とすのが難しいのです。しかし、脳というのは、言ってみれば受信機のようにあちらと完全につながっています。つながっているので、肉体でそれを体現できるのです。本当にすばらしいのですよ！人間嫌いなどと言っている人間がいますが、「もうあなたたち、何をどういう意味で言ってるかわかっているの⁉ そんなに嫌うなら、人間になりたいという人にあげるから、人間の肉体をもう返して！」。脳はあちらとつながっているのに、そういう怠惰はダメですよ（笑）。物質に固執するからそういうバカな思考になるんですね。

地上を霊的なもので満たしていく計画

N　そこに意識を向ければつながりやすいということですか？

Ni　というより、本来誰でもつながっているのですが、肉体というのはやはり固くて、我々霊体のような自由さがないので、つながることで自分が崩れ去るかもしれないということを恐れるのです。崩れたくないという思いが強すぎます。このシステム、どうにかできないでしょうかね。もう少し地上を霊的なもので満たせば、人間のそういう恐いという思いが消えるのではないでしょうか？　満たしてあげれば、浸透圧のようにどうにかできますね。

N　霊的なもので満たすには、どうしたらいいのですか？

Ni　それは、すでにいっぱいサポートが来ています。そういうプログラム、計画がすでにあって、かなり満たされています。年代によって（地球に）来る人が違うというのは、まさにそれだったのです。それで肉体次元からも満たして、我々の次元からも送っています。太陽の光などは我々です。最近晴れることが多いですが、頑張りますね。頑張らないといけないから。

N　そうやって、外からもサポートが来て、中の人たちも変わっていくことで、固定観念のようなものも、少しずつ変わってきているのでしょうか？

Ni　見かけの上ではヤバいですが、それは最期のあがきでしょう。そうですね！　彼らは消えますね！

バッタ宇宙人のパラレルユニバース

このセッションは、先の「地球解放」をまるで別の視点―パラレルユニバースから見た出来事のように語られました。上の銀河で起こった「解放」は、地球、そして、このパラレルユニバース（並行宇宙）でも起きたのです。

セッション3（2019年5月）

暗い宇宙空間が広がる中に、全体的に白と黒のぶつぶつした円の地表の惑星がある。その地表の隙間の下から赤や青のきれいな色の光が出て、上のほうまで伸びている。自分は緑か青色をしたバッタの身体を持ち、頭の上のほうは金色に光っている。下から出る赤と青の光に手をかざし、遊んでいるように見えるが、地面からどのように光が出ているのかを調査に来ていた。

（N：施術者［筆者］　K：クライアント）

光の出具合を調査するバッタ宇宙人

N　なぜ調査しないといけないのですか？

K　生死に関わる問題だから、調査に来ました。この色が出ていると住むことができないのです。今までは白と黒のぶつぶつだけだったのに、赤と青色の光が地表から出てきました。何かがおかしいので、調べに来ました。

光がほしいとみんなが望んだ

N 何が起きたのでしょうか？

K みんな（他のバッタたち）が望んだから、光が出てきたのです。しかし、ほしい光ではなかったので、その上に住めるかどうかわからないので調査しています。ここだけでなく他の場所にも行きます。三輪車のようなものに乗って。そこも同じように、赤と青色の光、そして黄色も出ています。黄と青色で緑色のように混ざっている色も出てきて、手で遮って、書いて、淡々と調査しています。しかし、ここは感情がありませんね。

N 感情がないのはどうしてですか？

K そのほうが仕事がはかどるのです。元々感情を持っていたようですが、支配され、上の人から感情を取られてしまいました。元々はすごくきれいな光があって、豊かに暮らしていましたが、感情を取られてしまって光がなくなりました。しかし、みんなが思い出してきて、みんなで望んだら光が出てきましたが、思っていたのと違いました。感情はまだ戻っていません。

N その支配していた、感情を取った人たちはどうなりましたか？

K まだいます。よくわかりませんが、その人たちが調査しなさいと言いました。

光が出てきた！

K 光に包まれてます。金色の、黄金の光です。やった！　他のみんなもやった！と言っています。

N どういう経緯で、そうなったのですか？

K さっきの調査がうまくいったようです。他にもいろいろやってる人がいて、何かいろいろやってうまくいきました。みんなで勝ち取りました。だから、みんなでやった！と喜んでいます。思い描いていた光が出てきました。うまく調整ができました。嬉しいです。

N さっきの支配してた人たちはどうなったんですか？

K 遠くから見ているようです。いるのはいますね。ただ意地悪はしていません。感情は戻ってきました。だから嬉しくて、やった！やった！と跳びはねたり、お腹の上に乗ったりしています。

サブコンシャスとの会話

バッタの人生を見せたのは？

N その人生を見せたのは、どうしてでしょうか？

K 虫はかわいいのに、彼女は嫌って「気持ち悪い」とか言っています。気持ち悪いって何でしょうか？それは、あなたの幻想ではないのですか？　あなたもそうなのです。そこ（地球）にあるのは、本当のことではないから、思い出してということです。「あなたが虫だったのに、なぜ嫌っているのですか？　それ、あなたでしょう」。そのことを教えたかったのです。頭ではつながっているといいながら、つながっていることとの本当の意味がわかってないからです。虫だからといっても、頑張っていたではないですか、研究していたではないですか。三輪車には乗っていましたけど（笑）。

N バッタの研究が活きて、みんなが解放されましたよね。

K そう、みんな喜んでいました。「うまくいったから、思い出しなさいよ」ということです。

感情が奪われていたこと

N　奪われていた感情も最終的には取り戻しましたが、それに関して、今のKさんの人生と関係がありますか？

K　彼女はそれを見ることが必要でした。彼女は感情を殺して仕事をしていたからです。仕事のときに「好き嫌い言わない、言ってはいけない」と思っていましたから。もう、その必要はないから、楽しかった、成功したっていうところを思い出せばいいのです。

生まれてきた目的

N　Kさんが生まれてきた目的は何ですか？

K　目的は、楽しいことをやればいいのではないでしょうか。バッタのときみたいに何も考えずに、楽しいことをやって、最後に楽しかったでいいのではないですか。遊んでいればいいのです。そういう学びだからです。それでまわりも学んでいます。それがわかっていませんが、遊んでいていいのです。

N　今まで楽しいことはやってきたのですか？

K　彼女はすぐに飽きてしまいます。でも、飽きてもいいのですけどね。生まれてきた目的は、他にもあるようですが、今はよくわかりませんね。

N　今はまだ言えないということですか。なぜでしょうか？

K　わかってしまうと、つまらないではないですか（笑）。もう少し後にしましょう。まだ学びきれてないので、もう少ししてからですね。もう少しです。

N　どのあたりを学びきれてないのですか？

K　すぐに休みます。恐怖に負けやすく、恐いことが多いようです。恐いことがあると先に進むのが嫌になってしまうのです。しかし、時と場合によっては進んだほうが良い場合もあるのです。でも、恐いとすぐに何もできなくなってしまい、それ以上先に進めなくなってしまいます。それをもう少し勇気を持って、やってみたほうがいいです。そうすると、もっといろいろ見えてきますし、わかってきます。恐がり過ぎです。

出身の星は

N　どこから来たか知りたいということですが、先ほど見たバッタの星ですか？
K　バッタの星ではありません。出身の星ではありませんが、そこはパラレル（ユニバース）のようです。
N　出身の星は地球上で名前は付いていますか？
K　プレアデスでしょうか、わたくし、よくわかりません。
N　わかる方、もし、いらっしゃったら教えてください。
K　わかる方？……ん〜〜〜（音を出す）言葉がないようです。言葉がない星です。
N　先ほど出した音には、何か意味があるんですか？
K　それが星の名前です（笑）。
N　素敵ですね。すばらしい。色や形はありますか？
K　色、音がない世界です。（わかる人が）行ってしまいました。

最後にメッセージ

K いろいろありますが、言うことを聞きなさいということです。

N 今後サブコンシャスとつながっていくには、どうしたらいいか教えていただきたいということですが。

K つながったと思えばいいのです。何回かつながっているのに言うことを聞かないのです。不信感が多いようです。つながったと思えばつながっているのです。それをああだこうだと考えるからです。つながったと思ったら、つながっているからいいのよ、いい加減に言うことを聞きなさいという話です。

N 他の人にアドバイスを求めに行ったりして、本人は地に足がついていないのではと思っているようですが、つながりながら地に足をつけることはできるのですか？

K できます。それは「できます」と言えばいいのです。アファメーションが弱いですね。「私はつながっています」、「グラウンディングもできています」と言いきることです。それも「できてますように」とか、お祈りしてしまいますが、しなくていいのです。「できています」でいいのです。腹の底から声を出せと言っておいてください。

N そうすると、もう人にも頼らなくて済むのですか？

K 頼らなくていいのです。本当はわかっているのだから。

カルマはもはや必要ない

カルマとは一般的に「過去（世）での行為は、良い行為にせよ、悪い行為にせよ、必ず返ってくる」ということを示します。日本語では業《ごう》と呼ばれることもありますが、その業を果たすために輪廻転生していると言われています。つまり、カルマがあることで地球の中に閉じ込められる可能性があるということです。

ここでは、地球の変化に伴って、カルマが必要なくなってきていることが語られています。

セッション4（2019年5月）

様々なイメージが浮かんでは消えていく。サブコンシャスはヒーリングをして「常にやっている」ことを伝えたが、何らかの過去世を見せることはなかった。それについて尋ねると、「必要ないからです。過去世を見ると囚われて、そこにこだわり、遅くなります。人間はドラマチックなことが好きだからです」という回答だった。

（N：施術者［筆者］ S：クライアント）

サブコンシャスとの会話

N　Sさんは、宇宙とがっつりつながって軽やかに生きたいと思っていますが、そのためにはどうしたらいいでしょうか？

S　もうつながっています。それをただ信じることです。

N　つながって宇宙の役に立つような、それでいて、人の役に立つ楽しい仕事をしたい、遊ぶようにしてお金がもらえるような仕事をしたいそうですが、何をしたらいいでしょうか？

S　……（何度聞いても黙ってしまうので質問を変えた）。

何もしないことが思い込みを取り払うことになる

N 今回セッションを受けに来た目的というのは何ですか？

S つながっているのを確認するためです。

N 今現在、特に何の仕事もしてない状態です。今の状態のままでいいのかという質問なのですが？

S 「何もしない」をしています。

N これはどのように大事なのでしょうか？

S 何かしなければいけないと思っているから、「何もしない」ことで、その思い込みを取り払います。

N 今後何かすることもあるのでしょうか？　それについて、今言うことはできますか？

S いいえ、言えません。それでまた思い込んでしまうからです。

地球に入ると人に認められたい執着ができる

S 執着が一番重たいのです。

N 何かしなければいけないという、思い込みの執着があるということですか？

S 人に認められたいとかですね。

N 認められたいという気持ちは、大なり小なり誰にでもあるものだと思いますが、これも執着になってしまうのですか？

S そうです。

N この認められたい気持ちや何かしなければいけないという思い込みは、どこで作られたものでしょうか？

S　地球はそういう所だからです。

N　地球に入った時点でそうなってしまったということですが、では、どうしてそうなったのでしょうか？

S　この子は集合意識を癒やすことをしています。まずは集合意識を自分のものと思い込んで、気づいて手放すということを彼女が経験することで、社会も変わっていきます。神社（に案内する仕事をしていた）もそうだったのです。彼女が癒やされたら、神社が癒やされます。神社も疲れていましたから。

N　彼女はそういうとても大きなもの（集合意識）のヒーリングをやっているということですね。彼女はまわりの感情を受けやすいという自覚はありますが、それは別に悪いことではないのですね？

S　それが仕事でした。みんな彼女の仕事には気づいていませんが。

生まれてきた目的と使命

N　これは生まれてきた目的や使命などにも関係しているのですか？　言ってしまって、また頑張ってしまうことになるといけないんですけど……。

S　言って大丈夫です。彼女に会って、みんな考え方が変わったりしたと思います。

N　彼女に会うことで相手が変わっていくし、集合意識にもアクセスして、全体が変わっていくということですね。それをずっとやっていたのですか？

S　そうです。みんな死んだら気づくでしょうが、今は、わからないでしょうね。

N　今後もこれを続けるのでしょうか？　それとも、また少し変わってくるのですか？

S　いいえ、やらなくていいですね。それは、彼女というか、彼女のまわりの環境の波動が上がったからです。

N では、毎日ゴロゴロみたいな感じでよいのですか？

S 今出かけていますし、体調不良もありませんし。好きに生きたらいいのです。

N 好きに生きていくことが、答えのようなものですか？

S はい。あなたの仕事は終わりました。

地球の重さが変わった

N 神社の癒やしが終わったので行かなくてもいいということでしたが、たまに鞍馬寺とか貴船神社とか玉置神社には行っています。これには何か意味はありますか？

S 玉置はアンドロメダ、鞍馬はアルクトゥルスにつながります。自分のエネルギーを上げに行っていました。今は、そういう場所に行かずとも、気が向いた所に行けば、いつでも、そこでエネルギーを上げられます。これまでは地球が重たかったので、そういう所に行かないとつながりにくかったのですが、今はアンドロメダだと思えば、アンドロメダにつながります。思うだけでいいのです。仕事は終わったのですから。

N では今は状況が変わってきたのですか？ 今、何かそういうタイミングなんでしょうか？ 誰でも神社まで行かなくても、そう思うだけで大丈夫なんでしょうか？

S 誰でもではないですね。気づいた人たちです。

N エネルギーを知るためにはまず、そういう所に行くのも大事なのですか？

記憶を呼び戻すスイッチ

S　記憶を呼び戻すスイッチです。彼女の場合は、それを神社に置いていました。

N　なぜ神社に置いていたのでしょうか？

S　そう決めていたからです。叶えやすいからですね。ただ行けばいいので、お金もかからないでしょう。

N　神社にスイッチを置いてる人は他にもいますか？　行くことで、記憶を取り戻すという人もいるんですか？

S　彼女は、それは終わりました。神社にスイッチを置いてない人も、今いっぱい行ってますよね。大半は人真似です。でも、その人たちは行くことを楽しんでるから、それはそれでいいのではないでしょうか？

N　Sさんは元々サブコンシャスとのつながりをなんとなく感じていたそうで、今回は、ただつながっていることを確認するだけでよかったのでしょうか？

お互いのスイッチを押し合う

S　お互いのスイッチを押し合うのです。あなた（Nのこと）も、この人に出会って何か気づくのです。この人はずっと家にいるから、たまにこういうイベントを用意しないと忘れるでしょう。この人が動くことで、何かしらのスイッチが押されて、あなたは、また何かに気づくでしょう。お互いにスイッチを押し合っているのです。

N　お互いにスイッチを押し合うとは、面白いですね。どういう仕組みなんですか？

S　決めてきているのです。楽しそうではないですか。

N　（笑）どの時点で決めてきているのですか？　生まれる前ですか？（Ｓ：うん。）どのような人のスイッチを押すか、決まりみたいなものはあるのですか？

S　決まりはありませんが、でも、やりたいことができて、決めた瞬間にその世界に行く。だから、望んだ世界を作るために人も現れます。

N　望んだ世界というのは現れるものなんですか？

S　今現れているのは望んだ世界です。

N　何のためにこういうことをやっているのですか？　望んだ世界が現れるということを知ることにどんな意味がありますか？

S　そうやって、遊んでいるだけですね。

自作自演のゲームで遊んでいるだけ

S　自分たちでゲームを作っておいて、作ったことを忘れて遊んでいるのです。全部答えを知っているけれど、忘れて、シンクロだと言って喜ぶのです。自分たちで作ったのに、それを忘れています。おかしいですよね。いろいろ知りたがる人に、こちらが何か言うと、知りたくなかったとか言って怒りますが、自分で忘れたことを忘れているから、おかしいですよね。

N　地球に入ってしまったら、忘れてしまうのは、もう仕方がないのですか？

S　はい。忘れるつもりで来ていますからね。

N　なぜですか？

S　遊ぶためにです。自分で望んで忘れたのに、「なぜ？　なぜ？」と言う。面白いですよね。このカラクリを知ったらいいのではないでしょうか?

N そこで下手に罪悪感を持ったり、自己卑下したりするのは違うということですね?

S そうする意味がわかりません。そういう遊びを楽しんでいるのです。でも、忘れ過ぎても面白くないから、このタイミングで会って、うっかり思い出すようにしましょう、というような打ち合わせですかね。

N そのためにスイッチを押したりということがあるんですね。

S スイッチを押すから、うっかり思い出します。このタイミングで押しましょうねと決めているのです。

N すごく面白いですね。それぞれ全部自分でゲームを作ってるわけですね?

S 自作自演です。

カルマはもはや必要ない

N カルマとは、どういうものですか? これも自作自演ですか?

S 地球にとどまるために重たいものが必要でした。一生懸命我慢したりして、カルマを溜め込んでいたのです。だから、もう、そのひとつひとつを見る必要はないのです。それを見て、またそこに意味づけなどしていたら、またそれがカルマになってしまうでしょう? もう必要ないから見なくていいのですよ。

N 最近、一般的な過去世を見る人が減っているというのは、そういうことですか?

S はい。見て、そういうドラマがあったのを、楽しんでいただけですからね。

N 地球全体の動きとして、カルマを見て楽しむことが減ってきているのですか?

S 必要なくなったからです。みんな飽きてきたのです。

N なぜ必要ないんですか?

S　地球の波動が上がったからです。カルマがおもりのようになって、それをいっぱい身体に付けて重たくしておかないと、光になって消えてしまうからです。重たいものを身に付けて、一生懸命地球にいようと頑張っていたのです。でも、波動が上がってきて、もうそのおもりは必要なくなったのに、でもおもりがまだあるから、そのおもりに気づいて、何これ？とパニックになるのですよ。これ、いらない、いらないと言って脱いでいったら、その人も軽くなるでしょう。必要なくなったから、みんな外そうと、今一生懸命に頑張っているのです。もういらないものだから、いらないものを分析する必要はないですね。

地球の波動が軽くなってきた

N　地球の波動が軽くなってきたというのは、最近の話ですか。どのくらい最近かわかりますか？

S　時間がわかりません。でも、カルマはもういりません。いらないから、いらないものは分析しなくていいのです。分析して、「こんなの持っています」「こんなに頑張ってます」と、それを集めて人間らしさをアピールしていましたよね。それはもういりません。

N　今からは中身は見ずに、もういりませんと思うだけでいいということですか？

S　人間は問題を作るのが好きだから、中身を見るとそのドラマにはまります。頑張ったら脱げません。むしろ大事にしてしまいます。集めるのが、好きだからですね。

N　結局は全部自分で作ったゲームで、それにハマってやりたい人はやるのでしょうね。

S　前は波動が重たかったので、それが必要でしたけれど、そこにはもう意味はありませんね。

N　今はもう必要ないんですね。みんなどんどんそのように捨てていって、軽くなっていけばいいということですね。なかなか、いい時代ですね。生き方もそういう視点から変えていったら、いい感じですね？

S　はい。

アトランティス文明の崩壊

これからご紹介するセッションのクライアントMさんは、私が翻訳していたドロレス・キャノン著『ノストラダムスとの対話』の異版『ノストラダムス霊界大予言』を事前に読まれ、そこでノストラダムスが語る、アトランティス文明の崩壊に興味を持ち、セッションを受けに来られました。この崩壊のときにいったい何が起こっていたのかを知りたいということでした。

アトランティス文明の崩壊は、サイキックな力と行き過ぎた高度な科学文明の誤用のために起きたという通説があります。しかし、ノストラダムスは異なるビジョンを見ていました。この本には、アトランティス文明はある特定の地域ではなく、全世界に広がる文明を指しており、科学的には私たちが用いる金属の代わりに石を造形に使う技術だったことなどが書かれていました。そして、アトランティス文明の崩壊の理由については、以下のように述べています。

「ある地球外生命体が介入したか、あるいは、自然災害が起きたのだ。自然災害だとすると、地球や太陽系が小惑星群を通過した。しかし、それは事故ではなく、意図的なものだとすると、ある地球外生命体によって集められた小惑星群の中を、地球が通過したのだ。それにより巨大な岩の塊が大気圏を勢いよく落下して地表に衝突し、衝撃波を引き起こし、気候を混乱させた。相当数の岩がいくつもの都市に落下し、完全に破壊した。その結果、人類はそれまで持っていた文明のあらゆる痕跡を失い、再びゼロから始めなければならなかった。」（ドロレス・キャノン著『ノストラダムスとの対話』1巻第25章一部要約）

サブコンシャスは、この質問に答えるように以下のようなビジョンを見せてくれました。それにより、地球を「閉じ込め」にした理由のひとつが明らかになりました。

セッション5（2020年8月）

空間に浮いている黄色いピラミッドがひとつ見える。まわりにはスフィンクスなどが何もない。続いて、そのピラミッドを挟むような（しかし接していない）黒っぽい直線がふたつ走っているのが見えた。空は黒いが星はない。

（N：施術者［筆者］ M：クライアント）

何もなくなってしまった

M 最初は、時空のどこかにいるのかと思いましたが、今はもうピラミッドもなくなりました。黒い線もなくなり、真っ黒になりました。何もなくなってしまい、やはり悲しいです。

N これからどうするのですか？

M またゼロから創らないといけません。どうにかしたら、創れるのでしょうか。入り口から創りますが、時間がかかります。壊すのは、一瞬なのに。壊さなければよかったです。

N これは誰が壊したのですか？

M 宇宙人です。私の仲間ではないでしょう。けれど、やることは知っていました。こうなるのがわかっていたら、止めていました。本当にやるとは思わなかったので、知っていたのに止められませんでした。

N どうして本当にやるとは思わなかったのですか？

M もったいないからです。せっかくここまでできていたのに、壊すのは馬鹿なことだと思います。

N 壊してしまった理由は何ですか？

M 地球を創った人、管理している人に出ていけと言われたことが、気に入らなかったからです。どうして自分たちが出ていかないといけないのだ？と。

N 何をやったから出ていけと言われたのですか？

星の塔の建設を止めたら……

M 先ほどのピラミッドと関係があるようです。星の塔という音が来ました。いけないことなのに、星の塔を造ろうとしたようです（前述の黒い線は星の塔を建てるための測量のためのもの）。建てると、磁場が変わってしまうので、勝手に造られては困るそうです。ピラミッド、アンカーのようなものがありますが、彼らはその近くに白い七芒星のマークの付いた塔を建てようとして、ダメと言われたようです。

N その宇宙人たちは、なぜそれを建てようとしたのですか？

M 地球は珍しいので、別の宇宙に持っていこうとしました。地球は青くてきれいで、宇宙ではあまり見たことがなかったからです。多様性がいっぱいあって、珍しいのです。だから自分たちの宇宙に持っていこうとしたようです。その頃の地球は、今でいうところの自然の美しい場所がたくさんありました。植物がたくさんあり、見たことがないものがたくさんあり、何よりもカラフルでした。建てようとした塔は、マットな白で、太陽の塔を伸ばしたような形のものでした。それが建つことで、地球が持っていかれそうになりました。だから止めに行って、できませんよと言ったのです。

N どうやって、その世界を壊したのですか？

M 始まる前に話していた、こちら側の宇宙の小さい惑星など集めてきて、ぶつけたのではないですか。

N つまり、これは先ほど話していたノストラダムスが見ていたアトランティス文明の崩壊のということですか？

M ではないでしょうか。

N 壊すことを知っていたけれど、本当にやるとは思っていなかったのですか？

M もったいないではないですか。同じものがまたできるとは限りませんから。悲しいです。違う星に属するから、知らないうちに進められていました。それぞれの星には、それぞれの思惑がありますから。

プレアデスの星の思惑

N あなたの星はどこで、その思惑は何ですか？

M 私の星はプレアデスです。地球を青くてきれいな星のまま育てていきたかったです。ハワイのようなきれいな所で、バカンスに遊びに行くような土地を造る。そのために自分の星から遺伝子を持ってきたり、星のほうとかけ合わせたりして、地球独自のものを創っていきました。

N 他の星の思惑はどのようなものでしょうか？

M それぞれに役割がありました。観測するための中継地点や、波動調整のためや、調和させる、調節のためなどです。どこの星がどの役割か少しよくわかりませんが、三番目と四番目は調整機関という言葉が来ました。

多様な宇宙人のグループによる地球創生

N　当時はいくつかの星のグループ、宇宙人グループがいて、役割を振り分けて、それぞれに創っていたということですか？

M　結構たくさんいたようです。三つ、四つとかではありません。今は知られていない所からも来ていました。もちろんヒューマノイドではない所もありました。だから、多様性があったのかもしれません。アメーバのような宇宙人などもいました。サイズも、大小様々です。

N　それぞれの宇宙人がその目的に合わせて地球を創り、いい感じにできていたのに、そのグループが勝手に壊してしまったのですか？

M　どこかに持っていこうとしたので、困りますよと言いました。管理している所も、別に上とか偉いとかではありません。誰の所有物でもないから、仲良くやっていかないと管理はできません。そのグループは、私たちが最初に見つけたから、これは私たちのものだと言いました。でも、みんなで育てたのだから、みんなのものでしょう、お前らこそ、出ていけ、となりました。

N　最初に見つけたと主張し勝手に持っていこうとして、止められ、結局その当時の世界を壊してしまった宇宙人グループはどの星かわかりますか？

M　これはアンドロメダでしょうか。私の中では、アンドロメダは良い宇宙人でいてほしかったですが。どこであれ、星を壊すのは重罪です。（星の塔の七芒星マークはアンドロメダのシンボルのようなものと後に回答）

N　これからどうするのですか？　創り直すのですか？

地球世界の再生

M 壊した人たちには出ていってもらいます。もはや創る権利はないので出ていってもらい、残りの人たちで創り直します。

N 今度はどのように創るのですか？

M 太陽を元通りに、ちょうどいい所に位置を調節します。塔を造ることで、ズレてしまったからです。そして波動調節するために、ピラミッドを造ります。でも、その世界は壊れたとはいえ、まだ壊れていない生物は様々いますので、それはそのまま育てて、新しいものを足して育てます。

N 今回変えた所などあるのですか？

M 悪い宇宙人がまた来ないように、協定を結びます。地球を勝手に移動させないこと、塔的な建造物を建てる時にはちゃんと許可を取ることについてです。後は、変な星が付かないように、パトロールをします。変な宇宙人が勝手に入ってこないように監視します。

波動のグリッド

N それはどこで、どうやるのですか？

M 宇宙上空からです。波動のグリッドのようなもので、地球の半径分くらい外に網を張ります。蚊帳みたいな感じですが、目には見えません。

N それがあると、悪い宇宙人は入ってこられないのですか？

M 全部ではありません。通り抜けているやつもいるようです。だから、不穏な動きが地球上にありますね。良くない波動は、ウイルスのようで、風邪を引くような感じです。無菌状態にはなかなかできません。

N　入ってきた宇宙人たちは何をするのですか？

M　地球人を支配します。恐怖を与え、地球人の恐怖のエネルギーを食べます。それがその宇宙人のエネルギーになります。

N　そういう宇宙人は結構多いのですか？

M　だんだん増えていきました。けれど、そんなに多くはありません。

N　一応、地球世界は望み通りに育ってきているということですか？

M　そうです。人も多くなりました。後に、育ててきた地球人と育てている宇宙人が、コンタクトを取ります。子どもが育ったら、親に会うということです。外の世界にも多く（宇宙人が）存在すると教えてあげます。そうやって惑星を育て、そこでそれぞれの宇宙人を育て、成長させます。

N　これは地球に限らずいろいろな惑星でやられていることですか？

M　そうなのかもしれません。しかし、ゼロから創るのは大変だと思うので、例えば、ゼロから1を創る担当がファーストソース（源）なのかもしれません。その後で、すでに育っている別の所の種を蒔いて、それぞれが育てて、というようなことをして星を創ります。

N　他に何か言いたいことはありますか？

M　何に対してかわかりませんが、恐がらなくていい、恐れなくていいと言っています。

サブコンシャスとの会話
なぜアトランティス文明崩壊の場面を見せたのか？

M　知りたかったからです。

N　Mさんの質問のひとつは、これから地球が新しい地球と古い地球に分かれていくというのは、地球を創っておきながらうまく回らないから、壊そうとしているのではないか、今の状態とアトランティス文明崩壊時が似ていると思うが、どうなのかということです。

M　地球は壊されないから、大丈夫です。悪い宇宙人をちゃんと省いたからです。

グリッドにより守られるが、出られないこともある

N　管理システムがあり、網、グリッドのようなもので、悪い宇宙人を入れないように管理しているということですが、これを管理しているのは誰ですか？

M　いろいろな宇宙人です。波動グリッドは、地球の直径が1だとすると、0・5くらい地球の外側にあり、外側から入ってくるものも防ぎますが、内側から外に出ようとするものも止めます。逃げようとしている悪い宇宙人を止め、捕まえます。

N　これがあることで、元々星から来た人が星に帰ろうと思ったときに、逆に帰れなくなることはないですか？

M　(笑)あると思います。そのときは話し合います。出ていきたいと思っている人と、グリッドを張った人で話し合います。

N　星に帰りたい人が多数いますが、それが理(宇宙の法則、ルール)に適っていれば、もちろん星に戻します。

M　そうです。地球は忘れる惑星だからですね。外側からは自ら入っていくでしょう。そして勝手に出たいって言うでしょう。いやいや、やることやってということです。

N　やることをやらないと出られないのですか？

Ｍ　やりたくないというなら、別にそれでいいですが、やると言って来たのですよ、と。

Ｎ　この地球が重いから嫌、早く出たいというような理由ではダメですか？

Ｍ　入る前に説明しましたよ、と。

Ｎ　でも、忘れているのですが。

Ｍ　それも説明しましたよ、忘れますよ、と。覚悟をして、やる気があって、それをやるという人だけ入れています。それくらい、なかなか厳しい所なのです。

生まれてきた（地球に来た）目的と使命

Ｍ　波動を上げるためです。そのためには深刻にならずに遊んで、楽しむことです。使命は特にありません。

Ｎ　今現在、Ｍさんは遊んだり、楽しんだりは十分にできていますか？

Ｍ　やれているのではないでしょうか。しかし、すぐネガティブになりそうになるから気をつけてください。地球上の人間が重く、ネガティブだからです。

カラフルなのは地球独自のもの

サブコンシャスが話している時に、突然右目にフラッシュが来た。

Ｎ　その右目のフラッシュはどういう意味でしょうか？

Ｍ　急がず、慌てず、柔らかく調整するということです。黒いのは硬い、重いのです。明るいのは柔らかいです。瞬時に動かせるものもあれば、時間をかけて動かすものもあります。ちなみにこのカラフルなのは地球独自のものです。だから面白いでしょう？

N　地球独自のものは、なぜカラフルなのですか？

M　他の星はもっと、オクターブが限られているからです。

N　地球はその幅が広く、バラエティーというか、音域が広いというようなことですか？

M　地球が重たいから、深く沈めば沈むほど、高くもできるということです。アンドロメダは白と黒の世界です。こんなにカラフルな星は珍しくて持っていきたかったのです。

地球の次元上昇について

N　地球の次元上昇ということに関して、最近よく言われているのですが、今、地球で何か起きているのですか？

M　上昇はしています。

N　そのために私たちが何かしたほうが良いことはありますか？

M　瞑想です。落ち着くことです。急がないことです。

N　そうやっていけば、この時期は乗り切れるということですね。上昇によっていろいろ起き得る変化に慣れないという人は変化が恐いかと思いますが、心配しなくていいということですか？

M　そうです。

白く光るセンター

白く光るセンターから来たという方の話です。他にも「白くて大きな所」から来たとか、「センター」から来たという方が何人かおられました。ここがどういう場所なのか、今後解明していきたいと思っています。

ひとつ前のセッションではアトランティス文明崩壊後に作られた波動グリッドにより、宇宙へ帰れなくなることがあるという内容でした。このセッションでは、帰れなくなってしまったひとりのスターシードの話です。しかしながら、その理由としては別のことが語られています。また、なぜ私たちは宇宙世記憶を思い出す必要があるのかということも語られています。

セッション6（2020年1月）

六つの銀河の惑星間にある博物館のような場所にいた。そこでは古いやり方を体験しながら学ぶ。見ているのは、気体でできた波が様々な色の光の砂と一緒に浮かび、その光の砂の色によって、分かれた波が次になるものが示されている。赤は石、紫は魚のような生き物、青は人よりもっと柔らかいヒューマノイド、緑はカメレオン様のもの、黒はロケットを束ねた形の黒い塊などになっていく。ここで以前に学んだことを、今は他の生徒に教えていた。

（N：施術者［筆者］　C：クライアント）

銀河にある博物館

N　あなたは元々何をしていたのですか？

C　黒くて大きくて丸いドラみたいなものを鳴らして、衝撃波を出して、とても遠くの星に影響を与えていました。生きている星の行き先を一緒に決めるのです。星は自らの意志で別の星のまわりを回り始めますが、突然軌道に乗ってしまうとその星を見ている人たちの生活に影響を及ぼしてしまうので、相談します。

N　そのドラはどのように関係してくるのですか？

C　衝撃波みたいなものの中に情報が入っていて、意思の疎通ができます。宇宙には水がないから、そうするしかありません。

N　相談とは、その惑星が自分の意志で軌道に乗りたいと言ったときに、そこの軌道に乗って大丈夫とか、少しまだ先とか、そのようなことですか？

C　そうです。軌道に乗ると発見されてしまい、他の天体に影響を及ぼすので、その時期を見ます。また、発見した人たちの文化にも影響が出ます。出現してもわからないような所には自由に行けます。

N　その影響を及ぼすタイミングを計っているということですね。どうしてそうしなければいけないのでしょうか？

C　何か大きな白くて光っている所から、そういう説明を受けました。今はもっと惑星の自由意志が優先されていると思います。最初から自由意志だったのに、コントロールできると思っていました。いろいろやってみた結果、こういうものは廃れていきました。この仕事（ドラを鳴らす）も古いと思います。多分ここは全部博物館のように歴史を集めている所です。それを体験しに行っている感じです。

地球へ

次の場面では宇宙船にいるヒューマノイド型の宇宙人だった。そこでは、生きた宇宙船が次に行く先の環境を準備し、その中で予習をしていた。目的地に着いたが、生命体がいなかったので帰ることになった。次に向かったのは地球だった。

C 地球へ行きます。そこに住んでいる人の中に混ざります。この星で少し長くいる経験を持って帰ります。そういうことになっていますが、何か嫌な予感がします。

N これを誰かに言われたのですか？

C 行くことになりましたと、私に言ってきたのは、少し先輩みたいな仲間です。一緒に行って、いられるときは少しだけ一緒にいよう、と言われました。

N その経験を持って帰ることが大事なのですか？

C 大事です。わからないことが多いのと、元々好奇心を満たすために造られて生きているからです。この好奇心とは、私の好奇心ではなく、持って帰る先、あの白い所のものです。

N 白い所とは、どういう所なのですか？

C センターです。巨大な構造物で、大き過ぎてわかりません。何もない所もあります。リハビリセンターみたいな所、勉強する所、みんなで何かを作る所、何もしない所、水になってみたりする所、ゲル状になってみる体験など、いろいろなものがある区域もあります。好きなものをコピーして、自分の中に入れて持っていきます。

N このセンターにいるときは、どんな感じがするのですか？

C 楽しい感じとかです。でも何か策略も感じます。好奇心を抱くように造られています。だから先ほどの歴史の博物館みたいな所もあります。

1回で帰れると思っていたが……

C （最期の場面で話を聞いていると……）来た所、白い所へ帰りたい。でも、帰れません。聞いていた話と違います。1回終われば良いと思っていました。同じ気持ちの仲間がたくさんいるということもわかりました。

N どうしますか？　訴えるのですか？

C 何もできないです。力関係が違い過ぎます。時期を待つしかないです。

N これを決めたのは、やはりあの白い所なのですか？

C いいえ、そうではありません。何か介入してきたもので、黒っぽい、システムを壊すものです。この星が良くなっては困るから、私たちを返さないのです。思い通りにできなくなるからです。

N あなた方が帰ると、この星が良くなるのですか？

C 私たちは体験や情報を持っていきます。

N その体験や情報を持っていかれると困るということなのですか？

C 困ります。なぜなら、彼らが邪魔をしていることがばれてしまうからです。私たちはずっとここでぐるぐる回って、何度も何度も過ごさないといけないです。

サブコンシャスとの会話

なぜ先ほどの人生を見せたのか

C　望まない人生を送る気持ちを感じてもらうためと、今行われていることを知らせるためです。

N　今、望まない人生を生きているという意味ですか？

C　いいえ、良くしていかなければいけないということです。知識を入れるということです。地球人だけが知らされていません。それは意図的に行われています。解放しなくてはいけません。地球だけが遅れているということに誰も気づいていません。わからなくされているから、情報と知識を入れます。

N　どんな形で入れるといいのでしょうか？

C　思い出すことです。思い出した人に教えを乞うことです。思い出している人とつながることで、目を覚まします。

N　みんなそのような思い出すものを持っているということですか？

C　持っています。思い出せるのが普通です。地球人だけができないです。地球で今生まれている人、意図的に遮絶されている人たちはできません。地球人以外は、みんな自分のことはわかっています。地球人だけがわからない。思い出されては困るからです。

思い出すことで貨幣経済が崩壊する

N　なぜ困るのですか？

C　思い出すと、富が偏ることがおかしいとわかるから、貨幣経済が崩壊します。そうなっては困る人たちがたくさんいるから、私たちは思い出せないようにされています。思い出すと価値観が変わり、お金がいらなくなるからです。持っていない人でも、誰でも何かを得ることができるようになります。それは、肉体を維持するための最低限のもの、例えば衣食住、そして、情報、経験、体験です。それらをみんなが持つと困る人たちがいます。みんながわかってしまうと、貪《むさぼ》っている人が困るので、それは絶対にだめだということです。みんな何も知らないで生活しています。

N それは知識を思い出すことによって得られるものなのですか？

C 思い出すのは自分のことです。情報は外から、他の人、他の地球外生命からもらうことができます。

思い出すことで、地球外生命の情報も入ってくる

N では、自分を思い出すことで、地球外生命の情報も入ってきやすくなるのですか？

C 入ってきます。自分を思い出すと、地球外生命とフェアに付き合うことができるので、そこから、まず最初にバイオテクノロジーが働きます。それによって、書き換え、何かがひっくり返る書き換えを高速でします。それをしないと、フェアな交易ができません。地球人はすり替えをして、よく似たことを押しつけるので、たぶん平等と言うでしょう。平等と公平は違います。平等と言えばまた私たちは騙されます。

N フェアでいるというのが大事なのですね？

C フェアでいないと、また植民地化されます。それは、地球人がやるのかもしれないけれど、もとは、どこかの勢力だと思います。

N 先ほども邪魔をしている勢力があるという話でしたが、何なのでしょうか？

C 敵対するあの人たちです。上は地球人ではありません。地球の者たちはそこに協力しているだけです。だから、みんなが目を覚ますと困るのです。

N　あなたを帰れなくした、出られなくしたのと同じグループ、勢力なのですか？
C　多分そうです。部署は違うけれど、大元は一緒です。

生まれてきた目的

N　これらを見せてくれたのは、Cさんが生まれてきた目的とも関係しているのでしょうか？
C　フェアな交易、フェアな付き合いをするために意識を上げることです。
N　それは眠っている人たちの意識を上げていくということですか？
C　低い、低いハードル。底から上げます。ハードルが高いとできないので、とても卑近な所からやらなくてはいけないです。
N　これは使命とも関係しているのですか？
C　関係しています。一見してわからない所から、本質に迫るやり方です。わからない所を使ったほうがみんなが理解しやすいです。それを模索して実行することです。
N　具体的な仕事として、どんなことをやっていけばいいのでしょうか？
C　この人がやりたいことです。選択肢は多くないから、好きなことをやればいいと思います。何をやっても同じです。実際にやることはそんなに関係ありません。そこに存在することが大切なので何をやっていても、どの道を歩いていっても大して変わらないです。一番早いのは何もやらないことです。ハイ・バイブレーションだけでいいです。
N　何もやらないほうがハイ・バイブレーションになるのですか？
C　いろいろ考えると、すぐ落ち込みます。下手にやると、人と関わり、その中に変なのがいるからです。

何もしないほうがましなときが多いです。

2019年の11月の発熱と移動する腹痛や頭痛について

C 2019年10月下旬にシフトが起きて、周波数が変わりました。その影響を受けました。

N このように不調が出るというのは、どういう意味があるのでしょうか？

C 出ない人もいます。出るのは不安定だからです。新しい状況に慣れるまで調整をしています。

N Cさんにおいては、もう調整は終わったのですか？

C 終わっていません。他からの助けがひとつ入ることになっているので、大丈夫です。

N シフトが起きたということは他にも不調があった人もいるかもしれませんが、何か心がけたほうがいいことはあるのですか？

C この影響が悪い影響のまま行かないように意識するだけでもいいです。春（2020年3月まで）には消えるので、大丈夫です。

守られた地球

次のセッションでも、アトランティス文明崩壊後に作られた波動グリッドと同様のエネルギーの枠によって地球が守られていると語っています。しかし、そのせいで逆に宇宙人からのコンタクトが難しくなっていると。これが「閉じ込め」ということだったのでしょうか。しかしながら、その解決策も提示されています。

地球の転換期である今、二つの地球の分化を早めようと、スターシードがたくさん降りてきていますが、彼らが慣れない地球で過ごすためのサポートをすべく転生してきた存在もいるのです。

セッション7（2019年10月）

（N：施術者［筆者］　モエ：クライアント）

サブコンシャスとの会話

スターシードの人たちがバランスを取るために

N　長年インドのグルの元で学んだ五大元素に関わることを教えたいと質問にありましたが、それについてはどうですか？
モエ　教えたほうがいいです。みんなのためになります。それにより、まわりの影響を受けなくなり、バランスが取れるようになります。
N　なぜバランスを取ることが大事なのでしょうか？
モエ　スターシードの人たちは地球にあまり慣れていない人もいるから、おかしくなる人もたくさんいます。しかし五大元素を学べば、バランスが取れるようになるのです。
N　そのスターシードの人たちは増えているのですか？
モエ　増えていますし、もっと増えるでしょう。地球の転換期だからです。
N　どのように転換していっているのですか？

軽い地球と重い地球

モエ　いいほうと悪いほう、軽いか重いかの二つに分かれます。

N　スターシードの人たちが来ることで、比重か何かが変わるのですか？

モエ　二つに分かれるのが早まります。それを急いでいるのです。

N　なぜそんなに急いでいるのでしょうか？

モエ　遅すぎるからです。重いほうは、沈みます。軽いほうは、上に上がります。

N　それを宇宙的に見て、もっと早く起こしたほうがいいということですか？

モエ　地球的に見てです。

目覚めるために夢を使う

N　夢の中で、色んな種類の宇宙人から夢を使ってください、そうすると、あなたがやりたいことをできると言われましたが、これについて、もう少し詳しく教えていただけますか？

モエ　宇宙人が仲間を見つけたいからです。自分の来た星を思い出してほしいから、つながりを取り戻してほしいからです。目覚めるために夢を使ったほうがいいです。宇宙の人たちもつながりたいと思っています。みんな自分の所に帰ってきてほしいので、宇宙の人たちが探しています。でも、地球があまり見えないのです。

N　地球が見えないとはどういうことですか？

モエ　宇宙の人の目と、地球の人の目は違うから見ることができません。しかし、夢を使えば宇宙人たちがちゃんと見つけることができます。夢を使って意識を拡大すれば、エーテル体が広がります。宇宙人の人たちにはエーテル体が見えるので、それが目印になります。

N　どのように夢を使うのがいいですか？　ただ夢を見るだけですか？

モエ　夢に意図を打ち込んで、集中して夢を使うことです。意図するのは、タットワや図形、恒星です。中でも正二十面体は絶対やったほうがいいです。

N　そうすると向こうが見つけやすくなるということですね？

モエ　簡単に宇宙人に見つかります。見つけられるとこちらもつながりを思い出します。

地球侵略をもくろむ宇宙人

会話の途中で突然青白く光る2本のネオンを見た。どこかへ行く通路だが、その先は空間が歪んで、膨張している。そこに突然かなり大きな灰色の動く円盤型宇宙船が現れた。その宇宙船の中は、暗くて寒く、様々な機材が載っていて、爬虫類系の宇宙人とその下で働くグレイのような存在がいた。

N　そこで彼らは何をしているのでしょうか？

モエ　どこか別の星を探しています。自分たちの所に、もういられなくなったから、住む所がほしいのです。そのために、また戦争しに行こうとしています。

N　平和的に住む所を探すというよりも征服という感じですか。これを見て、あなたはどのように感じていますか？

モエ　止める役です。地球にも来ることができます。

N　これは地球が変化しなければいけないことと何か関係ありますか？

モエ　関係はありませんが、こういう存在が、来ようとすればいつでも来れるということです。

N　それを止める役ということですが、どのように止めるのですか？

十二面体のエネルギーの枠線で守られるが

モエ　十二面体のエネルギーの枠線を借りています。そうすると、向こうから見えません。

N　十二面体で囲むことで、向こうから、地球が見えなくなるから大丈夫なのですね。

モエ　地球からも宇宙が見えなくなります。でも、仕方がないです。

N　それによって守られるから。十二面体というのは、どうやって作られるのですか？

モエ　勉強している人、スターシードのエーテル体を育てることで作られます。どこかの宇宙人が、エーテル体が普通ではない人を地球に増やしています。そういう人を増やすと、守れます。守りながら、宇宙に行けるのです。

N　普通でないエーテル体を持つ人を増やすことと、さっき言った夢を使うこととは何か関係があるのですか？

モエ　関係あります。夢でエーテル体が広がって宇宙に飛ばせるし、十二面体があるから守ることもできます。

三角形の重要性

モエ　意図して夢できれいな三角形を作ってほしいです。夢で私とつながれば、きれいな三角形になりますが、はみ出している部分を切らなければいけないので、それに伴って嫌な思い出などを思い出すと思いますが、それは必要ではない部分なのです。きれいな三角形にするには切らないといけない部分だから、抵抗しないでほしいです。大変かもしれませんが、それがこの先、その人にとってかなりの重荷になるかもしれないのです。必要ではない部分なので、それが引っ張るのです。それが飛べなくなる原因です。でも、それが手放せないのです。

N　三角形になると飛んでいける。そのために不必要なものが、逆にあぶり出されるけれど、そこは切っていけばいいということですね。

モエ　そのプロセスは楽しくはありませんが、飛ぶにはそうするしかありません。

N　モエさんと夢でつながってもらうといいのですね。

モエ　でも抵抗が起きます。人間は１００パーセント開いているわけではないので、仕方ありません。でも成長のためにぜひやってほしいです。怖くはありませんので。

スターシードにはエネルギーが必要

モエ　彼らにもっとエネルギーを渡す必要があると思います。彼らは大変だったと思います。

N　それは身体的にということですか。どのようにしたらエネルギーを彼らに渡すことができるのですか？

モエ　（モエさんの）エーテル体を吸収すると思えばいいです。

N　なぜ必要なのですか？

モエ　死にそうだからです。地球でやっていけるんですか？　だから、私のことを呼んだのではないですか。わかる人にはわかると思います。

N　それで、モエさんは来たのですね。モエさんはあげるものをいっぱい持っているんですね。

モエ　はい。もらってください。

知られてない恒星を探索すること

モエ　星を勉強してください。星の名前とか、星の意味です。まだない恒星の意味を作ることができます。小さいけれど、星は星なので、やったほうがいいと思います。本当はもっと強力な影響を与えられる星やもっと地球と関わりたいと思っている星がたくさんあるので、やったほうがいいと思います。楽しいと思います。星を本で見て、夢で探索して、そうするとだんだんわかってきます。強力な星は行ったらすぐにわかります。

第4章
移動、移住

コロナ禍の前後、セッション内容のテーマとして増えたものが、「移動や移住」です。なぜこの時期に、こんなに移動や移住に関する内容が多いのか、ずっと不思議でした。

当たり前のことですが、移動したり、移住したりすると、周囲の環境がすっかり変わってしまいます。引っ越しを体験された方はよくわかると思うのですが、新しい環境では、それまで当たり前にやってきた習慣、例えばどこのお店で食材を買うとか、家を出る時間や起床時間、何気なく親しくなって挨拶を交わしていた近所の人などの慣れ親しんでいたことが、ほとんどすべて変わります。「自分を変えたければ、環境を変えよう」とはよく言われることですが、環境を変えると自分が変わる結果になるのです。

「移動や移住」のようなテーマのセッションが増えた意味として考えられるのは、新しい地球やそのほか望む場所に自由に移動する準備のためです。私たちの集合意識が自由に移動するためのマインドトレーニングの様子を見せていると考えてもいいかもしれません。何度も何度もトレーニングをすることで、脳の神経は発達していきます。すると、心配や恐れもなくなっていきます。

内に向いた宇宙

移動とは必ず変化を伴うもの、とは先に書いた通りです。しかし、人間にはホメオスタシス（生体恒常性）というものがあり、外から来る変化（気温など）に対応し、内部を変えないでいようとする働きも備わっています。身体を保つには必要不可欠な働きですが、これが心理的にも働いてしまうと、現状を維持することだけに執心してしまい、変化することや、何か新しく始めることを恐れるようになります。だからでしょうか。このセッションのように事前に知らせずに、誰かがどこかで密かに綿密に移動の準備を進めている場合もあるのです。今の地球の変化も、もしかすると、そういうものかもしれません。

セッション8（2020年8月）

岩を掘って造られたかなり大きな貯水池がある。白金色の紙のように薄い金属で作られた、とてもフィットしたワンピースを着て、つま先が50センチくらいに尖っている同じ素材のサンダルを履き、1メートルくらいの尖った帽子のようなものをかぶり、根元が渦巻きのような形をした棒を手に持っている。その貯水池の管理を仲間と一緒にしている。

（N：施術者［筆者］　H：クライアント）

貯水池の管理

N　この管理の仕事というのはどうですか？

H　面白いです。貯水池に使われている機械というか、システムが面白いですね。水を貯めて浄化するシステムですが、面白いのは使い方です。こういうのが何個もあって、順番に回っています。ここだけではないので、他の貯水池にも行きます。貯水池ごとに浄化のシステムが違うから、いろいろ見ることができて面白いです。

N 回るときは、そこにいる人たちと一緒に回っているのですか？

H ばらばらです。この人たちは初めてここで会った人たちです。みんなだいたいひとりで回っています。ひとりのほうが、抵抗が少ないので移動が楽なのです。

風に乗る

N どうやって移動しているのですか？

H 風に乗ります。もうこのまま乗れます。今日は乗りやすいですね。風の吹き方と吹く方向とその強さと、それは全部自分で見ないといけません。

N あなたが履いている靴は、風に乗ることと何か関係があるのですか？

H サーフィンみたいに風の抵抗を使います。これだと、長く伸びているから乗りやすいです。

移動のための密かな計画

N 貯水池では何をしないといけないのですか？

H 今日は水を1回抜いて洗います。洗うと、一度薬が全部抜けるから、新しい水を貯めた時も浄化しやすくなります。前に使った水の性質というか材質を残らないようにして、もう1回水を貯めなおします。

N この貯めた水というのは、何に使われているのですか？

H　これは、これは……これから使うのですが、あまり言っちゃいけないのですね。あまり、教えられないのですよね。結構大切なことに使っているのです。大切なことなのです……作っているのですよね。この水を使って、作っているものがあるのですけれど、大切なものを作っているのですけれど、少し言いにくいのですよね。

N　言ってしまうと何かマズいのですか？

H　いずれは、みんなにもわかってもらうことなのですけど、まだ私たちだけで進めて……。住んだまま移動できる大きな船のようなものを造っているのですよね。

N　すごいですね。その水からですか？

H　水からです。これを造って、実はここから出るのです。今いる所から脱出するのです。今の所より土地が広い、もっと良い所を見つけたのです。

住んだまま移動

N　住んだまま移動できるというのは大事なのですか？

H　今ここにいる人たちを全員乗せないといけないからです。移動の距離も時間もかかるので、やはり住んで、今の生活のまま移動します。今やっていることを止めないためです。

N　先ほど、あまり言ってはいけないと言ったのは、まだ移動を知らせてはいけないということですか？

H　船を造っているところだからです。船を造ることを邪魔をしたりする人もいるからです。

N　移動自体には賛成しているということですか？

H　移動することもたぶん言っていませんが、言ったら反対するかもしれません。

N　この方法でやると、気づかないまま移動できるのですか？

H　そうです。

N　それは、すごくないですか。

H　だから言えないのです。

N　中にいる人たちは、気づかずに違う場所に移動してしまうのですね。でも、土地が広くなったりしたら、着いた後に気づくのではないですか？

H　連れて行ってしまったら、もう戻れないからですね。

サブコンシャスとの会話
生まれてきた目的

H　見るとか、知るとかね、いろいろしたいみたいです。

N　いわゆる本を読んで知識を得ることもあれば、それ以外もということですか？

H　本当は知っているはずのことを理解することです。本当は知っているはずのことに気がつくとか、認めるとか、そういうことです。知っているのに見ないようにしてきたことです。それは、仕組み……仕組みというのは、……この世界、この宇宙の仕組みです。宇宙といっても、内に向いた宇宙です。内に向いた宇宙の仕組みを理解することです。

N　Hさんがずっと独自に書いたり、いろいろな所をイメージで旅したりしているのですが、そういうことも役に立っているのですか？

H　近い所までは行っています。でもあまり自覚がないようなので、意識をしてやるといいかもしれません。

N　書きたい気持ちがあるようですが、これはどう思われますか？

H　書いていいと思います。書くと、安心する人がいますよね。やってほしいのですけどね。

N　特に3年前から少し書けなくなっているということなのですが、原因は何ですか？

H　ここも怖がっていますよね。見ないようにしてきたこと、さっき言っていた仕組みを見るのが恐いみたいです。力不足というか、それを書けるだけの力量がないということが恐いみたいです。

N　Hさんはそう思っているようですが、サブコンシャスからすると、力量はどうなのですか？

H　力量って何？という感じですよね。

N　この怖さに対して、サブコンシャスから何かできることはありますか？

H　私はやっていますが、頑固なのです。なんとなく「ここは慎重にいきたい」「同意を得たい」「ここは無理やりというよりも、私と同じ思いでいないといけない」というように思うのですよ。

N　本人がそんなに慎重であることに関して、サブコンシャスはどう思うのですか？

H　何言ってんの？って、感じですけど（笑）。

N　Hさんはこれまで、とても長い間サブコンシャスと会話して書いてきていますよね。だから、本当はわかっているから、それを出せばいいだけだと思うのですが、どうしたらいいですか？

H　どうしたものでしょうか？　私は常にやっているのです。じゃあ、蛇口をひねってもらいましょうか。

N　これで、湧いてきて書かざるを得なくなるから、楽しみですね。これは生まれてきた目的にも適っているということで、書くことによって、安心する人がいるというのは、使命とも関わりがあるということですか？

H　そうですね。

心臓に穴が開いたまま生まれてきたのは？

H　やはり平均に合わせるためです。心臓に穴を開けることで、地球の人に合わせると言ったらいいのでしょうか。

N　穴がないと、地球人ではなくなるということですか？

H　そのままで、生まれてきたら攻撃されていたかもしれません。でも、心臓に少し穴を開けるのはやりすぎたかもしれません。少し加減が過ぎたかもしれませんね。こちらでちょうどいいと思っても、強すぎましたね。

2020年4月、コロナの時期からの肌に違和感

N　この原因は何ですか？

H　少し空気に敏感になっているのでしょうか。今、体質的にいろいろとプログラムが変わっているので、それで一時的に外気というか空気の影響を受けやすくなっています。ウイルスの影響下で、生きやすいように、身体の中を緊急で少し変えています。少し脆い所が、表面に触れやすいというか、外気に触れやすくなっている感じなのです。

ここ（地球）を離れる前にやるべきことは何か？

H　ふふ、何言っているのという感じですけどね（笑）。どうしたのでしょうね。この人にわかりやすく言うには、10やっているとしたら、7ぐらいでいいという感じでしょうか。それから、なるべくこちらとつながりなさい、と。もう少し信用してもらったり、信頼してもらったりして断然いいのです。思うほど心配なことはないのですよ、と。

N　サブコンシャスとコンタクトする方法は、特別に何かあるのですか？

H　特別に何ということはないです。特別にしなくてもいいですよ。特別に何かというと、どうせまたいろいろやるので、そのままでいいのです。

移動を続ける宇宙種族

ここからは、侵入者と戦うことをせずに場所を転々と移動する宇宙種族の話です。宇宙戦争という話を時々聞きますが、宇宙の中には戦わない種族がいてもおかしくないはずです。しかし、せっかく造り上げた町や財産など、物質的なものに強くこだわりを持ってしまうと、すべてを捨てられないために移動することができなくなります。いったい何が大切なのかわからなくなっている私たちに、この種族のあり方は多くのことを教えてくれているように思います。

セッション９（２０２０年６月）

山の上の灰茶色っぽい石のレンガが積み重なってできた建物にいる。ここは祖先がいた所で、たまに思い出しては来ている。今は砂漠に囲まれた大きな岩を掘って造られた町に住んでいる。そこは水路も整備され、空気も換気され、植物も育ち、動物もいる。自給自足生活がきちんとできており、すべてが自然な形で整っている。自分はそこで町長の子どもとして生まれ育ち、ゆくゆくは後を継ぎ、町を守っていくことになっている。

（N：施術者［筆者］　R：クライアント）

土地よりも人の命を守る

R　侵略者が町を襲おうとしています。だから、どこかに逃げないといけません。町の人たちは、戦うことを好まず、平和を守るので、侵略者が来る前に逃げます。逃げる準備をしているところです。

N　戦いたくないのは、どうしてですか？

R　生きることのほうが大事だからです。土地より、人の命を守ります。安全な場所にみんなで逃げます。

N　ここは岩を掘って苦労して造った町だと思いますが、それを捨てることを惜しいと思わないのですか？

R　思います。でも、最初の場所は山の上でした。そこからも同じように逃げています。生きることのほうを重要視するように代々伝えられているので、また新しい場所で生きます。町を造る方法はもうみんな知っていますから。

N　その土地を自分たちのものとするよりも、命を守るということのほうが大事ということですか？

R　そうです。そのためにみんなで一緒に逃げることを選びます。

新しい場所、水色の星

R　新しい場所にいます。水色の星、惑星です。私たちはそこに住むことができます。

N どんな星なのですか？

R 水もあり、自然も豊かであり。文明というか科学に侵されてないので、汚染されていません。水ではないですが、色が水っぽいです。そこの空気でしょうか。とてもきれいで、色ではなく、空気の質や自然の質が水っぽいのです。自然が豊かで住むには最適という感じです。

大きな乗り物に乗って一瞬で移動

N どうやって移動してきたのですか？

R 大きな乗り物に乗って、一瞬で来ました。見かけは鉄のようで、みんなが乗れるくらいの大きな乗り物なのです。荷物も全部乗るので大きいですが、鉄ではないです。環境を汚さないような物質できちんと造られた大きな乗り物です。乗り物はずっとあったはずなので、最初の山の上からも、おそらくそれで移動してきました。

N 乗り物のことはみんな知っていたのですか？

R 昔のことだから、知らなかったです。

N この水色の星というのは、どこの星なのですか？

R 太陽系、天の川銀河ではないです。わからないぐらいすごく遠い所にあります。

N あなたの種族は宇宙を転々と移動してきているのですか？

R 多分、そんな感じがします。

N 最初にいた山の上の場所と、次の岩に穴を掘ったような所というのは、それぞれ、どこだったのですか？

R 別々の惑星です。どちらも、地球ではないです。ただ長い歴史の中で、はるか昔、地球にもいたのかもしれないという感覚ですね。

N 水色の星では顔形など、地球人と比べてどうですか？

R 地球人っぽくないのですよ。流動的なのです。形が漠然としていて、手や足や顔などはちゃんとあります。それらに触ると一瞬硬くなるのですが、触らないときは水っぽいのです。ゼリーのような軟らかさとでもいいましょうか。頭はろうそくの火のような形になっていて、それが髪の毛です。目や鼻や口も漠然とありますが、はっきりしていません。でも、最初の山の上の場所では、もっと人間っぽい感じで、服を着ていましたが、今は着ていないですね。

N それは場所によって変わるということですか？

R 生きている場所で変わります。

地球はきれいだけど、中が汚れている

R 何かの乗り物から地球を見ています。

N なぜここに来たのですか？　何をしに地球が見える場所へ来たのでしょうか？

R 住めそうかなと思っています。

N また移動して来るということですか？

R 乗り物がすごく小さくて仲間が見えないので、ひとりで探索しているところです。今度何かあったときのために、住める星を見つけに来たようです。

N 地球のことを報告したら、どんな感じですか？

R　「地球はきれいだけど、中が汚れているのでだめでしょう」と。長老たちには、本質が見えるというか、何かわかるのでしょうね。「はるか昔はきれいだったかもしれないけれど、今の地球は汚い」と言っています。

人生の最期の日

R　きちんと年を取って人に囲まれて亡くなっています。老衰です。死の苦しみなどが全くなく、自然に還る感覚がします。元々の宇宙に還る感覚ですかね。

N　あなたは今どこにいますか？

R　宇宙です。

N　もう宇宙にかえったのですね。宇宙のどの辺にいる感じですか？

R　宇宙全体です。宇宙全体に還りました。宇宙全体であり、宇宙の一部です。

サブコンシャスとの会話

なぜその人生を選んだのか

R　命のつながりと相手への優しさ、思いやりと判断力の重要性を思い出してもらうためです。わかってはいますが、まだまだ甘いからです。命のつながりとか相手への優しさとか、もっと人に伝えなければいけません。判断力の重要性もわかる必要があります。まだよく不安定になるときがあるので、少し安定してほしいです。

生まれてきた目的

N これらのことはRさんが生まれてきた目的とも関係しているのですか？

R いろいろな痛みを経験しているから、危うく一歩外れて死に向かったり、道も外れたりするところでしたが、ここまでいろいろな人に助けられて生き抜いてきて、人からの優しさや思いやりなどを経験してきました。なぜ人が生まれるのか、生きていくのか、何が人として大事なのかを、わからない人たちにわかってもらえるようなことをしなければいけませんが、してきていません。どうしたらいいか、わかっていないから、一歩が踏み出せていません。すると判断力が低下していきます。

N 人として何が大事かということをもっと人に伝えなければいけないのですか？

R 伝えるだけでは、人間にはなかなか伝わらないので、行動していかなければいけないのです。

N まず、どういうことを始めるといいでしょうか？

人として何が大事かのシステムを作る

R もう少し勉強する必要があります。何の勉強でも言葉だけでは足りないのです。例えば、とても貧困の方がいるとします。こういう方を助ける仕事は、今すでにあると思いますが、働きたいけれどその方法を知らないとか、持病や躁鬱を持っているとか、就職しても休んでしまったりして食べていけないとか、引きこもりとか、貧困といってもいろいろな問題が背後にあるのです。お金をより多く稼ぐことではなく、生きていけるくらいのお金を稼ぐためのことです。どのような仕事に就けば長く働けるとか、そういうことです。働けば生活できるようになり、生活できる環境があって、やっと人は生きるとは何が大事かがわかってくると思うのですよね。言葉で伝えることは結構いろいろな人がやると思いますが、それ以外の方法でシステムを作れたらと思います。それを作るための知識を学ぶことです。

汚れた地球に生まれた理由

N 相手への思いやりと優しさが当たり前の場所から、長老たちが「中は汚れている」と言った地球に生まれてきていますが、どうしてわざわざ来たのですか？

R すべての人を救えではなく、自分の関わる範囲だけでも、ひとりでも多く、少しでも誰かを平和で、相手を思いやって優しく生きていけるようにしなさい、ひとりでも多くそういう人たちが増えるようにしなさいという意味で来ました。そういう人たちが増えれば、世界が変わると思います。ひとりの力だけでは絶対にできないので、自分ができる範囲はきちんとしなさいということです。

N それは誰が決めたのですか？

R 前にいた星の中で、「この星はもう大丈夫、穏やかで、平和で、みんなが思いやりを持って、ずっと生きていける、ここは外敵から襲われることはない」とわかった時点で、「地球は、あまりにも自然が汚れて、人の心もかなり悪くなっている」ということが調べてわかっていたので「行きなさい」と、長老たちに言われ、自分で選びました。「汚染された星を少しでも良くしてこい」という感じです。

N 本当に使命なのですね。

宇宙に「かえりたい」という思いについて

N 子どもの頃、「宇宙にかえりたい」と思っていたそうですが、どういう意味だったのですか？

R これは、やはり、どこかの惑星に帰りたいではなく、宇宙に還りたいということです。先ほどの人生の終わりで宇宙に還りましたが、あれと全く同じ感覚です。大袈裟に言うと、すべての命はやはり宇宙から生まれたわけだから、「かえる」のは、最期はそこ、ということを覚えているのです。子どもの頃の大変な時代から、本当に心を蝕まれて、死にたくなるような思いをしているわけだから、死と直結するときに、宇宙に還りたいというのは、絶対思い出すはずですよね。

N それで思い出していたのですね。

R （本人は）仏教の勉強をされていますが、結局、仏教とは宇宙の話ですからね。地獄や天国とか仏様とか言葉は使いますが、結局、宇宙に還ることが共通しているので勉強していて面白いはずです。最期は宇宙に還って、自分は宇宙だし、宇宙の一部だと、自分は全部宇宙なのだという感覚をどこかで覚えているはずなのです。どこかの星に帰りたいではなく、宇宙に還りたいという強烈な思いです。

自由の新天地《ほし》を求めて

密かに綿密に移住の準備がされていたり、戦わず種族全体が移動することがあるという話をご紹介しました。では、移動する先に自分たちとは異なる意識、異なる振動数を持つ生命体がいる場合はどうするのでしょうか？

これを読まれて、人が宇宙船に連れ去られる理由はそういうことだったのかと思われるかもしれません。真相はどうであれ、異なる振動数の人々と情報交換するというのはかなり難しいことだとわかります。そのために少しずつ少しずつ情報を渡して、ハイブリッドにしていくのです。これが今密かに地球で起きていることと考えてみてもよいのではないでしょうか。ゆくゆく予定されている宇宙人との物理的な会合（「混乱の時の助け」13ページ）や新しい地球への移行のための準備として、ここで言う「ハイブリッド化」が行われ、少しずつ少しずつ私たちの意識が変わるように計画されているのです。

ここでは、コロナ禍以後の地球の変化とそれに伴う身体的な変化についても語られています。

セッション10（2020年10月）

とても大きな滝のある濃い緑のジャングルを上から見下ろしている。下のほうには村がある。白っぽい肌のヒューマノイド型の細くて骨張った若い男性の宇宙人で、全身にはメタリックグレーのウエットスーツ、手や足にはオレンジっぽい黄色の水かきのようなものを身に着けている。その頭上には同色のトサカ状の飾りが付いている。ここには初めて来たと語った。

（N：施術者［筆者］　Mo：クライアント）

移住のための調査

N　ここでいったい何をしているのでしょうか？　初めて来た場所と言っていましたが、ここに来ているのは、あなたひとりですか？

Mo　この土地に住めるかどうかの調査をしています。あと2人いて、調査のための3人がまずひとつの組で、そこに、今回は機械を動かすエンジニアがひとりいますが、必要に応じて人数が増えます。住むために必要な鉱物、必須元素のようなものがあるかどうかを調べています。

N　どうやって調べるのですか？

Mo　サンプルを採取する必要があるので、そこに住んでいる人を連れて来ます。その人の中に、必須元素が入っていればＯＫで、そこに住むことができます。

チップを埋め込む

N どうやって連れて来るのですか？

Mo 寝ているときにテレポーテーションのように、ヒュッと上に吸い上げ、エンジニアの人がポットと言うカプセルのような機械に入れて、サンプルとして調べます。二の腕の所を何か少し取っていますが、されているほうは気づきません。それから、その人にチップのようなものを埋め込み、サンプルでＯＫが出るといいのです。チップを埋め込んでから、何を食べてるとか、どういう地域とか、その人の足取りを追って、チップからそのサンプルを取り出せるように入れます。その生体の状態やその人の環境まで見ています。

N しばらくこういうことを続けているということですか？

Mo あまり離れてしまうと、そのデータが取れないようで、この上空にとどまっています。自分たちの星がなくなって住む場所がなくなったので、住める場所、共存できるような環境を探しています。

ハイブリッドにすることで違和感をなくそうとするが……

Mo このように順番に何人かをハイブリッドの人たちにしていくことによって、違和感をなくしているのです。

N ハイブリッドの人たちとは何ですか？

Mo こちらの情報をチップとして植えつけ、情報交換をすることで、その人たちがこちらの情報を持てるようになることをハイブリッドと言っています。こちらの情報を持つことができる人たちが何人か増えると違和感はなくなるのです。そこまで増やす必要はありませんが、ある程度の人数が必要なのです。ただ、とても時間がないと思って焦っています。空中にとどまっているには限界があるので、ずっとできることではないからです。戻る所がなくなっているから、どこか住める場所を探す必要がありますが、でも見つけられないでいます。その調査の途中のようです。

N ハイブリッドがどの程度の人数に増えればいいのですか？

Mo そのハイブリッドの人数が思うように増えてないのです。

N それはどうしてですか？　チップを入れたらいいのではないですか？

Mo こちらの情報が思うように向こうとブレンドされない感じがあります。情報が排除されて、なかったことにされてしまいます。こちら側としては、この情報の叡智がなかったことにされてしまうのはやはり辛いです。辛いというか、良くないことなのです。なぜなら保持する必要があるからです。それらの情報をしっかり保持して、かつ、自分たちの意識も保てる人というような人を探しています。しかし、うまくマッチングしていません。

新しい星を求め集う、宇宙船

何千機という宇宙船が漆黒の宇宙空間にいた。それぞれが小型の宇宙船で、その中に先ほどのチームの3人が乗っていた。

N 他の宇宙船は、あなたの乗っている宇宙船と同じようなものですか、それとも全然違うものですか？

Mo 同じものです。合図があってそこに集結しています。中心にブラックホールのような移動空間があり、そこから、みんなで移動しようとしています。みんなそれぞれのＵＦＯに乗って、移動しようとしているところです。そして、みんなでそのブラックホールのような所に入っていきます。

N そのブラックホールに入ることで移動ができるのですか？

Mo 移動できます。それぞれ行く場所の役割や分担が決められていて、そのブラックホールに入ることで、セッティングされたそれぞれの座標に行くようになっています。たくさんのＵＦＯの仲間たちとまた会おうと言って、そこのブラックホールに入っていっています。そして、入っていって出てきたのがさっきのジャングルの上でした。

N そこが始まりで、同じような宇宙船の調査チームで調査が始まる前のことを思い出していたわけですね。元々それだけたくさんの宇宙船がいたということですか？

Mo たくさんいましたね。たくさんいて、それぞれが散らばっていっています。それぞれの情報を集めています。

N 星がなくなったということですが、その理由はわかりますか？

Mo ガスが発生して、住めなくなっていますね。何かすごく臭いガスで、息ができなくなります。地上には住めませんが、その星には地下に住むような空間もありません。外に出るしかないのです。そこも元々は逃げて行き着いた所で、一時的に定住しようとしたのですが、内部からガスが出てきてしまったために、また住めなくなり、また別の所に行こうとしています。若い世代の人たちが、自分たちの新しい星を求めて移動しています。自由を求めて、自由のために向かっています。

平和的交渉成立

Mo　真っ青な肌で鳥のような頭でとさかのついた、別の種族の人と住めるように交渉しています。口元はインコの口のように少し尖っていて、頭はモヒカンのように鳥っぽくなっていて、肌が青い人です。人間の姿ですが、頭が鳥っぽいです。その人とそこに住めるような交渉をして、住めることになったようです。

N　これは先ほど調査していた場所とはまた別の所ですか？

Mo　また別です。誰かがそこを見つけてきたのかもしれません。この人たちは、すごく平和的な人たちだから、すごくありがたいです。

N　その場所ではチップとか、蜂蜜とかを介しての事前の情報交換は、すでにやられたということですか？（別の場面で同じ蜂蜜を食べることで情報交換ができることを発見して喜んでいた）

Mo　蜂蜜はお土産のように差し出していますが、その人たちとは蜂蜜を介さなくても、テレパシックな状態が同じという感じです。蜂蜜が必要な人たちは、何かがないと交渉できませんが、この青い人たちは同等なので、言葉の使い方は違いますが、交流できるのです。

N　そのことをどのように感じていますか？

Mo　未来が、その先が見えているので、みんなもすごく喜んでいますし、その青い人たちも喜んでいるのが、とても嬉しいです。お互いに交流できて、同じような情報交換ができることをとても嬉しく思っています。

その人生の学びと目的

Mo　その人生の学びは自由を勝ち取ったことです、自分で自由を選び取ったことです。目的は、自分たちの、本当に理想とする形を諦めないことです。戦わないでそれを果たすことが一番したかったことです。

サブコンシャスとの会話
なぜこの人生を選んで見せたのか

Mo しっかりと自分の道を生きてほしいからです。それまで何か制限を持っていました。それが今見たもので、外されているはずです。

N その制限というのはどのようなものでしょうか？

Mo 誰かから受け取ったものや親や教師から受け取ったものを大事にしなければいけないと思い込んでいます。それは大事なことですが、少しそこに縛られ過ぎています。それが、飛び出して行ってもいいということが、わかるようになっているはずです。

N 今回Moさんがここに持ってきた質問には、自分を全部表現できていないように思うが、どこから来ているのかとありますが、これはどうですか？

Mo ここに生まれるにあたって、約束したことがあります。それはしてもしなくてもいい、自由に託されているはずなのに、言われたことを真面目に捉え過ぎていて、何かできないことばかり探そうとしているようです。自分の可能性よりも誰かの言葉のほうを選んでしまっています。

N その約束というのはどのようなものですか？

Mo 自分の目覚めが、誰かの目覚めと直結して起こることです。それはどんな形でやってもいいのに形に囚われ過ぎています。

N では、使命は何でしょうか？

新しいルールを作る——誤訳を真実の言葉に変換する

Mo 使命は、新しいルールを作ることです。誤訳されているものを自分たちの言葉に変換します。十戒などのルールとして絶対だとされているようなものが誤訳されています。神から直接来た教えが、真実の言葉では訳されていません。その真実を伝えに来ました。

N 神からの言葉というのが、人間の中に入ったときに、うまく変換できなかったということですか？

Mo うまく誤用されました。誤用されてしまっているのを直接的に受け取って、直接的に自分たちの言葉に変換していく必要があります。その言葉を変換することです。

N 前回、8カ月前の2020年2月に来られたとき、使命を言ってくれませんでしたが、なぜあのときは教えてくださらなかったんですか？

Mo 人々の目覚めがまだ準備できてなかったからです。

N その時点では彼女の使命を言うことすら、まだ難しい状態にあったということですか。ということは、この間に世界で新型コロナウイルスのパンデミックに始まり、様々なことが起きていますが、これは人々の目覚めとも関わっているということですか？

Mo 大きな呪縛を解くために、あれが起こっています。

N その呪縛とはどういうものですか？

Mo この世界は、この地球は制限されて、ベールで包まれてきました。それがコロナによって、真実を知ろうとする人たちが増えて、この宇宙の、神の言葉を直接的に受け取ることができる器ができてきました。そういう人たちが増えました。

N 前回の話では、彼女は、確かイエス・キリストの側で書記のようなことをしていたと話されていましたが、そういう意味では、この使命というのは彼女にはすごく合っているということですか？

Mo そう、合っています。

N これに向けて、彼女がしたほうがいいことは何かありますか？

Mo じっと座る時間を持つことが足りていないです。受け取る時間です。意識的に受け取る時間を持つことです。

N それはどうやって作ったらいいですか？ 家の中にいたら、夫がやってきて話し始めるとか、お子さんも2人もいます。どうするのがいいでしょうか？

Mo 交渉が必要です。きちんと自分の役割に徹して、ひとりになる時間の交渉をするとか、この日はひとりにしてほしいと伝えるとか、そういう働きかけが必要です。

準備としての首の痛み

N 2020年の4月、5月ぐらいから特に左側に首の痛みがあり、今はかなり改善されたということですが、まだ上下にも左右方向にも動かしにくいそうです。この首の痛みを、なぜか同じ時期にヒーラーの人たちや話している私も持っていますが、同じ理由ですか？ それとも、人によってそれぞれ理由が違いますか？

Mo 今のこの時期にその能力を持った人たちに、霊的なパイプの交換が起こっています。霊的なライン、というより、パイプのもとの宇宙との大元のラインの交換が起こり、情報量が圧倒的に増えています。ひとまず、このラインの交換による痛みです。それから、今までと全然違う情報量の流れが起こっているためで、その痛みと両方あるようです。

N　これはどうしたらいいのでしょうか？

Mo　天と地のラインと、上下左右など8本から16本あるのですが、今までのあり方だと、天地だけでよかったのが、段階を追って、ダイヤモンドの面をカットしていくように光の屈折のラインがすごく多くなっています。それが首の後ろでちょうど交差するようになっているので、それに耐えられないのです。重みで痛みが出たり、それを理解していないから痛みが出てる人たちがたくさんいます。それをまず理解することです。古い言葉かもしれませんが、イニシエーションとして、これが起っています。だから光を流してあげることを意識していくことです。

N　どんな光でもいいのですか？

Mo　プラチナ色の光です。どんな光でもいいと思いますが、光が流れていくイメージをしていくことです。上下というように一方向だけだと思っていますが、自分が思いつく限りのたくさんの方向に屈折して届いていることを知ることです。上下だけではなくて、その光のラインが本当に無数に届いていて、そして受け取っていくからです。8本から16本を意識するといいと言っています。

N　この情報量が変化したのは先ほど話されたように、やはり地球自体が変化しているからですか？　どのように地球は変化しているのでしょうか？

Mo　今まで地球を覆っていた膜、そこにいろいろな人の想念が染みついて、ひどく汚れて膜のようになって、べったりしていたのが、このコロナにより、完全に取り払われました。完全にというのは、それを知っている人たちにとっては完全ですが、知らない人にとっては、まだたぶん膜に覆われたままの地球かもしれません。気づいてる人たちにとっては、神というか宇宙との直接的なコンタクトを取るのに、今まではこの膜を経由してしか受け取れなかったものが、それなしで受け取れるようになっています。この膜状のものは、おそらく月を経由していたものなので月の影響を受けなくなってきています。だから太陽と直接のやり取りが可能になっていきます。月でいったん受けなくても、そのままダイレクトに太陽からのものを得ることになります。そのための準備が、首の痛みとして出てきています。

N 直接受け取れないために、一種のコンバーターが必要だということを誰かが言っていたのですが、今はそれが必要なくなってきているのですか？

Mo それが必要なくなり、直接的に受け入れる身体に変換してきています。それに気づいた人たちが、ひとりいると、その人が受け持つキャパシティーも変わっていきます。だから規模が大きく、より人々の目覚めの範囲が大きくなっていくので、その人自身も、おそらく動きやすくなっていきます。

N この痛みに関しては、その光を流すだけで、他に特に何もしなくても大丈夫ということですか？

Mo 光を意識していたほうがいいですが、この痛みは仕方ありません。

奥歯を噛みしめていることについて

N 奥歯を噛みしめ、食いしばってる感じが、前回のセッション後、しばらくなくなっていましたが、2020年に入ってくらいから、また出ているようですが、これはどうしてなのでしょうか？

Mo この変換に伴う、エネルギーの量が圧倒的にすごくて、飛ばされそうになってしまっています。気を抜くと意識が飛びそうなくらい、地球内部からもすごいエネルギーが来ているから、食いしばっていないと、飛ばされてしまうと思っています。地球の変容に伴い、それぐらいすごく圧倒的なエネルギーが来ているから、今肉体がすごく変わっています。それをダイレクトに受け止めて、その抵抗がすごいのです。抵抗というか葛藤というか、飛ばされないように、ぐっとそこにとどまろうとしています。

N　どうするのがいいのですか？

Mo　今のこのセッション中の感覚を思い出すといいでしょう。終わった後も、今のこの感じを思い出すことによって、軽くなっていきます。このエネルギー、移行のエネルギーがまだ続くから、少なくともあと半年以上の期間、たびたび、このときの今のエネルギーを思い出して、全身で受け止めることです。

月にある図書館

月の軌道には様々な星系の宇宙船のステーションがあると言われています（『宇宙世記憶』より）。では、月そのものにはいったい何があるのでしょうか？

これからご紹介するセッションでは、月には図書館があり、そこから地球にいるスターシードの夢を出身の星へ転送していると語っています。先のセッションでコロナにより膜が取り払われ、「月を経由していた」ものが直接太陽から受け取れるようになっていると言っていましたが、この月の図書館の「棚にいっぱいに並んでいたはずの本がなくなった」のは、月を経由しないデータの取り扱いやシステムの変化を示しているようです。

セッション11（2019年8月）

ドーム状の内部で、床には赤い絨毯が敷いてあり、天井には雲のような照明がたくさんある。以前は薄茶色の棚いっぱいに本が並んでいたが、今は1冊もない。中央にはガラスの丸いテーブルのようなものがあり、そこに本を置き、その内容を転送するのが仕事だった。

（N：施術者［筆者］　M：クライアント）

図書館からデータを転送

N　今は棚に本がないというのは、その作業がもう終わったということですか？

M　転送するのは中身だけなので、本はあるはずです。おそらく、誰かがどこかに移動させています。本があると私がずっとここに居続けて、前のように本を読んで帰りたくなるから、きっと移動させたのだと思います。

N　本には、どんなことが書いてあるのですか？

M　本当にそれぞれですが、その人の持っている何かです。具体的に何かと言われると、とても難しいです。言葉にできないから、その本に載っているのだと思います。

N　人に関わるものなのですか？

M　人だけでなく、動物や植物の本もあります。どちらかというと、動物・植物の本のほうが読みやすいです。植物は、1冊にその種全体のことが入っているので、植物の本は冊数が圧倒的に少ないです。動物は、たとえ同じ犬種だとしても、個体1冊1冊に分かれているので、たくさんあります。といっても、一個体のページ数が少ないので、何匹かを纏めて1冊の本に入れているのだと思います。人の場合は、ひとりで1冊で、その1冊1冊がすごく分厚いのです。とはいえ、せいぜい20センチくらいですが、とても重たいです。

N　いろいろなことが書いてあるのですか？

M　何が書いてあるのでしょう？　開くとわかるのですが、閉じると記憶に残りません。人間の本のほうは、かなり切れ切れにいろいろなことが書かれているものや、まとまっているもの、詩集のように一言ずつのものもあります。

N どこに転送させていたのですか？

M 地球でしょうか。地球と関係ない他の星に転送してほしいと言われたらできる、というか、やっていたと思います。どちらかというと、地球以外の星への転送のほうが割合は多かった気がします。

N その本の中身のデータ自体は、どこから来たものですか？

M それは、おもに地球にいる本を作っている人からです。どうつながっているのか、何かを思ったら記録のようにその本に載ります。必要になったら、後から読み返せるように、記録として使ってる人もいます。創作を書いているわけではありませんが、残したくて、残してる人もいます。地球にいる人たちといっても、多分いろいろな星から来ています。出身は違う星だけど育ちは地球というような人たちです。

N その人たちの本の中身を、出身の星に送ったりするのですか？

M そうだと思います。その本人は地球にいますが、その人が元々いた星で、そこの出身の人の記録を読みたいときに使ってるのだと思います。取り寄せる理由は結構それぞれなので、私は本当のところを知らないです。かなりの個人情報だからです。個人情報というより、その人が地球の人として生きているときの全体の記録なのかもしれないです。だから、ある星の出身だとしても、その星でのことは何も書いていないのだと思います。

N むしろ、地球で体験したこととか、考えたことなどが書いてあるのですか？

M そうです。他の星の人は、それを見たいんだと思います。

N それは見たいかもしれないですね。それを送るという仕事については、どうでしたか？

M　天職だと思い、そこに生きる意味を感じていました。存在する意味のようになっていて、生まれた時からずっとここ（図書館）にいましたし、ここにいる限りは、やらないといけませんでした。自分がやりたくて選んだというよりは、そのためにここに生まれたような感じです。だから、ずっとここにいられないのだと思ったら、寂しいなと思いますね。

サブコンシャスとの会話

月の図書館には夢のデータがある

M　この子は人の夢がすごくきれいなので、読むのがとても好きだったんですよ。
N　あれは夢の本だったのですか？
M　あれは夢の本でした。人の夢を読んでいました。それを全く自覚していませんでした。人の夢は、それぞれ、その人の意識や現実世界から、隔離された場所に置いてあるのです。それだけとても大切なものだからです。

夢の重要性について

N　夢が大切というのは、どうしてですか？　なぜそんなに夢を集めていたのですか？
M　おそらく、その月の人たち（図書館に彼女をおいた人たち）は怖いもの見たさで夢を集めているのではないかと思います。月の人たちは、元々同じ人間だったのに人間がすごく嫌いなんです。支配するということではないと思いますが、多分、遠くから監視して、月に来ないようにしているのです。その月の人たちが、進んで地球に害を与えるわけではないのですが、自分たちに刃向かってくるのではないかと思って、夢を探知機のように考えているのではないですかね。

N それで夢を管理しているのですか？

M 人が意外と夢に弱いというか、意外と夢に影響されることをすごくよくわかってる人たちで、本当は昔から夢を使うのが得意だったのだと思います。

N では、夢を使って操作をするというようなことですか？

M それができると思っても、そもそもしないでしょう。だって彼らは夢に触りたくないからです。そこにいた人たちは月の人たちの中でも、何か特殊な人たちで、多分、生きることとか死ぬことが本当に嫌なのだと思います。終わりがあるのが嫌なのでしょうか？　死にたくなかった人たちと、生きたくなかった人たちが、月に行ったのかもしれません。

N でも夢に触れられないのに、保管するというのも不思議な話ですね。

M 夢は自然にそこに置かれるのかもしれません。月の人も、多分そのことは知っていると思います。図書館を作ったのは違う人たちで、月の人たちが、そこから追い出したか横取りしたかして、使っているのではないですか。

N 彼女は本の中身を転送していましたが、どこに送っていたんですか？　それぞれの星とかですか？

M それは本当にその通りですね。使い方とか内容とかは、さっき言った通りで間違いはないです。それは、正しく使っているので全然問題ないです。

地球に来た目的

M ここに来るとき、人の言葉や文字、音、本当にいろいろな音、声だけではなく、音に色を見るという性能を持ってきたんです（Mさんには実際共感覚があります）。

N　それは、そのときの性能なんですね。

M　本当は夢を読むための力です。普通にできていた、自然にできていたことなので、力とかではなく、普通に知覚だけを持ってきたという形なんです。月でその能力をとても大切にしていたのだと思います。だから地球に来たのは、本の中の夢で見ていた色を、ここでまた見るためです。今まではずっと本の中でしか人の思想などに触れることができなかったので、今度は本の中で見るだけではなく触れるということです。でも、向こうとこちらの地球では、色はやはり少し感覚が違います。だから色だけで人を見るのはとても危険ですが、それを相手に伝えられたらいいですね。人の色がわかることを使って何かできると思うのです。

N　例えば、人の声の色を伝えたりとか、ですか。

M　今、この人は人からしつこく聞かれない限りは答えないようにしています。あなたの色はこんな色ですよと勝手に言うのは、少し問題があると思います。問題というより、その人にとって、その色がいいイメージかどうかというのは綱渡りのようなもので、伝えた声の色が「嫌いな色です」と言われたら、とてもショックですよね。だから、今は聞かれたときにしか答えていませんが、それもうまく共有できるようにできたらいいですね。そのためには、色を伝えるのではなくて、その色を他の言葉に置き換えて、伝えたらいいのではないでしょうか。何色ですよと言われても、それが何を指してるのか、多分地球の人にはわからないと思います。この人には、その色が何を示しているか考えればわかるからです。

N　彼女は地球で人を幸せにしたいと思っていますが、それにも使えそうですか？

M　うまくやることができれば大丈夫です。とにかく、人と接することです。色を見るのも、1回だけでは、全然わからないことも多いのです。1回目で見えるのは、ただの心理描写としての色が大半なんです。でも、その人と関係をだんだん深めると、その人の本当の色が見えてくることがよくあったと思うので、関係を続ける必要があります。だから人から離れてはいけないのです。

N　それを伝えることで、その人が幸せになっていくのですか？

M　そういうこともあると思います。この人と同じで、自分がどこにいるかわからないという方が結構多いでしょう。わかっている人に伝えるよりも、そういう人に教えて、もっと幸せにする、安心させるほうがいいです。

銀河を渡るワニ

ここでは、地球人の意識を拡張するために、かなり古い時代に別の惑星から移動して来たソウル・グループについて語られています。このタイミングで恐怖の感情を解き放つために来た存在について語られているのはとても興味深いです。

セッション12（2020年3月）

土と岩しかない場所に降り立った。体長1メートル30センチくらいの、全身が赤茶色の鱗で覆われたワニの身体をしていた。ミイラのようにやせ細り、直立したまま、遠くの赤と茶色の山脈を見ている。食べ物を探しているが、そこにはほとんど何もなく死んでしまう。死後、惑星全体も真っ赤になっていた。透明のワニ（魂）となり、集団で次の場所へと向かった。

（N：施術者［筆者］　K：クライアント）

透明なワニたちの集団移動

K　透明のワニが集団で移動しているようなイメージです。住む場所を探して、集団になって飛んでいく感じです。……次に地球のワニなって、川にいます。（ここは地球の）エジプトのようで、前にいた所に似ている感じです。少し赤っぽくて、快適です。

N　仲間も一緒ですか。そこで何をしてるんですか？

意識の拡張―退化した脳に残る恐怖を解き放つ

K　人間を助け、人間の意識の拡張をしています。原始的なことが関係している爬虫類脳の部分に脳波を共鳴させることで、人間の原始的な脳を拡張させます。そこは恐怖の感情が少し関係していますが、拡張することで、人間の恐怖に関する感情をコントロールすることができるようになります。

N　それはエジプトという場所でやっているのですか。そのことに人間たちは気づいているのですか？

K　一握りの人が気づいてくれました。彼らは、細い男性で腰に布を巻いて、結構若いようです。意識の拡張は訓練のようなものです。この人たちは、ゆくゆくは神官、神殿の職員になるような感じです。

N　人間の意識の拡張を手伝うということは、地球に来るときにはすでに決まっていたのですか？

K　流れがあるようです。その流れの中でエジプトに現れて、その役割を果たしました。人間の意識の流れの中で恐怖を司る脳の部分があり、そこに何かが詰まっています。つまり、退化した脳にある、残っている恐怖を解き放つということです。

N　それはあなた方の種族が得意とするところなんですか？

K　このワニは道具として使われています。これは、もっと上の人、神官の上のほうの人が決めたことです。それでワニを呼び寄せました。

N　では、呼ばれて地球に来たようなものですね。

K　タイミングが合致したということです。

N　あなた方が食べ物を探しているのと、呼ばれたタイミングが合ったということですね。この役割を取ることをどのように思っていますか？

K　これもひとつの流れだと理解しています。役割として来ています。ワニは水に住んでいますが、水も流れです。流れるままに生きるというようなことです。

N　流れるままに生きるというのが、ワニの本来のあり方ですか？

K　利用方法のひとつです。たまたまその文明でそのような使われ方をされただけです。いつもではありません。

N　これが最初に地球にワニが入ったときということですか？

K　どうでしょうか？　そのあたりは少しわからないです。いろいろな民族とか種族の間で、ある動物はある象徴として使います。例えば、インディアンだったら、カラスとか牛とかよく使うと思いますが、そのようなもののひとつの形態として、エジプトで使われたということです。

N　人間の意識を拡張するにあたり、地球ではない所から来たことには何か意味があるのですか？

K　やはり、たまたまタイミングが合ったということです。

エッセンスとして流れてきた……

K　それもひとつの流れ、宇宙の流れです。見えている形ではなく、エッセンスとして表す形質のようなものが地球に流れてきたということです。形ではないのです。形というより形質、その特質みたいなものです。ワニであること、他の人が見たら違ったものに見えるかも知れませんが、エネルギー体みたいな感じです。

N　これからどうなるんですか？

K　人間の近くに長くいたので、今度は人間として生まれてみようと思います。人間の感情がわかるということを学んだからです。

N　他のワニの仲間たちも同じような感じですか？

K　それぞれ違います。みな同じではないです。

N　あなたという存在は、今度は人間に生まれようと思っているということなんですね。

K　このエネルギー（体）に関してはそうです。

最期の日

N　ワニの人生の最期の日に進んでください。何が起きていますか？

K　精霊になっています。肉体的なものとかではなく、精霊としての存在になっています。光の、見えるような、見えないような、少しチラチラするような感じです。光の色は透明で、見える人にはチラチラッとします。形とかはもうなくて、意識だけになっています。

N　今の意識だけの状態で、先ほどのワニとしての人生を振り返ると、どうですか？

K　長いこと人間に仕えたので、今度は自分が主体性を持って生きたいという感じです。主体性を持って何かやりたいという思いを持って生まれようとしています。

サブコンシャスとの会話

なぜ先ほどの人生を見せたのか

K　先ほど見たのは、妖精としてのあり方です。地球の中での妖精です。妖精のあり方みたいなのを見せるためです。

N　ワニという形でしたが、やっていたことは妖精だったということですか？

K　地球の分類でいえば、妖精的な精神だけというか、形質を持たないエッセンスだけの存在です。

N　その中でずっと人間のサポートをしていたということですが、かなり長くされていたのですか？

K　何百年という感じです。文明自体も寿命があるので、千年とか、そんなに長くは続けられませんが、何百年かはしていました。

N　どのあたりの時代だったのですか？

K　今の時間の概念がわからないので、特定はできないです。

N　妖精としての人生をKさんに見せたのは、どのような意味があるのでしょうか？

K　妖精は人間に生まれ変わるということです。妖精として生きているものは、人間としての生を得るということを例として見せています。いろいろなケースが考えられます。妖精の中でも、地球発祥の妖精と、他の惑星、他の天体から呼び寄せられた妖精というカテゴリーがあります。つまり、地球で役割を果たすために呼び集められた妖精という存在と、地球本来の妖精という系統など、いくつかあります。

N　Kさんの場合は、その呼び寄せられた、地球以外の惑星から来た妖精だったということですか？

K　そのあたりはあまり明言できません。ただ妖精は人間に生まれ変わりたいと願うことがあり、人間の楽しさとか、生き生きとした感情、生き生きとした光みたいなものに、憧れて生まれることはあるということです。そのひとつの例ということです。

N　何が明言できないのですか？

K　いろいろなルートがあるからです。魂にはいくつもの側面があります。誰もが最初なんです。本当に初めて体験するのです。だから、これはこの人の過去世というわけではありません。魂にとってはすべてが初めてです。ただ、そういうルートもあるということを説明として見せたということです。

N　どういう意味でしょうか？

魂の全体像—エッセンスの世界

K　魂の全体像として、エッセンスの世界というものがあります。形のない、光だけのエッセンスの世界というものがあり、そこの住人の生き方を説明しようと思いました。形になる前にまずエッセンスとして物事が存在します。その世界の住人はどのような生まれ方をするかということも、ひとつの例になります。宇宙にはいろいろな流れがあります。惑星の中でも、太陽系に限らず、銀河系の中にいろいろな流れがあって、そこに乗って魂がやってくることもあります。

N　そのエッセンスが人間に憧れて出てきた場合もあるということなんですね？

K　エッセンスは水晶みたいなものです。水晶が地下で育って地表に出るように、エッセンスの世界も見えない所で成長を遂げて、人間界に出てくることもあるということです。これは地球でのあり方の説明でした。

N　このことを知るというのは、今のＫさんにどのような関係があるんですか？

K　やはりエッセンスの世界なので、触れるものに影響され、影響を与えて、そうしたら変わっていきます。自分が変わっていくことを受け入れることです。他のものに影響されて変わっていってしまうのです。地球の環境に影響されて何か別の形になるという、そのような実験です。

N　どのように形が変わるか、というような実験ですか？

K　そうです。エッセンスは本質です。本質としての魂から放たれた光が、物質的な世界に降りた場合にどのような軌跡、軌道を描くかという、そのようなことが見たいと思っています。

N　それで見せてくれたんですね。Ｋさんはいろいろと困っている部分もあります。例えば非常に緊張しやすいということですが、これは何か関係あるのでしょうか？

K　いろいろなエネルギーが溜まりやすいという体質です。先ほどから水晶を例に出していますが、水晶にいろいろな念がこもりやすいのと同じで、いろいろな人の念が吸い上げられ、溜まって、記憶されていくのです。

N　Ｋさんはエッセンスの要素がとても強いということでしょうか？

K　魂自体がエッセンスとしてありますが、ただ表現体としての地球的な形を取っています。そういった性質があるので、なるべく受け取らないようにということです。バリアーを張ってなるべく弾き返すようにしたらいいと思います。

生まれてきた目的

K 時間の流れの中でひとつの役割を果たすというのが答えになっているでしょうか。私たちの魂の時間があって、その流れの中の一コマとして、地球での生を選びました。だから魂の世界の時間とあなたの考える時間の概念と少し違うように思われます。

N どのように違うのでしょうか？

K 魂の世界ではすべてがあるべき所にあります。そのことをもって時間と言っています。だから、何か原因があって結果が起きたとかではなく、すべてはあるべき場所にあるということが魂にとっての時間です。

N 直線的な原因結果ということではなく……。

K ええ、すべてが正しいのです。

N そうなりますと、生まれてきた目的という聞き方もおかしいということになりますか？

K そうですね。ただ体験して経験して見ることができれば、結果はあまり気にしないです。ただ深く感じて、それを覚えて魂の世界のほうへ持ってきていただければ、特に問題はないです。

N では、使命というのも特にないということですか？

K そうですね。ただあること、ここに存在していることが使命です。

育った家庭が非常に大変だったのは？

K 魂的な性質として、結晶ができるときに地球の奥深くで圧力がかかりますでしょう。それと同じような状況、環境なのです。それは多少行き過ぎたところもありますが、致し方ないので忘れていただいて結構です。こだわると逆に足枷になりますから、こだわらなくてよいです。

N　少し行き過ぎたように思われているのですか?

K　少し調整が利かなかったようです。そのときの時代の波動などもありました。それは少し不純物があるというか、濁っています。もう少し透明度のある感じにしたかったようですが、なかなか介入できません。でも、こだわっても仕方ないです。

地球に馴染めない感じについて

K　この人は鉱物的な人なので、地球の動物的な世界にはまず合わないでしょう。じっとして鉱物みたいな生き方です。じっとして何かを作り込むというか、自分の中で結晶化させるので、あまり人の中に出ていく必要がないんです。人に揉まれるようなことは、もう必要ありません。自分の結晶を作っていただければ、それでいいと思います。

N　では、社交的でないというのは問題ではないのですね?

K　あまり(笑)。人間と交わっても、うまくいく人じゃないようなので、これはもう諦めていただいていいと思います。

N　自分の中の結晶化は、どうすればいいのですか?

K　個人的な魂を純化させて透明度を高くしていくと、もう少し良くなるのではないかと思います。もう少し考える時間というか、自分を見つめて、見つめ直すような時間が取れれば、もう少し不純物は取れていくのではないかと考えます。

N　不純物というのは、さっき言った過去のことなどですか?

K　苦しい思いなどです。引きずるような、内包してしまった、そういった思いです。あまり個人としての魂を傷つけないような方向に持っていかれたらいいと思います。

N　自分を見つめるために何をすればいいですか？

K　今やっているような読書でいいでしょう。この人に必要な情報は全部与えていますので、読書でいくらでも情報は降りてきています。その方法も全部わかっていますので、それでいいと思います。読書の中で実践して、純化していけばどうにかなるのではないかと思います。

自分のまわりにあるビニールのようなものに弾かれて人と仲良くなれないのは？

K　この人の感性の問題です。感性が人間と少しズレている部分があるので、何かキラキラしたものに惹かれて、あまり他のものに興味が持てないのです。人間的などろどろした情の厚い世界に興味が持てないといった性質なので、そのどろどろした所にいなくてもいいんです。それは性質なので、直す直さないではありません。単なる性質ですので、達観していればいいのです。

第5章

新しい地球と古い地球、そして地球のアセンション

これまでのセッションから私たちはコロナにより新しい地球へのステップをさらに進み始めたことが浮きぼりになってきました。しかし、すぐに、すべてが新しい地球へ移行するというわけではなく、まずは新しい地球と古い地球へ分かれていくというのはドロレスの著作にも書かれている通りです。二分化していくことで、地球という惑星が別の次元に転生していくことができるのです。この地球の変化を後押しするために、スターシードが地球へ降りてきています。

新しい地球と古い地球の違いはどのようなものなのでしょうか？　そして、地球のアセンションとは、どういうことなのでしょうか？

光る地球へつなぐ

今いる古い地球と新しい地球（ここでは、暗い地球と明るく光る地球）の違いについて語られています。新しい地球とは目に見える物理的に存在するようなものではなく、意識が創っているものです。だから、その人の意識が変化することで、元々存在していたことに気づく人が増えているのです。

地球のアセンションについては様々に言われていますが、ここでは新たな視点が提示されます。また、スターシードが地球へ降りてくるのに使った星のルートを新しい地球へと改めてつなぎ直す作業をしていますが、これは、古い意識を新しい地球意識に変えるためのひとつのリセットだったといえます。

セッション13（2020年3月）

宇宙にある「星雲の光の輪」というリラックスできる場所から、様々な星へと向かった。

（N：施術者［筆者］　K：クライアント）

光る地球と暗い地球

K　見えているのは光る地球です。ここは明るい地球で、この地球に移動します。暗い地球もあって、そちらが今の地球です。今後、明るい地球にソウル・グループで移動していくようです。

N　暗い地球と明るい光る地球は、どのように違うのですか？　明るさが違うだけですか？

K　色や濃度も違います。暗い地球というのは質感が油絵で描いたようで少し重いのです。波動が重く、色はやはり暗い色で、少し質感がある感じです。一方、明るい地球というのは光っていて、同じ地球の色ですが、波動も軽いのです。

N　位置などは、どうなっているのですか？

K　位置はあまり関係ないようです。位置などの物理的尺度を気にするというのが、暗い地球の発想とでもいいましょうか。位置を気にすると、暗い地球のほうが上がってきて、明るい光る地球のほうがなくなってしまいます。明るい光る地球は物理的に存在するものではないからです。

N　では、意識の上にあるということでしょうか？

K　意識がその世界を創っているということです。見た目はよく写真で見るような、いわゆる地球ですが、その明度が高いという感じで見えていて、軽く楽しい感じがします。見ていると身体が温かかったり、エネルギーがうまく巡ったりと、身体にとっての反応がとてもいいので、楽です。高い意識の人たちが集まって創るから、そうなるという感じです。

それぞれの星のグループが新しい地球を創る行為がアセンション

N　ソウル・グループと言いましたが、そのグループは結構たくさんあるのですか？

K　新しい地球を創っている宇宙知性のグループがいくつもあります。それぞれのグループがそれぞれに新しい地球を創っているのですが、行為としてはひとつです。つまり、より大きなアセンションの中で、それを行っているということなのです。それが新しい地球というイメージで出てきました。

N　つまり、新しい地球とは、物理的な別の地球ではないし、それぞれの宇宙知性のグループがそれぞれ新しい地球を創る、その行為自体がアセンションということですね？

K　そういう象徴として、僕の所に今来ました。僕は僕のグループでやりますし、他は他のグループでやっていますが、分かれているわけではありません。より大きなアセンションという行為のトータルが新しい地球を創っています。細かく見ると、宇宙知性のグループごとに創っているように見えます。でも、実は全体としてはひとつの計画というようなことです。

N　そのような計画があったということですか？

K　計画というよりも、元々そういうものらしいです。宇宙の元々の流れとして、そのようにできています。

N　新しい地球は物理的なものではないという話でしたが、今の暗い地球のほうは、このまま残っているのですか？

K　その暗い地球のことを僕が扱ってしまうと、暗い地球だけになってしまうんです。だから、これはこれで違うグループということになるんだと思うのです。僕がそちらを考えてしまうと、光るほうが消えてしまいます。

この後オリオンやアルクトゥルスを経た後にアンドロメダ銀河へ向かった。

アンドロメダ銀河

K　ここが自分の基本になっている場所です。アンドロメダが自分の基本なので、ひとつになってしまいます。くす玉のような球体が見えますが、それが割れて、そこから青、黄色、赤、白、シルバー、ゴールドなどの彩りの、短冊のような光のレイ（光線）がふわっと出ています。そのエネルギーが自分の身体を構成している基本で、ライトボディーのようです。だからアンドロメダ銀河が一番楽ですよ。

N　そこにいるあなたは、どのようになっているのですか？

K　ただある存在です。自分が横になっていて、くす玉から出た短冊の光でその身体が造られているイメージが見えましたが、それはあくまでもただのイメージで、実際に行くと、ただある状態です。ひとつになってしまう状態です。それをあえてビジョン化すれば、そういうイメージになるということです。もう本当にひとつなので、言葉はいらないのです。

N　アルクトゥルスでヒーリングについて、アンドロメダ銀河に行ったらもっとわかると言われていましたが……。

K　この差異がわかるという感じです。つまり、アルクトゥルスの光の中で置き換えるというヒーリングのやり方と、アンドロメダ銀河で自分の身体がひとつになってしまう感覚の差異です。アルクトゥルスも、もちろん光でしたが、僕の場合はアンドロメダ銀河でひとつになります。人によっては、多分アルクトゥルスでひとつになる人もいると思います。その違いを今はっきりさせた感じです。

ひとつになれる場所を見つける重要性

N　ひとつになれる場所が、それぞれ人によって違うのですか？

K　たぶんオリオンでひとつになる人もいます。オリオンでひとつになる人は、そこで僕がアンドロメダで感じているものと同じものを感じると思います。僕の場合は、オリオンは幾何図形で、明るい、楽しいというようなことを感じます。アルクトゥルスに行ったら光はこんなふうに置き換えられるんだ、アンドロメダ銀河に行ったらひとつだ、こういうことが人によって違うということです。

N　ひとつになれる場所を見つけるのは、大事なことなのですか？

K　それを見つけないと、話にならないくらいとても大事なようです。生きていけないくらい、きついことになるようです。それくらいしんどく感じます。ひとつになれる場所というのは大元の星というイメージです。そこがベースで、その人のより本質、ひとつになれる星なのです。スターシード達はおのおの見つける必要があります。

シリウスへ

K シリウスはシリウスでも、シリウスａのほうが楽です。最初に身体が痛いと感じたのは、シリウスｂのほうでした。だから、シリウスａの出身ということのようです。リングになって星がぐるぐるしているのが見えるので、シリウスは僕にとって中継点という意味のようです。シリウスを通って、これまでの重い地球に入ってきていたので、さっき身体が痛かったのです。それが、今からはシリウスも光る地球につないでしまうと、楽だと今わかりました。つまり、シリウスａから地球に来ましたが、光る地球につなげば、もうａもｂも関係ないひとつのシリウスになるのです。だから痛みも減るし、ａとｂに分けて語らなくていいということです。

N 光る新しい地球のほうは、シリウスａもｂも関係なくつながってしまうのですか？

K 結局、それぞれのグループがみんなで光る新しい地球を創っているからです。すると、シリウスもオリオンも別に関係ありません。ひとつということです。

新しい地球からは好きな所へ行ける

K 新しい地球ではもう関係ないのです。好きな所に行きなさい、どこにでも行きなさい、つながっているから、どこに行ってもいいということです。

N シリウスは中継的につながっている場所として出てきたということですか？

K 僕はアンドロメダからシリウスを通って古い地球へ行きました。古い地球への中継点として、シリウスを使っていたということですが、それもシリウスｂよりシリウスａを使いました。新しい地球になったら、ひとつだから関係なくなるということです。そういうことが関係ないので、どこでも好きな所へ行ってくださいということです。

プレアデスへ

K プレアデスに行っても、すごくエネルギーが入ります。結局、新しい地球につないでいるから、プレアデスも問題なくなってるという確認でした。今後はもうひとつだからです。プレアデスも、新しい地球につないだので普通にいられます。すでにひとつということなので関係ありません。みんなひとつです。

N 前はプレアデスに苦手意識があったとおっしゃっていましたね？

K 結局、前の地球がきつかったんです。前の地球が分離してしまう場所で、何か理由を見つけてきてしまう世界、理由づけの世界とでも言いましょうか。分離を強める圧力のようなものがかかっているのではないかと思います。

N その分離を強める圧力というのは、どこから来たものなんですか？

K それは、実は宇宙の最初から来ています。そういう流れとでも言いましょうか。大いなるひとつの流れの中でそういう圧力がかかっていましたが、そこから離れる人たちが出てきました。それを終わりにして、移動する人たちが出てきました。ひとつになる人たちが出てきたという感じです。

N 何のための圧力だったのですか？

K 意味としては、「どんなことを経験したいか？」ということなんです。分離することで、いろいろな経験をします。体験する場所として、そういう場所がありましたが、もう移動しようという人たちが一部出てきたのです。

N 移動を選ばない人もいるのですか？

K　そうなんです。流れを作った宇宙知性のグループは、当然そこに乗っかっていきますが、そうじゃない人たちもいます。

サブコンシャスとの会話
なぜ見せたのか？

K　まず新しい地球だということです。間違いなくそちらのほうの流れにいるということです。そこがまだはっきりしていなかったのは、中継地点であったシリウスがまだ古い地球とつながっていたりしたからです。それをちゃんと新しい地球につなぎ直したので、もう問題ないでしょう。

N　新しい地球という流れを作っているグループに、Kさんも関わっているということですか？

K　100パーセントそうです。流れを作っているグループに関係しています。

N　どういうグループか教えてもらえますか？

K　そのグループには宇宙連合も入っていますが、それ以外の恒星のグループも入っています。全部の恒星グループが入っていると言うと言い過ぎかもしれませんが、正直どこでもいいのです。ひとつだからです。新しい地球は、全部とつながっているので、気持ち良い場所です。どこからでもひとつになれてしまいます。どれでもいいよね、という楽さ、楽しさ、気持ち良さがあります。

新しい地球では生まれてきた目的はいらない

K　生まれてきた目的のようなものがないというのが、その新しい世界（地球）です。ひとつだから、目的がないのです。目的を作ることによって、少し変な感じになってしまうので、目的がいらないんです。

N　そこでは目的や使命はいらないのですか？

K　一切必要ありません。それをやっているうちは、実は古いほうにつながっているというある種の証拠なんです。それを問わなくなってくると、ようやく完全に移動したということです。ここではいらないということがわかります。

N　新しい地球では、そういうものがなくても本当にすべてのことができるから、やりたいことをとにかく楽しくやる、ということですか？

K　そこでやっていると、楽しくなってしまうんです。いろいろなものとつながっているので、ひとつになれることが、楽しくなってしまいます。どうやっても楽しくなってしまいます。

N　新しい地球にはもう移動したのですか？　現在もあるということですか？

K　新しい地球は創られていますし、いつでもあるのです。最初から新しい地球はありますが、いよいよ移動する人たちが地球レベルで出てきているということです。そんなに複雑ではないです。つまり、新しい地球は元々あって、地球では今より少し前くらいから、気づく人たちが出てきて、そちらがいいのではないかとなりました。最初からただ存在していることに気づいていれば、もうその時点で移動したことになります。気づいていればＯＫということです。

新しい地球には望む人が行ける

N　新しい地球に行きたいと望んだときに、どうしたらいいのでしょうか？

K　望む人は来れてしまいます。望まない人たちは古い地球で楽しくやっていきます。どちらも楽しいです。結局、望む人しか来れないのです。行ける人が望むという感じです。

N　行けない人というのは、望みもしないわけですね。行ける人は望むから行けるんですね？

K　そうなんです。そのトートロジーというか、行けるからそういう望みが出る、行けない人は最初から向かわない、そうやって棲み分けられていくのです。

スターシードはひとつになれる星を見つけよう

N　自分がひとつになれる場所（星）を見つけることがとても大事で、そうしないとやってられないと話されていましたが、やはりスターシードは自分がひとつになれる星をまず見つけるのは、大事なことでしょうか？

K　スターシードはそれを望んでいますよね。だから自然と見つかってしまいます。

N　それが見つかると、いろんなことがわかるのですか？

K　そうなんです。それが見つかると結局自分の星のグループとつないでしまうからです。だから、楽しい。僕の所とは違うかもしれないけど、それぞれ自分の所につないでしまいます。つないでしまえば、ひとつなので、違いもなくなります。

N　これは一般的に名前が知られていない星も可能性としてはありますか？

K　名前が知られていない所については、僕にはよくわからないですが、そういう所から来ている人もいます。しかし、ひとつになってしまえば関係ありません。どこからでも行けてしまうので、大丈夫です。

N　どこにせよ、まずはそれを見つけて、そことつないで、ひとつになっていくのですか？

K　そうです。それはもう基本的なことという感じです。

共鳴により目覚めの数が増えている

N やはり今、スターシードが増えているのでしょうか？

K その数が増えてるというよりも、元々星から来た人たちの目覚めている数が増えているということです。

N とてもいいことですね。目覚める人が最近増えているのは確かなのですね。

K 目覚めると、それを感じて、本当にたくさんいたんだということがわかってきます。最近、わかってきた人が増えてきたということです。目覚めてくると他の人の目覚めも共鳴していきます。だから増えていく感じがします。高次の自己ではもう目覚めているわけですから、本当はすでに存在しています。気づいている人たちが増えて、連鎖していってさらに増えたのだと思います。でも本当はみんな目覚めています。つまり、来ているのは〝目覚めのタイミング〟です。

N 特にこの1、2年は多いのでしょうか？

K 自分が目覚めてしまえば関係ないので、時間は気にしないほうがいいみたいですが。目覚めてしまった人は時間が関係ない世界になるので、関係ないんです。ただ、そういう人が増えてくるという感じはあるとは思います。

綿密な地球アセンション計画

次にご紹介するセッションでも新しい地球は物理的に別の場所にあるわけではなく、今の古い地球と重なっていて、ただ次元が違うだけだと語られています。前のセッションでは「それぞれの宇宙知性（星）のグループが、それぞれの新しい地球を創るというひとつの行為が地球のアセンション」ということでした。ここでは地球アセンションのために綿密に計画が立てられており、そのためにたくさんのスターシードが地球に呼ばれている、それは〝今起きていること〟だと語っています。

セッション14（2020年9月）

幻想的でたくさんの植物と共存した、とてもバランスの取れた星。青い星空には大きな月のような衛星がある。自分は透明に近いプラチナゴールドの図形の身体で、足は指がなく丸い形をしている。そこでは皆で気持ちをひとつにし意識を向けエネルギーを集める。それが家や宇宙船などの燃料となったり、全員の生命維持のために使われる。宇宙船のメンテナンスの仕事をしていた際、地球に連れて行ってもらうことがあった。地球がとてもきれいなので、「自分も何か携わりたい、地球に行きたい」と相談役の高い次元の存在の光（その星では誰にでもついている存在）に伝えた。

（N：施術者［筆者］　M：クライアント）

地球から呼ばれた……

M　すると地球に行けるように手伝ってくれました。それは、地球から強く呼ばれたからです。そこから好奇心が湧き、すごくきれいな星だったし、気になったので行きたいと伝えました。

N　なぜ地球が呼んだのでしょうか？

M　何か、計画があるそうです。すごく壮大でした。地球がアセンションしていくための、綿密な計画というようなものです。

N　アセンションのための綿密な計画の一部としてあなたに来てもらいたいということですか？

M　必要なようです。自分の持っているエネルギーが合うようで、そのために必要なようです。

N　地球はこういう形で他の存在にも呼びかけていたりするのでしょうか？

M　いろいろな存在に呼びかけています。計画のために必要なようです。

N　その綿密な計画とはどのようなものですか？

M　地球が新しくなる、生まれ変わるための計画です。さらにきれいな、キラキラした星になるための計画です。

呼ばれている、いろいろな存在たち

M　そのために、いろいろな存在を呼んでいます。すごく暗いエネルギーですら、その計画に寄与しています。すると自主的にキラキラした星になります。

N　その暗いエネルギーを利用するということを、もう少し詳しく教えてもらえますか？

M　暗いエネルギーの人は、自分たちが利用している、支配していると思っていますが、手のひらの上で転がされているのです。最終的にはその人たちもきっかけで、光になっていく感じです。その人たちもすごく必要なのです。

N　その人たちがきっかけで光になるのですか？　それとも、その人たちも光になるのですか？

M　両方です。光に行きたくなった人が光に行きます。暗い人たちの中でも、そこにいたい人たちは、また別のものを求めていきます。だから、最終的にはお互い特に問題ありません。結局みんな自由にやれています。楽しそうです。

新しい地球はできてきているが……

N　そのキラキラした地球はどこか別の場所にあるのですか？

M　ここにあります。

N　現在の地球と何が違うのでしょうか？

M　次元が違います。同じ場所ですし、同じ座標にいますが、空間、次元だけが一個、ズレる感じです。でも、それはできつつある感じです。新しい地球はできてきていますが、この次元からの光がもっと必要です。

N　それはなぜですか？

M　同じ次元のものだからです。この次元の光が増えれば、自然と新しい次元でその光のエネルギーが地球に乗っていく感じです。

N　それは、他の星のエネルギーではだめなのですか？

独特のアセンションの仕方

M　星のエネルギーだけだと、そこまで地球がキラキラしないのです。他のアセンションした星とは違うようです。何かすごく独特で、珍しいアセンションの仕方です。他の星では全くやったことのない初めての試みのようです。

N　他の星のアセンションの仕方とは違うのですか？

M　全然違います。だからみんな気になるようです。だから、いろいろな星の人が見に来ています。アルクトゥルスはすごく考えていて、中途半端に介入してくる星の人に怒っています。だいたいみんなアルクトゥルスに敬意を払っています。

中途半端に介入する存在

N　その中途半端な介入とは、何ですか？

M　地球人に自分たちの存在を見せようとしたり、不思議な現象を起こしたり、ちょっとした観光で来て、この次元に影響を与えたりするようなことです。そういうことを、少し軽はずみにやろうとする存在もいます。

N　たくさんの宇宙存在が地球に生まれ変わっていますが、その存在のことを言っているのですか？　それとも直接来ている存在のことですか？

M　直接来て手伝ってくれている存在です。観測している存在もいます。

N　中途半端だと問題なのでしょうか？

M　計画が狂います。辻褄が合わなくなります。難しい、バランスでできているからです。地球ではない惑星にいたとき、そういう中途半端な存在に対してイライラしていました。ちょっかいを出してくるような感じです。そういう存在は時々います。

N　そういう存在が今地球にやってきて、いろいろなことをしたりするのですか？

M　もうそんなにいません。もうみんな知っているみたいで、手を出せないようになっています。手伝ってくれる人たちは、みんなで一緒にやっています。

地球に生まれた宇宙人

N　先ほど地球の中から光を放つ必要があると言っていましたが、そういう理由で宇宙人が地球に生まれ変わってきているのですか？

M　そういう人もいます。というより、たくさんいます。みんな忘れてしまって、苦しんでいる人もいっぱいいます。

N　本当にそうですよね。宇宙から来たことを思い出しても、いったい何をすればいいのかわからないという人もいますが、どうしたらいいのでしょうか？

M　何かのきっかけがあると思います。人間の頭脳だと、宇宙的な感覚は全然わかりません。まずは教え込まれた科学や固定観念を取っ払ってしまうことです。そういったものを1回真っさらにしてしまえば何か掴めると思います。苦しんでいる人に対しては、ただただ祈っています。苦しんでいる人たちが、思い出して、もっともっと楽しむことを願っています。

N　その他に何か気づくことはありますか？

M　これは〝今起きていること〟なのです。今の地球は本当にこの状態で、多くのいろいろな存在が、それぞれ手助けしてくれています。だから、大丈夫だし、安心していいと思います。暗いエネルギーも明るいエネルギーも、みんなそれぞれいい所に収まるようになっています。だから、大丈夫です。

サブコンシャスとの会話

生まれてきた目的

M　地球のアセンションを手伝うことが目的です。それができなくてもいいと思っていますが、自分がやりたいと思ったら、できます。

N Mさん自身は能力がまだ十分ではないと感じていて、どう引き出せばいいかわからないそうですが、どうすればいいのですか？

M まだ耐えられません。多分、今は潰れます。振り回されて、ダメになります。もう少し先です。

N そのために何をすればいいのでしょうか？

M もっと自分を信じることです。もっといろいろな次元に意識を向けることです。そうすれば慣れるから、大丈夫です。

高次の存在とコミュニケーションを取るには？

N Mさん自身ももっと高次元の存在と会いたい、コミュニケーションを取りたいと思っていますが、もっとそうできるようになるには何をしたらいいのでしょうか？ 信じるだけで、いいですか？

M できることはやっているから、後は瞑想してください。そして、こちら（サブコンシャス）に意識を向けることです。そうすれば伝えます。

N 先ほどの人生には知識や学びがあるから見せたという話でしたが、そこに意識を向けるのもいいのでしょうか？

M それを活かさないとダメですね。

綿密な計画があるというが、今このタイミングで生まれてきたのは？

M それは、宇宙、地球の意志によるものです。ひとつの歯車に成るとき、物事が大きく動き出します。

二極化されたものは、片方の影響を受けずに済みます。だから今、この瞬間がすごく大事です。人間の瞬間と宇宙の瞬間は全く違います。忘れないでください。成るときに成ります。だから、みんな常に光に目を向けて、光で行ってほしいです。みんなひとりではありません。たくさんの存在が力を貸してくれています。大丈夫です。

レムリアを思い出す……

レムリアはアトランティスと並んで伝説の大陸です。非常にスピリチュアルな場所だったと言われていますが、その全容については、アトランティスよりも、知られていません。

ドロレスの著作では、『入り組んだ宇宙　第三巻』第27章「最初の生き物の出現」の中にその記述が見られます。ハワイでイルカやクジラと泳ぎたい人たちをボートで案内しているメロディーさんという方のセッションです。彼女は光の存在として、イルカやクジラを「金色の容器」に入れて地球に運んできました。その頃の地球はほとんどが水で、最初に現れた大陸がレムリアだったそうです。現在のような身体の形では生命体を維持できなかったために、初期のレムリア人はライトボディーを持っていました。当時は、生命体が様々に変化しており、イルカは「海だけでなく陸も歩いていた」そうです。

こちらのセッションでも、レムリア期にいろいろな実験が行われ、今とは異なる様々な生命の形態が存在したことが語られており、同様にレムリアの片鱗に触れることができます。

新しい地球へと変化していくこの時期に、不思議とレムリアやアトランティスを思い出し、感情的になっている方が多いように思います。それは古い記憶をリセットし、新しい地球意識を創ることに貢献するからです。

セッション15（2020年9月）

（N：施術者［筆者］ R：クライアント）

レムリアへ

R レムリア。大昔にレムリアの計画がありました。宇宙の大きな意志がレムリアという雛形を作り、地球にレムリアの世界という楽園を作ろうと考えていた宇宙の意識はたくさんあります。その中に合流をして、レムリアという都市を造ろうと思いました。しかし、違いました。私は都市を造ろうとしましたが、いろいろな人の計画の中でレムリアを造る趣旨はたくさんありました。だから、本来はレムリアという大きな意識ではなく、いろいろな宇宙の意識がそれぞれの趣旨に基づき、分割した小さな村、都市でレムリアを造っていきました。

N 例えばどういう宇宙の意識ですか？

R 一般的に宇宙の意識と言われるもの。3次元的にはそう言ってもいいかもしれません。いろいろな宇宙の意識が様々なものを地球に持ち込み、様々な実験がレムリアの中で行われました。その結果、半人半魚、水陸の人魚みたいな存在もいました。たくさんの植物も宇宙から持ち込まれ、地球の、すばらしい色とりどりの植物になりました。そのうち動物たちも、たくさん連れて来られ、色とりどりの地球となり、レムリア大陸ができていきました。

理想郷レムリア

R 誰もが初めはすばらしい夢と希望を持って、レムリアを理想の村とし、いろいろなものを作っていきましたが、次第に意見が違っていきました。私が初めに理想と思っていたものとも違っていました。私は都市を造りたかったのですが、ほとんどの宇宙の意識の中では、のどかな平和な世の中を作りたがっていたようです。たくさん雨が降り、風が吹いて、いろいろな植物たちも動物たちも成長し、たくさんの命が育まれていきました。たくさんの宇宙人たちも住んでいましたが、意見がバラバラでした。今でも、日本の中には、いろいろなレムリアの意識があって、微妙に違っているようです。

多くの宇宙人の参入

N いろいろな宇宙人が入っていて、それぞれ思惑が違っていたということですが、統一はしなかったのですか？

R それはありません。それぞれ認識が違うようです。違って当然でしょう。種族が違うと、やはり考え方も違うし、それは致し方ないことです。

N あなたは都市を造ろうとしていたけれども、一方では自然ののどかな平和な世界を作ろうとしていたのですか？

R そう。私はアトランティスの計画にも携わっていましたが、アトランティスも私とは違っていました。私は科学技術と融合するようなものを考えていて、レムリアとアトランティスとの仲裁に入ろうとしたが、うまくいきませんでした。一緒にやろうという要望があったので、私は仲良くしようと努力しましたが、そこには大きな溝がありました。

N　同時期に存在していたということですよね？

R　時間的に言えば、レムリアのほうが早かったです。その後にアトランティスの意識が入ってきました。本当は初めから二つ存在し、計画されていました。

N　アトランティスのほうにも関わっていたのですか？

R　みんなで一緒に統一的な世界を作りたかったのですが、思惑が違って、うまくいきませんでした。

N　当時、関わっていた宇宙人は何百種類もいたのですか？

R　たくさんいました。日本人が一番影響を受けたのは、ゼータ・レチクルです。元々、彼らの意識は集合意識でできているので、日本の和の精神と合っていました。爬虫類型の宇宙人がアトランティスを支配していました。爬虫類型の宇宙人が悪いとは言いませんが、一部が少しいたずらをしたかもしれません。

N　どんないたずらですか？

R　アトランティスの土地を統制し支配しようとして、いろいろと策略を巡らせました。一部ではありますが、自分たちの都合のいいようにしようとしました。その映像を見ることはできません。そのエネルギーは全世界に及んでいますが、今はもうほとんどないと言えます。ただ、今、地球は混乱しています。みんな何をしていいかわからず、うろたえています。コントロールされていた、たくさんの人が自由になってきました。それなのに、わけがわからず、いろいろと戸惑っています。何をやっていいかわからないと思っています。でも、地球はもうすぐ変わります。アトランティスでもない、レムリアでもない、新しい地球ができていく、大切な時に地球は来ています。

レムリアの崩壊

N レムリアやアトランティスが崩壊したのは、どういう理由なのですか？

R レムリアでは、空中都市や海の中にも人が住んでいました。私は空中都市に住んでいて、そこからレムリア大陸を見ていました。そうやって眺めた光景からすると、天と行き来をしていたという自分たちの意識を忘れてしまって、3次元の生活の中に入ってしまった、自分たちは羽が生えていて空を飛べたことを忘れてしまったということ。今まで天使の羽を持っていたことや、宇宙から来たことを忘れた人がたくさん出てきてしまいました。みんな羽があったことを忘れて、レムリアの中の快楽に落ちていってしまいました。

N その快楽とは何ですか？　羽を使ったほうが楽しいように思いますが。

R その3次元の快楽とは、食べ物や遊びです。それが楽しくなったようです。そして恨みつらみなどのエネルギーが、だんだん楽しくなっていきました。つまり、感情をコントロールすることです。それはすごく大変なことですが、それにはまっていきました。その隙をアトランティスに突かれた感じがします。アトランティスにやられたという人はたくさんいますが、私は自業自得だと思っています。アトランティスのせいではありません。自分たちの本当にいる世界を忘れていったレムリア自身の問題だと思います。

今レムリアを思い出すのは

N 今この時期にレムリアを思い出す人が多いのですが、どういうことですか？

R すべてにおいて、リセットです。レムリアに戻すわけではありません。新しいレムリア、またレムリアを超えた世界を、今宇宙全体で応援して見守っています。そのために、たくさんの情報を降ろし、またレムリアの記憶もリセットする必要があります。新しい地球の意識が再びできていきます。

N 新しい地球の意識ができることは、誰が応援しているのですか？

R 宇宙の意識だと言ってもいいでしょう。主な意識は太陽です。やはり一番は太陽で、経絡を基に宇宙の中心から太陽に向かって、そして太陽から地球にエネルギーを送っています。太陽はレムリアと非常に関係が深いものです。太陽族と言ってもいいでしょう。

N 今、地球の意識が変わりつつあるのですか？

新しい地球意識　ユニークさを楽しむ

R 変わりつつあります。レムリアの世界を生み出すわけではありません。レムリアを超えた世界を作っていきます。それは私の理想の世界だと思っています。ユニークな地球です。ひとりひとりが楽しめる世界です。特にサイキックな世界というわけではありません。今地球外からいろいろなたくさんの宇宙意識、宇宙人といってもいいですが、降りてきています。たくさんの宇宙人意識が地球の子どもたちに入っています。ただ単にサイキックな世界でもいいですが、それだけでなくユニークな地球を創ろうとしています。ユニークな楽しい、いろいろな個々の世界を認め合う世界です。これは私の意志で私が思う理想だから、また違う考えの人もいるかもしれません。

N あなたは何をしているのですか？

R 私は楽しい地球を見ています。地球は面白いです。ハチャメチャで、ユニークです。そのユニークさを楽しめばいいのに、みんな劣等感にさいなまれています。面白い星だから、それでいいのに。これから、もっともっと面白いエネルギーが降りてくるというのに。古い地球の固定観念を持ってしまっています。私は楽しんでほしいと思っています。地球は面白いからたくさんの宇宙意識が飛んできていて、いろいろな体験ができるからです。こんなに体験ができる所は、まだ他の星にはありません。たくさんの植物があって、いろいろな動物がいて、いろいろな宇宙人がいて、いろいろな意識の話をしていて、ごちゃ混ぜです。そこをまとめるのは大変でしょうが、地球は非常に面白いです。私は見守っている観察者です。

レムリアの記憶　初心に帰る

N　この古い地球の固定概念になっている意識を外すには、どうすればいいのでしょうか？

R　もう外れているのですが。アヌンナキなどに支配される構造からは、もう抜けているのに、まだ支配されていると思っています。みんな自由にできるのにまだ見張られていると思って、不安などを抱えています。せっかく自由になったのに、これから行きたい所に行ける軽いエネルギーがたくさんあるのに、バイブレーションが伝わるのに、まだ重たいエネルギーに囚われているだけです。今地球では行きたい所に行けます。それで今レムリアが大事だということなんです。レムリアの記憶は大事です。初心に帰るということです。レムリアは、みんながそこで夢を持ったということ、そこが大切です。その初心が大事なのです。だからレムリアの記憶を戻します。自分たちで夢を語った、そのときもたくさんの夢があって、新しい地球を創ろうと夢を語った、その記憶です。そのときもやはり個性はありました。みんなで楽しもう、ユニークな世界を作ろうとした記憶として、もう一度、レムリアが必要です。その頃もいろいろな所から、宇宙の果てから、助っ人が飛んできていました。たくさんのわけのわからない宇宙人もたくさんいて、面白いやつだと思って、私は見ていました。例えば、牙が生えていた人魚もいました。でもすごくいいやつでした。牙が生えていましたが、優しいやつでした。面白い人魚もたくさんいました。シリウスからもたくさん来ました。シリウス人たちは、泳ぎがすごく早く、海の中で融通無碍に形を変えていました。今のイルカとは違います。人魚と会って、お互いの姿を見てびっくりしていました。

N　他の星からも来ていたのですか？

R　来ていました。誰かが言っていたダール宇宙、そこが初めかもしれません。初めは異なる宇宙の銀河から来ていました。アルクトゥルスからも来ていました。第2波、第3波と、たくさんの他の星から送られてきました。だから、いろいろな考えがあって、実はいろいろなレムリア人がいます。いろいろな意識を持った人がいるから、いろいろな村もできました。

N　あなたは空中都市から見ていたということですが、そういう場所もあったのですか？

R　ありました。3次元から、違う次元にかけて、半物質と言ってもいいかもしれません。私はあまり物質は得意じゃなかったから、なるべく上から見ていました。

N　そこに住んでいたということですか？

R　私は住んでいたというより、どちらかというと、エネルギー体で見ていました。

降りてきているメッセージに気づくこと

N　今、新しい地球の意識になりつつあるというのは、しばらく続くのですか？

R　もう新しい地球の意識になっているので、気がつくだけです。たくさんの宇宙の意識が「気がついてくれ」とメッセージ送っていると言ってもいいでしょう。地球人の多くはヘルメットをかぶっているから、気がつきません。メッセージが降りているのに、まだヘルメットが脱げません。もう何も怖くないのに怖がっています。たくさんの意識が気づいてほしいと思っていますが、干渉できないから見守っています。

それにはレムリアの意識が大切だと思います。

サブコンシャスとの会話
地球に来た目的

N　なぜRさんはこの地球に来たのでしょうか?

R　私は「地球」という意識は持っていません。ただ漂っているエネルギー体です。

N　Rさんの本体はエネルギー体なのですか?

R　エネルギーでどこかに合わせてそこへ行くだけだからです。私はあるといえばある、ないといえばないのです。そのエネルギーに周波数が合った所に行くだけです。受け皿みたいなものだから、そこに何かを入れて、それに反応します。

N　では、元々、どこにいるのでしょうか?

R　私は宇宙全体にいます。点でもあるし、無限でもあるのです。

N　どこから来たのかというのは?

R　どこからというのはありません。それは幻想です。

N　では、地球でRさんという名前を持っている人は、どういう存在なのですか?

R　この肉体を借りて、DNAにこういうふうに反応すると造られました。肉体を通して反応しています。この肉体は反応がいいから、いろいろなものに反応します。肉体には意識の一部しか入らないでしょう。限界はありますが、ここに特化した、いろいろな個性に合わせて、そのエネルギーが出てくると言ってもいいでしょう。コンセントにつなぐと、テレビは映りますが、この肉体にはテレビのチャンネルがたくさんあるので、普通の人より多くの情報が拾えます。チャンネルを合わせられるのは、そのように造られているからです。

N この肉体を借りて何をしているのですか?

R いろいろな情報を集めています。今は「地球」と言ってもいいでしょうか、地球の未来というか、モニターを載せて地球の育成を見ています。情報を集めて、宇宙会議にデータを渡します。

宇宙会議にデータを送る

N あなたは宇宙会議に関わっているということですか?

R 私はそれに橋渡しをしている管《くだ》と言ってもいいでしょう。私の本体はエネルギー体ですが、今は管として、宇宙、大きな意識、セントラル・サンと言ってもいいかもしれませんが、そこにデータをエネルギー化して送っています。

N 地球の未来を見るというのも全部データを送るためですか?

R それは私が好きだからです。観察者だからです。それを今仕事として、セントラル・サンに地球のデータを送っています。地球にもいろいろな周波数がありますが、いろいろなチャンネル、周波数に合わせて私の見方としての地球のデータ、私の気に入ったデータを集めています。

N セントラル・サンは集めたデータをどうするのですか?

R そこが決めます。大きな意識と言ってもいいです。私を超えた世界です。

N データを送ることは誰かに言われたのですか?

R 私の趣味と言ってもいいです。好きだからやっています。

N　これが地球に来た目的でもあるのですか？

R　他の仕事もあります。他の惑星にもつながっていて、私はいろいろなデータを集めています。地球はそのひとつです。大きな意識のパイプ役と言ってもいいでしょう。

N　では、目的というよりも、ただそれをやっているという感じなのですか？

R　好きだからやっています。私の趣味です。趣味が面白いとやっているだけです。向こうからすれば、一応データになりますが、私はそういうことを意識せずにやっています。

宇宙会議参加について

N　宇宙会議に参加したり見たりすることはできるのですか？

R　タイミングの合う人ができます。それは向こうが決めています。こちらの意志と向こうの意志です。それぞれの人生の岐路にちゃんと、ここでこういうことをするという約束をしています。そのタイミングを待つだけです。この人は、もう少し時間がかかります。ここで発動すると一番いい、遠くへ飛べるというタイミングがあります。情報が人々に広がるというタイミングがあります。そのタイミングが合うのを向こうも待っています。

2012年からのアセンションについて

N　2012年から地球がアセンションすると言われていたのですが、どうですか？

R　私にはあまり意味がありません。

N　他の地球の人にとってはどうなのですか？

R　２０１２年のアセンション。やりたければ、やればいい話で私は関わっていません。アセンションという意味で私は動いていません。

N　あなたは観察するために来ているだけですか？

R　この肉体を借りている、私という存在は、元々個の意識ではありません。多面性があるから表現が難しいです。この肉体を借りて、いろいろなエネルギーが入ってくるから、私という表現は難しいです。いろいろな面があるからです。地球のアセンションというのは、今の私のテーマではありません。そういう遊びをやっている人がいますが、私の遊びとは違うということです。しかし、新しい地球の意識に変わっているので、アセンションというテーマで動いたほうがやりやすい人はいます。それは良いとか悪いとかではなく、自分が軽くなる方法だと思ってやるにはアセンションがいい人もいます。テーマとしてそうやっておいたほうが次に行けるだろうという、意識の差だけです。

N　ひとつの遊びなのですね。

R　そのほうがいいでしょう。仕事としてしまうといろいろなことがあるでしょう。それを使命としてやったほうがいい人はそれでいいでしょう。そうやって重くしたほうがやれる人、尻を叩いたほうがいい人は、そうやってやります。それはそれぞれです。

レプタリアン（爬虫類型宇宙人）について

N　宇宙人でいうと、レプタリアン、爬虫類型が悪者とされている感じがありますが、これはどうですか？

R　エネルギーの違いだけで、別に悪いものではありません。もっと言うと必要なエネルギーだから、宇宙のエネルギーを持ってきました。レプタリアンのエネルギーも必要だとして、その意識が創られました。宇宙に存在するエネルギーは全て必要なエネルギーだと思っています。

アヌンナキの支配について

R　アヌンナキの支配はもうありません。すでに10年20年経っています。どこかに雲散霧消していますが、残像が残っているために、みんな怯えてるだけです。ホログラムに映っているものを本物だと思っているようです。怖さがみんなの細胞の中に残っています。

N　どうやったら取れるのですか？

R　自分のしたい、自分の本当の姿に意識を向けることです。すると取れていきます。

N　今は軽い地球のはずだから、もっと好きなことができるということですよね？

R　そう、できるのに、できないと思っています。やればいいのです。やる人が増えれば、どんどんそういう人が増えていきます。そういう個人個人が増えていけば、みんな気がついていきます。どんどん好きなことを自分でやっていきます。

お金について

N　何かしようと思っても、お金がなくてできないという人がいますが。

R　お金は必要ありません。お金は大切なものだと思っていいですが、それがなくてもできます。もっと工夫しなさいということです。お金がないとできないと思っているのです。それも囚われです。お金がないことを言い訳にしているだけで、本当はもっと工夫すれば、できます、やれます。ただ一歩前に踏み出すだけのことです。一歩前に出すと、足が勝手に動いていって、歩けます。その一歩前に踏み出すことが怖いのです。

不自由さを体験することで自由を求めるエネルギーが大きくなる

N　Rさんは、現在様々なことにチャンネルを合わせたりして楽しんで生きておられるようですが、その前は、全く違うサラリーマン生活をされていました。なぜそれをRさんに体験させたのですか？

R　不自由を体験したいからです。それで自由がわかるからです。この「私」の人生の中では不自由が結構大切です。家族の病気など様々なプレッシャーによって本当の自分がわかるからです。不幸は不幸であっても、喜びでもあります。不幸が大きい人は喜びも大きいのです。そこで何を学んだかもわかるからです。この肉体の自由とはどういうものか、不自由さを体験することで、自由を求めるエネルギーが大きくなります。この世は二元の世界だから、そういうことは誰にとっても必要なことです。3次元の体験として苦しみという体験をすると楽しさがわかります。苦しみは喜びでもあるのです。

N　不自由があると、自由がわかるのですね。

R　出力が大きくなります。不自由がないと出力が小さいです。それは誰にでも言えることでしょう。プレッシャーをかけることによって、バネがぐっと沈むと大きく跳ねるということです。

第6章

宇宙連合、宇宙からのヘルパー

この地球の変化に伴い、宇宙から地球に生まれ変わってきた魂、スターシードが増えているということでした。その目的は何らかの形で地球を助けることであったり、助けに来ている彼らをサポートするためであったり。ドロレスは、スターシードが地球に生まれると、それだけで地球の振動数が上がり、地球の次元上昇を助けることができると語っています（"The Three Waves of Volunteers and the New Earth"）。

では、宇宙連合や宇宙からの助けがどのような形で来ているのか、この章のセッションで、もう少し詳しく見てみましょう。

円卓会議

多くのスターシードが地球人として転生してくるようになったきっかけは、戦争で原爆が投下されてからでした。ノストラダムスは地球が破壊されてしまった代替現実も見ていました（「タイムラインとネクサスポイント［30ページ］」）。このまま連鎖反応的な原爆投下により地球が破壊されてしまうことを危惧した宇宙連合は、あることを思いつきます。地球人の自由意志を尊重するために外から干渉はできないのですが、地球内部に人を送り込む（地球のカルマを持たない宇宙人を転生させる）ことで、人類の意識を変え、原爆投下が回避できるようになると考えたのです（"The Three Waves of Volunteers and the New Earth"）。

ここでは、その原爆以降、スターシードが宇宙意識を保ったまま地球に生まれてくるように、魂に入れる情報を決めていた会議のことが語られています。生まれてくるときに宇宙の意識や情報をすでに持っているからこそ、思い出すだけでいいということになります。

このセッションの直後に新型コロナウイルスによるパンデミックが世界に広がりました。また、このとき語られなかったMoさんの使命は「自由の新天地《ほし》を求めて（119ページ）」で改めて語られています。

セッション16（2020年2月）

宇宙船の中央に巨大で透明なポイント水晶（以下、クリスタル）がはまった、ゴールドの王冠の形をした大きな装置があり、それを囲むようにして、その下には円卓が置かれている。このクリスタルの動力で宇宙船は飛んでいる。船内の壁は、乗務員の意識によって自在に変えられる。全身が白やグレーの、シンプルなウエットスーツのような服装の存在たちが操縦や作業を担当している。一方、メタリックグレーの、西洋の甲冑か鎧のような服装の存在が12～13人、円卓に集まっている。彼らは一見すると普通の人間のようで性別もあるが、肌はアルビノのように真っ白で、目のあたりに赤い縁取りがあり、目の中は真っ白で、ヘビの目のように縦に開く。彼らは円卓に集まり、何か会議か打ち合わせのようなことをしていた。

（N：施術者［筆者］　Mo：クライアント）

魂に入れる情報の円卓会議

N　その会議では、どんなことを話していますか？

Mo　宇宙の情報、データの送受信の話です。いろいろな情報の振り分けをしているようです。一手にまとめた情報を再び振り分けて、13人ぐらいがそれぞれにどこを持ち場にするのか情報の精査をしています。大まかな地域の担当があり、そこにまんべんなく行きわたるようにしています。そのクリスタルは情報を集め、再びシャッフルするようにして、それぞれの所に行くようにする役目も担っています。わざと情報を出したり出さなかったりすることもあります。それをきっかけにして、後からいろいろわかってくるように、あえて差をつけているのです。この13人は情報をすべて受け継ぎますが、その人それぞれの裁量によって、末端の私たち（地球人）に届くときまでに微妙なブレンドを施しているということです。

N　情報を流すときにブレンドしたりするのですか？

Mo　そうです。政治的なことや音楽、芸術などに対する興味を持つようになる割合のようなものをブレンドしたりしています。芸術系に行く人、政治に行く人など役割がすでに決まっているのですが、そういうことを決めます。例えば、みんながみんな芸術系に行かないようにして、偏らないようにしています。

N　その地域を担当する人がひとりいて、末端に行くときに偏らないようにしているということですか？

Mo　末端になったときに、それがうまく機能して偏らないように、みんなにまんべんなく届くようにしているようです。

N　あなたもその仕事をしているということですね。その仕事をどのように思いますか？

Mo　自分の意見や好みを入れてブレンドしている人がいるようで、それが気に入らないと思いながら仕事をしています。

N　なぜ好みを入れてはいけないのですか？

Mo　バランスが崩れてしまうからです。バランスが崩れると、みんな同じものに興味を持ってしまいます。そうなると、つまらなくなると思っています。

N　好みを入れる人は、どうしてそんなことをするのでしょうか？

Mo　たぶん好みを入れるのがいいと思っているのです。自分の好みを反映したほうがバランスが取れると思っています。しかし、その人が担当している、その末端の人たちは、そこで少し混乱している感じがします。

N　会議の中ではそのような話もするのですか？

Mo　話はしますが、それぞれの裁量に任せられているようです。それをやってはだめだという感じはありません。そうしたいのであれば、やってもいいとなっているようです。

N　会議で話し合われているのは、そういう話や情報をどう分けるか、みたいなことですか？

Mo　情報の分け方の話し合いをしています。ここのクリスタルに来ている情報は、ある種のデータを持っている人たちへ流すデータのような感じです。流しているもとがあります。さらにいくつか大きな情報ソースのような所があって、そこから流れてきています。

N　その情報ソースはどこかわかりますか？

宇宙の水星から来る情報

Mo　惑星のような所から流れてきています。「水星」と言っていますが。そこがもとの、すべての情報管理をする所のようで、そこを経由してすべての情報が流れています。

N　どのようにそこから経由するのですか？

Mo　そこからクリスタル経由でこの宇宙船や他の宇宙船に渡っていくようです。同じようなことをしている宇宙船はたくさんあって、その数は100ぐらいです。

N　あなたと同じ星の宇宙船ですか？

Mo　違う星のもあります。私たちはこれをブレンドしているのですが、そうしない所も多分あります。そのまま流す所もいますし、他のやり方でやっている所も多分あります。

星系によって情報のブレンドが変わる

N　他のやり方というのはどういうものですか？

Mo　ブレンドした情報を生まれる魂に流していくのですが、私たちのように細かくその人たちに合わせてやってるわけではなく、結構大雑把にやったり、本当にピンポイントで個別に必要なことをやったりと、いろいろなやり方があります。私たちの所はかなりきめ細かいようです。それぞれ配置される領域があり、それは決まっているというよりも生まれる魂の願い、生まれたい地域にもよりますが、私たちは、うまく分散されるようにしています。そうせず、ただデータを植えつけるだけの所もあるようです。

N　そうなると、どこの地域になるかわからないのですか？

Mo　わからない人もいます。私たちの所では、全世界にまんべんなく、あまり特定の地域に偏らないように、配置まで決めようとしている感じです。

N　地域以外に何か他に決めていることはありますか？

Mo　結構いろいろなことを決めているようです。いろいろ細かくデータを見せてくれますが、それが何を指してるのかがよくわかりません。

N ここまで細かくやっている所もあれば、そうでない所もあるということですね？

Mo 結構差がありますね。もとは同じ所から持ってきてるので、細かくやっていない所は、そこへの信頼があるのです。私たちの所はどちらかというと保守的で、この情報のデータがどこに流れて、どこを経由して戻ってくるかまで知りたいので、こういうことをしています。細かくやっていない所は、もとが同じだからもとに還るだろうという考え方のようです。そこをおおらかに見守っている感じですが、私たちの所はすごくきっちりしています。

N そのデータがまた回収されてくるということですか？

Mo 回収されてきます。それぞれに渡されたデータがどのように使われたのかを分析しています。それがどの程度まで使われてきたか、回収され還ってきたものを、その人に合わせて、できるだけ可能性としてまた使えるようにブレンドしているようです。

N それぞれの所のやり方の違いというのは、どうして生じるのでしょうか？

Mo やっている人たちの違い、つまり、それぞれの経由する惑星の違いのようです。魂の元々持っているもの、出身の星の経緯の違いという感じです。

宇宙意識を保つ人を増やす動き

Mo 私たちがやっているのは、どちらかというと、宇宙人の意識を保って生きている人たちです。そういう人をもっと大量に、数を増やそうとしています。データを持っている人たちの数をもっと増やそうとしている動きが高まっているようです。大元の星のデータを持っている人たちを、もっと多く生まれさせよという計画のようなものがあります。

N 今、その動きが高まっているということは、これまではそうではなかったのですか？

Mo ここまでデータを送ろうとする計画というのは、おそらくここ70〜80年前からのようです。

N 宇宙のデータを持ったまま生まれると、なぜ良いのでしょうか？

Mo 今までのやり方だと、地球の人たちが、地球の表面を覆っているコールタールのような黒い膜にあまりにも染められてしまい、見えない状態のまま生きることになっているからです。それをどうにか宇宙人の意識を覚えたままでいることができないか、ということで、今こういうことをしているようです。宇宙人の意識を覚えたままであれば、こんなクリスタルの装置を使わずとも、情報のデータの動きを大元に循環していけます。

N 装置がなくてもちゃんと循環するというのは、要するにつながっていけるということですか？

Mo わざわざこういう装置など使わなくとも、みんなつながることはできたのに、できなくなってきているから、手がかかっているのです。

N いろいろな宇宙船で、それぞれの惑星や星がやっているということですが、その目的は同じようなものですか？

Mo それは何か宇宙の目的があって、協力してそうしようと決めた時があるみたいですね。

N それはどういう経緯ですか？

Mo 戦争？　広島の戦争が起こった後に決めたみたいです。

N それはなぜですか？

Mo コールタールのようなものに覆われてしまって、地球の美しさが見えなくなっているからです。その美しさが見えないと、情報のやり取りのバランスが崩れるのです。

N それはどうやって決めたのですか？　話し合いみたいなものがあったのですか？

Mo 代表者の話し合いですね。

N 目的としてはデータを持ったまま生まれると、大元とより直接につながれるということですが、どうして大元と直接つながると良いのでしょうか？

Mo 地球だけがあまりにも遅れています。地球だけが退化していて、みんなは地球だけを置いていくわけにはいかないので、まず地球を立て直しする必要があります。ピンボールのようにカンカンと当たっていくためには、地球がいないと情報のやり取りに困ってしまいます。源からの直接的な光がやはり地球を経由しないと、惑星に行きません。今の状態だと、ポイントに当たらないのでズドンと行かない、つまり鈍くしか当たらないのです。それはコールタールのようなネガティブな概念が強すぎるからです。それをまず外していく作業のためにやっているのだと思います。

N そういう宇宙の情報データを持った人が、そのまま地球に生まれること自体が、そのコールタールを外すことにも貢献するのですか？

コールタールとは

Mo そうです。コールタールの外し方がわかるとでもいいましょうか。ネガティブなことが当たり前になりすぎていて、不安からすべてがスタートするという考え方が当たり前で、誰も疑いを持っていません。データを持っている人たちはそれに対して違うと言えるというか、違うあり方なのです。それがメインになるとコールタールは力を失います。

N　コールタールはいつ、どうやって、できたのですか？

Mo　何かたくさん言われますが、よくわかりません。

N　広島の戦争の話が出ましたが、コールタールもその後ですか？

Mo　いえいえ、もっと前です。ずっと前からありましたが、それまではコールタールをなくす人が一定数いたので、大丈夫だったのです。何かのきっかけで、コールタールをなくす人が少なくなりました。「イギリス」と言っています。イギリスが何かのきっかけとなって、決定的な、意識の良くないほうへの転換が起こったことで、皆がそちらに行ってしまい、それがもうもとに戻らなくなってしまっています。

N　宇宙のデータを持った人を増やすというのも、それぞれの星によってやり方が微妙に違うんですか？

Mo　結構違います。地域差があるというようなことですが、目的は同じです。

N　あなたの所は細かく設定する中で、魂にデータ入れるときに、どの地域に生まれるかでバランスを取るのですか？

Mo　魂にブレンドするのは資質とか性質とか、好き嫌いとか、恐怖を感じるところとか、喜びを感じるところとか、そういう選択肢とかを決めて、どの地域に生まれるかというのはその後になります。それは本人の生まれたい地域や生まれたい人のもとに行きたい魂もあるからです。その人たちに合わせたものを、もう1回そこで設定します。

N　他の星ではそこまでブレンドしていないということは、地域や生まれたい人のもとに行ったり行かなかったりすることもあるのですか？

Mo　謎の「可能性ではないデータ」が入っているときもあるようです。たぶん大元では、それはそれでいいとしています。そこにあまり大きな差は感じていないようです。

N　大元としては、そのデータはどうであれ、今の地球の中で宇宙意識を保ったまま、直接つながってくれればいいということなんですかね？

Mo　はい。

大元とは……

N　ちなみに大元とは何ですか？

Mo　「アヌビス」……アヌビスが関わっているようです。データバンクです。アンクを持っています。

N　それは先ほど言っていた水星にあるのですか？

Mo　水星にあります。しかし、占星術的に言われる水星とは少し違う感じがします。

N　つまり、太陽系の中の水星ではないということですか？

Mo　太陽系の中の水星ではないけど、水星だといってます。

N　では、太陽系の中の惑星としての水星ではなく、太陽系外なんですか？　宇宙全体の水星的な役割でしょうか？

Mo　そうみたいですね。

サブコンシャスとの会話
なぜ先ほどの人生を見せたか

Mo　誤解していることの理解のために見せました。これでよくわかってくれると思いました。

N　何を誤解しているのですか？

Mo　情報を受け取っていることを、自分の妄想なのではないかと思っているのです。

情報源は？　3年前から感じている変化とは？

N　Moさんは様々な情報を受け取っているということで、その情報源がどこかというのが確かに質問にありますが、それを見せたということでしょうか？

Mo　情報源としては（宇宙の）水星にあります。

N　3年前くらいから情報源が変わったように感じたということですが、これは何が起きたのですか？

Mo　宇宙船が変わったからです。先ほど見せた宇宙船とは異なる宇宙船で、同じような仕事をしていました。

N　なぜ変わったのですか？

Mo　より正確なデータを求めて、先ほど見せた所に移動しています。今のデータのほうがやや細いです。それまで情報、データを貰っていた所は、別のものから照会されるような形で情報を与えられる宇宙船だったので、もどかしい感じがあったようです。それが、元々の自分のラインにつながりました。

N　先ほど見せていただいた宇宙船というのは、今Moさんがつながっている宇宙船ということなんですね。なぜ3年ぐらい前に変えたのですか？

Mo　誰かの照会だともどかしいからです。（彼女は）誰かの照会じゃないといけないと思っていたので、元に戻しました。

N　では、本人の意識もそれくらいに変わったということですね？

Mo　はい。

生まれてきた目的

N　これはMoさんの生まれてきた目的や使命に関係しているのですか？

Mo　（彼女は）伝えて、そのデータを開いていく役割もあるので、その名前を知ってほしいのです。そのデータはパチンと弾けて開いていくようになっているから、それができる人や出来事が必要になります。（彼女は）そのパチンと弾く役割にもっと真剣に真摯に向き合う必要があります。

N　では、生まれてきた目的として、このデータを伝えて、データを開くことなんですね。パチンと弾けるような刺激がないと、元々持ってきている人のデータが開かない場合もあるということですか？

Mo　刺激がないと開かないと思っている人が多いのです。

使命について

N　これは使命でもあるんですか？

Mo　そうとも言いきれません。

N　それはどうしてでしょうか？　使命は何か別にあるのですか？

Mo　……急に何も見えなくなってしまいました。

N　生まれてきた目的はデータをパチンと開くということですが、これはMoさんが子どものときから司令塔的な性質を持っていたことにも関係していますか？

Mo　データを開いてくれる人が誰かわかるように目立つようにしています。

N　それで人が集まってくるようにしているということですね。サブコンシャスとしては、もう少し真剣に取り組んでほしいということですが、今はまだあまり真剣ではないのですか？

Mo　隠れています。目立つように、わかるようにしたのに、それを逆に恥ずかしがって、隠れようとしています。

N　ここにいるMoさんは、何を恥ずかしいと感じているんでしょうか？

Mo　失敗するかもしれないと思っています。

N　その失敗するかもしれないという一種の恐れは、いつ作られたものですか？

Mo　生まれる前です（笑）。細かいデータ送っている人たちに失敗を見られたくない、失敗したら申し訳ないと思い、厳しさを感じて、私には無理だと思っているところがあるようです。

N　この恐れを持っている必要がありますか？　ないならば、この恐れをサブコンシャスのほうでなんとかしてあげてください。

Mo　はい。赤いボールで全身をなでられました。それをされたら、今涙が一滴出て、安心感になりました。

円卓会議の意味

N　Moさんは、今から人を集め目覚めさせるようなグループワークをしたいと考えていますが、これについてはどう思われますか？

Mo　すごく良いです。参加者にゴールをきちんと自分で決めさせるものがいいです。

N　地球ではタイトルが必要なのですが、どういう名前にするのが良さそうですか？

Mo　「円卓会議」はいいと思います。

N　この言葉を聞いて、惹かれる人が集まってくるのですか。これは先ほど見せていただいた宇宙船の中でもやっていたことですが、「円卓会議」はどうして良いのですか？

Mo　円卓のような丸い所に座ると、さっき言ったピンボールのように、みんなのお腹の丹田（下丹田）とハートの丹田（中丹田）それぞれに、まんべんなくエネルギーが回っていきます。宇宙、惑星でやっていることと同じことが円卓だと繰り広げられるので、効果が高いのです。

N　クリスタルの下に円卓がありましたが、これはどういう意味があるのですか？

Mo　そのクリスタルのエネルギーを直接的に受け止める器として機能しているから、そこの下でしたことが全部データとしてクリスタルに記憶されるのです。

N　この地球においてもMoさんを通して再現されると、同じようなことが起きるのですか？　Moさんはもちろん今もこの宇宙船の中にいるということですよね？

Mo　そうです。

N　だからよりそこが再現されやすいのですね。これによって人がまた目覚めていきますね。

使命はまだ伝えられない

N　これは、使命とは違うのですか？

Mo　使命と言われると、途端に閉じてしまうのはどうしてなんでしょう？

N　サブコンシャスのほうでまだ言えないのか、それとも使命という言葉にMoさん自身が反応しているのか、どちらですか？

Mo　まだ伝えられないことがあります。まずこのパチンと開いて目覚めさせることを、覚悟を持ってする必要があります。

情報源について

N　情報源は何かという質問ですが、先ほどの宇宙の水星でいいのですか。これはどこにあるのですか？

Mo　天の川銀河に、もうひとつ似たような銀河が反転してありますが、その中にある水星です。

N　水星と呼んでいるのは、役割が水星的であるということなんですか？

Mo　そうですね。どこかの星ですね。

N　反転しているのであれば、この星は地球からは見えなくて、名前は付いていないのですか？

Mo　名前というと、数字と文字みたいなものが出てきますが、読めないです。

N　この水星には、宇宙の意識を保っている人は誰でもアクセスしているのですか？

Mo　反転していない、今のこの天の川銀河の中の同じ位置の、別な呼び名のほうに、みんなアクセスしているようです。反転した先の水星がアカシックのようですが、その位置のために、誰でも直接に、ここまで来れるわけではありません。

N　反転したほうには、どういう存在がアクセスできるのですか？

Mo　ここはアヌビスを経由しないと行けません。アヌビスが選別しているようです。

N　アヌビスはどうやって決めているのでしょうか？

Mo　「匂い」と言っています（笑）。

N　ほとんどの人は反転していない表のほうばかり見ているから、そもそも、そこがあることすら知らないのでしょうか？

Mo　興味を持ってくれた人は入れるようです。よりきめ細かい正確な情報がここにありますが、みんなそこまでは求めていないのです。

キリストとの関わりについて

Mo キリストの話を書き取っていました。

N それが最近気になるというのは、どういう意味があるのですか？

Mo 書き取る人が少なかったから、重宝されていました。しかし、彼への愛が強すぎて、取り巻きの人たちへの嫌な気持ちが多く出てきてしまったために、途中で放り投げているみたいです。そこに後悔や痛みがあり、それを感じたくありませんでした。本当はずっと側にいたかったのです。彼の近くにいて彼の話を聞いてはいましたが、書かなければいけないという意識のほうが強すぎて、彼と一緒に時を過ごせていない感じがして、そうしている人たちが羨ましかったのです。

N 最近これを思い出したというのは、今のMoさんと何か関係があるのですか？

Mo すぐに忙しいと言って、その彼の言葉から逃げています。子どものせいにしたり、ご飯を作らなければいけないと言ったりして、本当にやる仕事から逃げています。本当にやる仕事は、光を見ることです。

愛の矢を地球へ

スターシードがこの地球に転生することで、宇宙意識を保ったまま生まれ、結果として内部から地球の次元上昇を手助けしているのは、先のいくつかのセッションで語られている通りです。では、その他に外部から何らかのサポートはあるのでしょうか？　それはどのようなものなのでしょうか？

セッション17（2019年12月）

白い光の中に浮かんでいる。水面からたくさんの光が自分のまわりに降り注いでいて、光線のようなものに包まれ、とても美しい。水深が次第に深くなり、あたりが少し暗くなってきた。さらに沈んでいき、暗く静かな海底に落ち着いた。まわりには魚もいない。

（N：施術者［筆者］　K：クライアント）

短い魚の人生

K　私自身が今、人に引き揚げられてる感じがします。漁船らしき船が来て、漁網とともに私も引き揚げられてます。赤い帽子をかぶった白人の男性が10人くらいいて、彼らにレスキューされているのか、引き揚げられている自分がいます。

N　引きあげられている自分の身体を見ると、どのような身体ですか？

K　かつおか、まぐろか。すごく大きい黒い魚です。引き揚げられているのに身を任せています。というよりも何もできません。今私は、網が解かれていく、その魚を上から見ています。

N　では、魚の身体から離れたということですね。上から見て、その魚の人生というのはどうでしょうか？

K　釣られて、食べられるのかなという感じです。

N　上から見ているあなたに身体はありますか？

K　いえ、ありません。浮かんでいます。どんどん漁船が見えなくなってきました。上に上に上がっていって、引き上げられ、今度は天空の方に引き上げられました。漁船はもう見えなくなっています。

虹の世界

K すごくきれいな虹があります。虹色の世界です。モクモクとした雲の上に葉っぱの生い茂った木だったり、たくさんの虹でいろいろな所の空が彩られています。雲と虹と、そこはまるで楽園みたいな感じです。自然のあるべき姿が素直に映されている感じがします。青空も広がっていて、それを彩る虹がいろいろな所にあります。小人なんかが出てきそうな夢のような世界です。

N そこには誰もいないのですか？

K まだ見えてこないです……鹿と人間の、半分半分の動物が見えます。上半身が人間で、下半身が鹿か馬のようです。

愛の弓矢を射るケンタウルス*

N その存在は何をしているのですか？

K 空を飛んでいます。家族か何人かで一緒に走るように飛んでいます。彼らが空に向かって矢を飛ばしています。その矢は愛です。空に向かって、愛をいっぱい飛ばしています。そうすると愛が溢れるんです。それは地球に向けて飛ばしています。

N すごいですね。そのケンタウルスたちがやってるのですか？

K はい。次から次に矢を飛ばしています。レインボーの世界から愛を飛ばしています。

N それを見ていると、どんな気持ちになりますか？

K 感動します（涙）。矢をたくさん、もれなく飛ばしてくれています（涙）。足りなくなったら、また戻って、もっと矢を集めて飛ばしています。

N　矢はどこで集めてくるのですか？

K　矢のストックがある小屋のような所に戻ります。その矢を作っている小人さんたちがいっぱい見えてきました。すごく頑張って、矢を切らさないように、いっぱい作っています。すごくたくさん仕事をしています。でも楽しそうです。忙しそうですが、楽しそうに仕事をしています。

N　その小人さんたちは、なぜそんな仕事をしてるのでしょうか？

K　小人さんたちには愛の世界があるから、愛を作らなきゃいけないから仕事をしています。愛の世界にしかない矢を作って、愛の足りない世界に、そのケンタウルスが飛ばせるように一生懸命に作っています。

N　その矢は今は地球に飛ばしているということでしたが、今、地球は愛が少し足りないということですか？

K　少し足りていない所があるので、地球に向かって飛ばしてます。戦争をしていたり、汚染されていたりする所を見つけて、そこに向かって愛の矢を飛ばしています。

N　どうやって足りていない所を見つけるのですか？

（＊ケンタウルス：ギリシア神話上の半人半馬の存在。セッションの中でKさんは「鹿か馬と人間の半分半分の動物」と表現されていたが、後にケンタウルスの写真を見せると、「これです！」と確認してくださったので、以下、ケンタウルスとしている。）

闇を光に

K　そこは黒くなっています。その闇に向かって飛ばします。それは光に変える矢です。闇消しをする矢です。闇がたくさん見えます。

N　その世界の人たちは、みんなで協力して、そういうことをやっているのでしょうか？　それはどこかの星ですか？

K　地球から離れた所にある、星ではなくて、宇宙を回っている、絨毯のような雲の世界です。闇を探しに宇宙を回っています。

N　その世界を見ているあなたに身体はあるのですか？

K　なさそうです。星みたいになって、宇宙を飛べる状況です。光っていて、炎のようにボーッと昇華しながら宇宙を飛んでいます。今は宇宙を回っていて、地球が左手に見えています。宇宙に次元がなくなってきました。

空間が揉まれ、違う宇宙へ

K　空間が崩れてきました。上も下もわからないような感じです。空間が固定されずに動いています。黒い宇宙がいろいろな形に変わって、その中で揉まれているわけではなく、空間が揉まれているのを私は見ています。今は空間がひとつの空洞に変わって、いろいろな色の光線がある穴のほうに向かって走っています。それを見ている状況です。吸い込まれていく感じです。

N　それからどうなるのですか？

K　今は吸い込まれたのか、止まっています。また何か違う宇宙にいる感じがします。まわりが黒くて、赤い星がたくさん見えます。ちっちゃい赤い星がたくさん。でも星かどうかもわかりません。物体なのかよくわからない、空間も少しよくわからない、大きさの比較もできないような世界です。

はねのような光と生まれる惑星

K 右から、はねのような光が少し見えてきました。新しい惑星が生まれているという感じがします。すごく勢いがあって、黒い空間を白と黄色と赤の光で埋め尽くそうとしています。新しい星が生まれているのか、また惑星ができているのかわからないですが、すごく強いです。今はその強い光から少し離れて、また旅をしています。

サブコンシャスとの会話

なぜそれらを選んで見せたのか

N ひとつは短い魚の人生を見せましたが、なぜ見せたのでしょうか？

K 魚も人間も同じ生き物であるということです。

宇宙は拡大し、地球は変化するが、地球は守られている

N その後には虹の世界を見せましたが、これはどういう理由なのでしょうか？

K 地球は守られています。

N その後に宇宙のいろいろな所を見せましたが、これについてはどうでしょうか？

K 常に新しい惑星が生まれています。常に宇宙は拡大しているので、地球も形を変えていきます。地球も変わっていきますが、宇宙も変わっていきます。地球は守られているから心配しなくていいのです。良い方向に変わっていきます。

N 宇宙の拡大と地球の変化というのは連動しているのですか？

K　常に一緒に起きています。

N　地球が変わっていくとは、どういうことですか？

地球に愛のエネルギーが拡大する

K　地球のエネルギーが変わります。地球に住む動物や人がもっと共存できるように、拡大して変わっていきます。エネルギーが拡大していきます。

N　物理的に目に見えて何かが起こるということではないのですか？

K　愛が広がります。愛のエネルギーが拡大します。弓がいっぱい降りてきて、闇が消えて愛に溢れます。これは、ずっと起きていることです。

生まれてきた目的と使命

K　生まれてきた目的は、楽しむことをみんなに伝えるために来ています。楽しむこととは、人の言うことや教えられたことではなくて、自分がキラキラする生き方を探すことです。それを教えに来ています。使命は地球に光を持ってくるために来ています。

N　Kさんは、今までの人生が恵まれていたので、今後はもっと地球に貢献したいと思っているのですが、どうしたらいいでしょうか？

K　楽しく生活をすることです。その生活を続けることで十分です。

手放すべきもの、逆に取り入れるべきものは？

K　自分が苦しいと思うことはやらないことです。

N　そこを基準に考えるということですね。では、何を取り入れたらいいですか？

K　もっとワクワクするものです。自分の想像を超えたワクワクするものを、もっともっと取り入れることです。

N　例えばどういうものでしょうか？

K　それは日常で探してほしいです。

闇を光に変える

N　Kさんは外から何かを受け取っているようですが、そうなのですか？

K　楽しくしているときはメッセージを受け取ることができます。

N　急に悲しくなってずっと泣いていたりすることがあるという話でしたが、それもメッセージですか？

K　それも地球の闇を受け取っています。泣くことによって、闇を光に変えます。闇があることをまずわかって、その闇を光に変えていきます。

N　闇の部分を受け取りやすいのは、なぜですか？

K　闇が多いからです。

N　そうやって光に変えるというのがKさんの使命ということですか？

K　はい。

「地球にある光」と「外（弓矢）の光」の両方が必要

N 闇を光に変える矢が外の虹の世界から来ていますが、そこから来た光をKさんが使っているということでしょうか？

K 地球にいる光と弓矢からの光の両方が必要です。

N 地球にも光が存在する必要があるのですか？

K 今は闇が多いので、間に合わないからです。

N 地球上では他にも多くの人がそういうことをやっているのですか？

K たくさん生まれてきています。

N Kさんと同じように、光に変えるという人がたくさん生まれてきているのですね。みなさんどこから来ているのですか？

K それはさきほど見ていたような新しい星です。新しい星が人間となって、新しい光を地球に広げていきます。ベビーの星、新しい光です。

N 地球に光を持ってくるように誰かに言われたのですか？

K いいえ。光の使命です。闇を消して地球をまた健康にしなければいけません。これは光のあり方です。

聞こえた音について

N 昨日、三つのトーンで3回はっきり不思議な音が聞こえたということですが、これはどういう意味でしょうか？

K 身体の波動が変わっています。これからまた変化していきますが、変わるときの音です。

地球の波動が上がっている

N なぜ身体の波動が変わるのですか？

K それは地球の波動と合わせていくために、変わっていきます。地球の波動が上がっています。愛が増えます。

N 地球の愛が増えるためには、どのように過ごすのがいいのですか？

K 楽しくワクワクすることをやって過ごせばいいです。そうすると地球に愛が溢れてきます。例えば、新しいことを学ぶときに楽しかったら時間を忘れるように、そういうワクワクを毎日日常で少しずつ探します。

N そうすると、私たちの波動も上がっていくということなんですね。

女性の神聖な力が高まっている

N 自分とは関係のない、いろいろな地域の女性の夢を見ている時期がありましたが、これはどういう意味なのでしょうか？

K 女性の神聖な力が今高まっています。みんなつながっています。女性の力を上げて、地球のバランスを整えます。

N なぜ女性の力を上げる必要があるのですか？

K 女性はずっと自信がなかったからです。だから表現ができていませんでした。でも、これからは女性も同じように、男性とともに力を上げていきます。

N それが地球にとってもいいということですか？

K　バランスが戻ります。みんな、このことをいろいろな形で感じています。

最後にメッセージ

K　毎日幸せを感じてほしいです。小さな幸せをいっぱい重ねてほしいです。

N　なぜ毎日ですか？

K　毎日を意識できていません。1日1日を意識できてないのです。今起きてることを味わうことが重要です。毎日があるから、毎日の幸せがあって、毎日の幸せを感じることで、大きな愛ができます。

二つの塔

エジプトのピラミッドは、一般的に言われているように単なる王家の墓ではないことは、すでに多くの方がご存知だと思います。私は2019年の12月にエジプトを訪れた際、いくつかのピラミッドに行きましたが、明らかに、それぞれに異なる何らかのエネルギーを感じました。実際に、ピラミッドを構成する石の結晶に情報が含まれ、訪れる人にそれを伝達しているという話があります。中でもギザのピラミッドは、ドロレスによると「地球に関するすべての知識の貯蔵庫。地球の神秘、地球の創造にまつわる情報」や「宇宙創造の秘密や、宇宙とは何かということに関するすべての知識が貯蔵されている」（『入り組んだ宇宙　第一巻』）ということです。地球にある一般的な情報ではなく、宇宙からの情報です。それらに触れることによって、私たちは宇宙の記憶を取り戻すのでしょう。神社に宇宙の記憶を取り戻すためのスイッチを置いていたという話（「カルマはもはや必要ない」72ページ）がありましたが、このような形で多くの人が訪れる場所や構造物に宇宙の記憶を取り戻す、つまり目覚めを促す装置（ピラミッド、塔）を置いているのも宇宙からのサポートと言えるでしょう。

情報を保持する場所としての塔（ピラミッド）には、アンテナの役割もあり、「高次のエネルギーをやり取りするには物体としての塔が必要」（『この星の守り手たち』）だそうです。このセッションをお読みいただくとまさにそのことが理解できるでしょう。二つの塔（ピラミッド）は、形や役割も違いますが、両方ともが、「地球の脱皮」つまり新しい地球への移行を促すために、見えない所から力を貸してくれていると言えます。

セッション18（2020年8月）

空かと思うくらい広いドーム状の中にいる。そこはかなり明るくすべて銀色の光で溢れていて他に何もない。自分はメタリックな銅像のようで、意識を向けると人の形があるように感じるが、意識を外すと、その空間の光と一体化している。そこでは気持ち良く、心配や不安は全くない。誰もいないが、全く安心して、そこに溶け込んでいる。だから分離を感じない。

（**N**：施術者［筆者］　**A**：クライアント）

ドーム状の中、宇宙船？

A　この場所は馴染みがあるような気がします。初めてではないから違和感などもありません。あるがまで、満たされている感じです。

N　ドーム状の中にいるということですが、その向こうには何かあるのですか？

A　これは宇宙船の中なのでしょうか？　しかし、外の光と分離していない感じもします。たとえるなら、卵型のドーム状の円盤なのでしょうか？　そのようにも感じますが、中が発光しているのか、外が発光しているのかよくわかりません。そういう空間なのでしょうか？　何か特別なものが見えるというわけでもありませんが、何か満ち溢れています。不安も恐れもなく、気持ちが良く満ち溢れています。

N　これからどうしますか？

A　違う所にも行ってみたい気もします。これに乗ったままどこかに移動する？（と聞こえた）。どういうことでしょう？

先の尖った円錐形のエメラルド色のピラミッド

A　先ほど、ちらっと一瞬見えたのは、ピラミッドにしては尖っている、円錐形のようなどこか違う所のピラミッドです。青緑色なのか、空と一体になっているような感じです。

N　そこに行ってみると、どうなっていますか？

A　上に行くほど、円錐型のように見えます。透明なエメラルド色で、下は少し茶色い大きなオルゴナイトのようです。素材はプラスチックとかではなく、石か結晶でクリスタルのようなものです。エメラルド・タブレットの円錐形版のようです。何かとても大きな感じがします。

N　それだけがポーンと立っているのですか？

A　今はそれだけが見えています。今、「意識の塔」と聞こえました。これは、みんなの意識の集合体で、図書館です。

N　このみんな、というのは誰のことですか？

A　地球人だと思いましたが、何か違う感じがします。宇宙の存在ですか。地球人かなと思いましたが、地球人という感じではなく、もっと広い感じです。

N　これは図書館でもあるのですか？

A　意識の宝物館です。叡知ですか。緑色のオーロラのように発光している感じもします。

N　それはどこに立っていますか？

A　どこかの星です。地球じゃないことは確かです。塔が大き過ぎてまわりが見えません。どこかの星にあるのかもしれないけども、塔の背景は星空ではなく、宇宙です。

N　どのように使っているのでしょうか？

A　必要なものを必要な宇宙人が取りに来ると言っています。何か学者のような、品の良い宇宙人が必要なものを取りに来るという感じです。

N　ここに来ることができるのは、品の良い宇宙人だけなのですか？

A　ここに来ることができるのはある程度の人じゃないと来られない感じです。宇宙人なら誰でも来ることができるということではなく、そこに来ることを許可された人だということです。マスターのような存在たち。だから品の良い宇宙人に見えるのでしょうね。

N　マスターとしてある程度知識を持った人が来ることができるのですね。その中には、叡知がいっぱい詰まっている感じなのですか？

A　詰まっている感じです。でも中はクリスタルでできている感じがします。

N　では、その中にあるものをどうやって持って行くのですか？

A　そういう人たちはすっと入れる感じです。ドアを開けて入って行くというよりも、そこの中のものに意識でアクセスするようです。

N　これはどこにあるのでしょうか？

A　金星？　シリウス？　どちらでしょう？　地球じゃない場所です。金星、そしてシリウスにもあります。

マットゴールドで規則正しく模様の付いたピラミッド

A　今少し別に見えたのは、そのグリーンのものではなくて、マットなゴールドのものです。先ほどのピラミッドよりは低い円錐形ですが、その表面全体に幾何学模様ではないですが、とても美しく規則正しく点や線が付いています。先ほどのものが尖った円錐だとしたら、今度は少し横に広がったような円錐です。グリーンのピラミッドは、つるっとした感じでした。こちらは透明ですが、水晶ではなく、マットゴールドです。表面には規則正しく、点が掘られて、ブチブチしています。

N　これは何なのですか？

A　これは形は違いますが、同じような意識の集合体で、大事なものが保管されている場所です。入り口らしきものはないようです。だから、普通に家に入るように入って行くのではなくて、やはり意識を合わせて、中のものにアクセスするという感じです。色や形は違いますが、機能は同じだという感じがします。

ひとつは叡知、ひとつはハートのエネルギー

N　なぜ二つあるのですか？

A　もしかすると他にもいっぱいあるのかもしれません。とても美しいです。だから、見ただけで、ある

意味、覚醒してしまう感じがします。本当の美しさや調和などを形や色がすべて表している気がします。ハートセンターです。金色のほうが金星ですか。グリーンのピラミッドが叡知だとしたら、こちらのピラミッドはハートです。

N 少し違うのですか？

A 少し違います。こちらは見るだけで、注入される感じがします。完璧なものです。こちらは、マスターが来て持って行くというよりも、触れに来る感じです。

N 触れに来たら、ハートセンターに何か影響してくるのですか？

A 共鳴して共振します。そして、活性化します。

N 先ほどの叡知のピラミッドとは、また役割が違うのですね。こちらのほうは誰でも来ることができるのですか、それともやはりある程度の人ですか？

品の良い宇宙人たち＝宇宙連合の助け

A こちらは誰でも来ることができる感じです。やはりこちらが金星にあります。さっきのはシリウスにあります。私たちはみなそれぞれマイクロチップのようなエメラルド・タブレットを持っているのですが、それはエメラルドグリーンの円錐と連動しています。そこは品の良い宇宙人、マスターのような存在たちが関与しないと発動しません。私たちはそれぞれに持っていますが、何らかの形でそういう存在が少し手を貸さないと自分では発動しないようになっています。でも、きっとこれからは使えるようになります。品の良い宇宙人たちが助けてくれるからです。力を貸してくれます。

N なぜ、これからは助けてくれるようになるのですか？

A　私たちの意識は地球とともに変化していきます。そのためには、それが発動する必要性があるからです。目覚めという言葉を使いますが、実はそういう存在たちが関与しているのです。見えないところで力を貸してくれています。それが必要なのです。

N　地球の変化に伴って、ということは、地球は変化していっているのですか？

A　「まさに今」という言葉を感じましたよ。私たちの意識を目覚めさせるためです。すでに今もそうしてくれています。これからもそうですが、今もすでに発動させてくれています。一気にではなく、どんどん、そういう人たちを増やしていくのです。そんな感じがします。

N　品の良い宇宙人たちというのは、どこか特定の星の宇宙人ではないのですか？

A　銀河系です。どこの星ということではなく、いろいろな星のマスターのような、長老とか学者たちのような、品の良い宇宙連合の方たちです。

N　こちら側からすると、そのチップが発動したことを目覚めと感じるのですね。

A　それは、すなわち地球のためでもあるので、やはりこの星を守りたいと思ってくれているのでしょう。多分、地球は脱皮します。

地球の脱皮

N　地球が脱皮するのですか？

A　それは地球の上に存在している人間の意識にもかかっているからです。元々持っている、そのエメラルド・タブレット、チップが眠ったままではいけないので、加速するために、愛を以って力を貸してくれている感じがします。

N　それが発動されたら地球の人たちは、どうなるのですか？

A　目覚めるというと、今のスピっぽくて嫌ですが、本来の姿に戻るということです。別に何か新しいものに変わるというよりも、本来持っているものに目覚めるということです。それにより、今持っている二極の恐れや不安などの余分なものがなくなります。何か絡まっている、モヤモヤがスッキリして、よりクリアになっていきます。

N　それが徐々に起きているのですか？

A　前からもあったのでしょうが、ただ今はすごく加速している感じです。地球の上にいる人たちが本来の自分に返るという感じです。そうなると、本来の地球に戻れます。

金星にある塔の役割

N　金星のほうにある塔に関しては、どうですか？

A　こちらは、元々それとコードでつながっている人たちがいます。その人たちの目覚めの加速も始まって、他の人たちは、その人たちを通して受け取っていきます。熱が伝導していくように、ハートとハートが共鳴共振していく感じです。元々つながっている人たちは多分何人もいて、その人たちが目覚めると、その人たちを通して、どんどんこの共振の輪が広がっていきます。

N　これは、先ほどのエメラルド・チップとはまた別ですよね？

A　別です。向こうが叡知だとしたら、こちらは愛とか調和を司っている感じがします。

N　では、二つの別の所から、別々の、二つのやり方があるのですね。

A　同じ所にあるものではありません。もしかしたら、宇宙にはそういういろいろなセンターのようなものが、いろいろな星にもっとあるのかもしれません。今はこの二つが見えました。

N 金星のほうはハートで共振していくことで、その人たちはどうなるのですか？

A その人たちはやはりハートが開いていく、活性化するということです。それによって調和とかワンネスを思い出します。宇宙にはそれしかないと言っています。「愛のエネルギー、調和のエネルギー」。品の良い宇宙人は、地球とご縁のある宇宙人なのですかね。私たちは守られています。受け取れていないかもしれませんが、常にこういう存在が守ってくれています。

N 目覚めさせようと、手助けしてくれているということですね。

A 品の良い宇宙人たちが、何か大きく、「YES」と言っている感じがします。

N 元々地球に関わりがあった宇宙人ですか？

A 私がさっき見ていた光り輝くドームのようなものは、やはり宇宙船なのでしょうか。外の光と中の光が制限ない感じで一体となっているので、物の形として壁があるという感じには見えなかったのですよね。「乗せてやっている」と言われてしまいました。小学校一年生か、幼稚園かの小さいときに一度、しかもクリスマスの夜に、一気に上空に上がって、北海道に飛んだのですよ。月明かりに光る波が真っ暗でキラキラしていて、その波打ち際のギリギリの所を北海道の島の形に沿って見せられました。最後はいきなり函館の上空に、ばっと上がりました。函館の夜景はきれいで有名ですけど、北海道たるものを上から見せられたという。夢か、そうでないか、わからない経験をしているのですが、やはり乗せてもらったのですね。そのときの光る物体には大きな窓があったのです。これにはないから宇宙船と思いませんでしたが。でも意識によって、どんな形にも変容するのかもしれないですね。だから、初めてではない感じがしたのですね。

サブコンシャスとの会話

先ほどの宇宙船や塔など見せた理由

A 今、目覚めの真っ只中だからです。

N それはAさん自身がということですか。彼女自身にもその先ほどの品の良い宇宙人たちが目覚めを促しているということですね?

A はい。

N 今年に入っていろいろなものが降りてくるので、絵を描いたり様々な活動をしているのですが、それも何か関係しているのでしょうか?

A 私の肉体を使って、宇宙のエネルギーを受け取り、変換させます。そのひとつが絵であったり、私が作るもの、オルゴナイトであったりします。自分の目覚めとして、すべてを受け取って変換させていきます。そしてそれを見た人、触れた人の目覚めを促進させます。

N これは、Aさんの生まれてきた目的と関係しているのですか?

A 大きく、関わっています。元々愛のバイブレーションが高いです。関わる人の目覚めにとても影響します。関わると、その人が本来の自分を思い出します。

生まれてきた目的と使命

N Aさんの目的と使命は何ですか?

A 人の目覚めと癒やしと場のクリアリングです。自分のそれを通して、さらに愛の経験をして、さらに高めます。

N　二つの塔がありましたが、これはどんなふうにAさんに関わっているのですか？

A　緑色のほうは、自分の中のエメラルド・タブレットを思い出しなさいということです。もうすでに発動している、始まっているから、それをちゃんと意識して受け取りなさいということです。もうひとつのほうは、私の愛のバイブレーション、ハートのバイブレーションです。これは音によって、さらに伝えられます。喋ることも音です。それをあなたはすでに知っていて、ハトホルが常にサポートします。そのことを教えてくれたのは、ハトホルだから、知っているはずです。それを思い出すまでが、ムズムズというか、タプタプしていました。知っているのだから、それを惜しみなく伝えることです。

N　最近タプタプする感じがすると言っていたのはハトホルが伝えていたわけですね？　それは音で伝えればいいということですか？

A　音とかです。極端に言ったら、喋ることです。あとは、このハートとハートを重ねます。ハグをすることです。

N　誰にでもエメラルド・タブレットがあるということですが、品の良い宇宙人たちが、それぞれの人のものを発動させているのですか？

A　そんな感じですが、まだ受け取る準備ができていない人たちには、それが届きません。その存在たちは何かをひいきするとかいうことはなく、本当にすべてに平等です。しかし、それをキャッチできるタイミングや時期というのは、みんな違うのかもしれません。でも、このキャッチできる時期は早いほうがいいので、一生懸命なのです。その時期が来ている人、受け取る準備ができた人からつながっていっています。しかし、まだキャッチできない人もいるので、ハートのほうを開いて、アクセスしやすいようにするのです。ハートを開くと、人間はエネルギーの循環に偏りがなくなり、トーラス状に前にも後ろにも横にも全部循環して、本来の円になり、粒になります。

N 自分のエメラルド・タブレットを受け取りにくい人には、まずハートを開くのですね？

A そういう役目を担っている人たちが、どんどん目覚めていって伝わっていく時代です。まさに今、今がとても大事なのです。

東北に移住を考えているが

A 東北へ（彼女が）行くことによって、その場の目覚めを促すことにもなります。何か封印されたものの、目覚めの加速になります。

N その土地には何か封印されたものがあるのですか？

A 東北、青森には多いようです。そういうものたちの目覚めを促すと、循環します。何かの流れが見えるのですが、日本はすごいのかもしれません。日本の神々の意識、元々存在している高次のエネルギーが世界の聖地、キリストがいた場所やエジプトなどを循環し、日本を経由する必要があるようです。日本はへそとか出発地点なのかもしれません。そのためには東北がとても大事なようです。

N Aさんが行くことで土地が目覚めていけば、そこが循環し始めるのですか？

A 私だけがというわけではありませんが、その場所は、そういう循環をします。通過点の1カ所になるようで、日本は絶対に外せない場所のようです。

N それが地球全体にも必要だということですね。

A そんな感じです。でも、その出発点は日本のようです。それがキリストの聖地や古代エジプトなどを全部経由して循環している感じです。

N それも今の時期が大事ということですか？

A 正しきものが正しく循環していきます。それを邪魔するものは人の意識であったりします。モヤモヤを取り、それをクリアにし、本来あるべき、みんながそれぞれ健全な粒々に戻り、光の粒子に戻ります。

神々でさえ宇宙の大調和のエネルギーになろうと宇宙意識に変換された

N そのためには、それらの聖地にエネルギーがまず循環することが大事なのですか？

A 循環することです。地球のエネルギーのグリッドの1カ所として、日本が要のようです。日本人の意識、最近よく言われている縄文の意識とか、もっと古いものです。それがかなり根強くあるのが、やはり東北という感じです。追いやられた神や封印された神様です。その封印がどんどん解けて、出てこられています。アマテラスなどの、個々の神々の存在はもちろんあるのでしょうが、神様のエネルギーも、もう古い時代から脱皮して、宇宙エネルギーとして、ひとつの大きなエネルギーに変化した気がするのです。だから、それぞれの名前などありますが、それもまた古い神々の時代、意志です。神々でさえも、この宇宙の大調和のエネルギーになろうと宇宙意識に変換されたのに、その足を引っ張っているのは紛れもなく私たちです。古い時代の神話の神々に留めて置こうとするのは、全く必要ないという感じです。神話は確かにあったし、あったであろうけれども、もう時代は個々の神々ということではなく、ひとつになって、大きなこの宇宙の存在のエネルギーとしてあるので、ひとつひとつの神ということではないように受け取れます。

第7章
これからの地球と人類の意識の変化

セッションの内容には、人類の意識の変化や宇宙意識が伝えたいことが表れていると書きました。先に述べたように、それは一般的な普通の過去世（別の時代にいる人間の人生）から、宇宙世（別の惑星にいる宇宙人など）へと変化しています。さらにこちらで紹介するような、より抽象的な宇宙意識についてのセッションも増えてきました。これ自体が人類の意識が大きく変化してきたことを示すものです。

私たちの意識は元々大きくひとつでした。そして、様々な所に意識を向けることで分化していくと言えます。

不思議な星、地球

このセッションでは、様々な所に意識が分化したり、光に戻ってひとつになる様子がわかりやすく示されているように思います。誰もが光から生まれ、光に還っていく。つまり、誰もがこの宇宙の創造者であるということです。それを日々実感していけば、５次元の地球への道が開かれていくのではないでしょうか？

セッション19（2020年9月）

（N：施術者［筆者］　T.N.：クライアント）

原始の地球

T.N.　空中にいて噴火しているたくさんの火山を見下ろしています。溶岩が流れ出ているような原始の海もあります。ちょうど半円状に海があって、その反対側に火山がいっぱいあるような感じです。

N　原始の海とは、どうやってわかるのですか？

T.N.　まだ生き物がいません。海の色はとても濃い青、紺色で、あまり波もない感じです。でも湖ではなく海です。火山のエリアから離れると、大きな植物たちがいっぱいいる森があります。

N　これを見ているあなたに身体はありますか？

T.N.　ありません。感触がないから、何も感じません。見えるのは、もらっているデータを視覚化して、ビジュアルにしています。

N　身体がないのは、どのような感じですか？

T.N.　見ている対象も、全部自分自身です。自由に動けます。

N　そこで何をしているのですか？

T.N.　星が出来上がってくるのをチェックしています。これは私の仕事です。といっても、やりたい人がやるだけなので、半分は興味で、半分はボランティアみたいな感じです。

N　誰からやってくれと言われたのですか？

T.N.　何かに、こういうのがあるよと知らされました。興味があったら、見に行くという感じです。

N　何が知らせてきたのでしょうか？

T.N.　わかりません。発信元は気にしません。自分に合うか合わないかだけです。そういう情報が来たときに、合うか合わないかで決めて、興味があったら行ってみます。

N　こういうことをやっている存在は他にもいるのですか？

T.N.　います。行きたい人だけ行って、見てきて、データをキャッチします。その星の中で起こっていることのエネルギーをデータ化して送っているだけです。それを感じるだけで自動的に送信しています。受信も送信も一緒だからです。

N　どこに送信しているのですか？

T.N.　宇宙に放てば必要な所に届くから、どことは決めなくても大丈夫です。受信と送信がセットなので、好奇心で見に行ったら、見ただけで、その見た感覚、ビジュアルが自動的に送信されていきます。

N　ここを見に来たということですが、どんな感じですか？

不思議な星、地球

T.N.　不思議な星です。地球は不思議な星なのです。

N　ここは地球なのですね。何が不思議なのですか？

T.N.　すべてが遅いです。けれど、シミュレーションの場としては、とても面白い。あらゆるシミュレーションをするのにはぴったりの星なのです。いろいろな実験をします。創造の光線がどこまで変化するか？　その星に届いている創造の光線の変化や多様性。光がどこまで変化し、物質化していくかというのは、とても面白いのです。それがわかる、他にはない特殊な場所です。さっき言ったように受信と送信は常にセットなのに、ここ地球の内部ではタイムラグがあり、全て遅くなります。タイムラグがあるというのがすごく面白く新鮮なのです。

N　それによって、創造の光線の届き具合が変わったりするということですか？

T.N.　光線は常に一定のスピードで降りていっていますが、地球の中に入った途端に何が起こるのか、わからないのです。いろいろと変化して、屈折などによって、いろいろな形になっていくのが、とても面白いです。

光だけの場所

T.N.　光に、元いた所に、戻ってしまいました。全体として存在する状態です。個がないので、全部が白い光なのです。

N　そこにいるのは、どんな感触ですか？

T.N.　光だけで、何もない状態です。説明は難しいですね。すべてが溶けてしまって、白い光でしかない状態です。すべてが一体化している状態なので、動きもありません。

N　何もない所にいることをどのように思いますか？

T.N.　何も思いません。

N　そこにいると、時間の流れみたいなものは、どうなのでしょうか？

T.N.　そういうものもありません。ただ光としてあるだけです。すべて普遍的にあるだけです。

N　じっとそこにいると、そこから動きたいというような感じも湧いてこないのですか？

T.N.　ないです。完全な状態だからです。ここから出てきて最後に戻る場所もここです。白い光です。完全な所に戻ります。

N　これは誰でもそうなのですか？

T.N.　そうです。すべて光です。元々は、全部光なのです。

N　地球にいる人たちも、物質や土なども、全部そうなのですか？

T.N.　そうです。すべてを内包する光です。

宇宙と宇宙の隙間

T.N.　いろいろなエネルギーが交差する所にいます。これは宇宙と宇宙の隙間みたいな所です。バイブレーション、エネルギーの波がたくさんある場所で、そこを漂っている感じです。宇宙から宇宙に行くときに通る場所です。

N　別の宇宙へ行く通り道ということですか？

T.N.　はい、たくさん宇宙があります。

N　そこにいるのは、どんな感じなのでしょうか？

T.N.　漂っている感じです。いろいろな異なるエネルギーの波形がいっぱいあり、混雑している感じです。

N　そこにいるあなたは、どういう状態なのですか？

T.N.　ただそこにいるだけです。特に身体もありません。その波形を見るというよりも感じる、センサーが働きます。ただ、一時的な所なので、また振り分けられるときには離れます。どこの宇宙に送られるのかわかりません。こちらが決めることではないし、決まっているから、決めなくていいのです。

N　この振り分けは誰がするのですか？

T.N. 全体の意志、宇宙です。たくさんの宇宙がありますが、そのまわりにはもっと大きな宇宙があって、永遠に続いているのです。すべて決まっているので、ただいるだけです。その全体の意志によって行き先がすべて決まっているので、自動で移動するのです。

N すべて決められて動いていることをどのように感じるのですか？

T.N. 何も感じません。すべて完璧に動いているからです。

金星の衛星

T.N. また地球を外から見ています。金星の傍から見ています。

N 今見ている地球は先ほど見た地球と同じものですか？

T.N. すごく遠いので中はわかりませんが、星としては機能しているようです。

N なぜ再び地球を見に来たのでしょうか？

T.N. 好きだからです（笑）。不思議な星だからです。

N 今回は金星の傍からということですが、どうしてそんなに離れて見ているのでしょうか？

T.N. 金星の衛星として存在しているからです。そこでただ回っています。何かバランスを取る意味があるのかもしれません。金星は静かです。

N 金星よりも地球に興味があるのですか？

T.N. 金星は他の星とそんなに変わりません。惑星はどれも、宇宙もすべて自分自身が生んだものです。結局、大きな光としての自分が全部生んでいるだけなのです。自分の意識を小さくすれば、体感としてそれを感じるようにすることができるのです。離れて見ていますが、元をたどればすべて自分が生み出した宇宙です。皆そういう所に生きているのです。

N　自分が生み出したものの中に生きているというのは、何か不思議な感じですね。

T．N．　自分というのは、いろいろな所にいるのです。元々はみんなひとつの光だったのです。光の自分も、地球を見ている自分も、同時に存在しています。大いなる自己か、それよりも縮小した自己か、その違いだけで、でも同時に存在しています。それらはすべて大きな自己なのです。

N　みんな、いろいろな自己を持っていて、あなたは今、すべてを同時に感じているということですね。このように、意識を大きくしたり、小さくしたりして、いろいろな自己の部分を感じている体験をどのように思いますか？

T．N．　冒険するような感じです。降りていけば降りていくほど冒険です。完全な場所から出ていくことになるからです。本当は出されるのですが、全部遊びみたいなものです。下に降りていけば、すべてが不完全な次元になっていくから冒険なのです。

予期せぬアクシデント

T．N．　真っ暗です。光がない場所です。上から下に向かって、ブラックホールのようにどこかに吸い込まれていく感じです。

N　このことをどう感じていますか？

T．N．　予期せぬアクシデントという感じです。意図した場所ではない所に来てしまいました。本来、移動する場所はありましたが、そこではない所に吸い込まれていった感じです。これは、ものすごく地球に近いレベルです。

N　吸い込まれて、今どうなっているのですか？

T．N．　すべてが分解されていき、エネルギーも細切れにされていく感じです。

N　それは、もしかしたらあなたの最期ということでしょうか？

T．N．　終わることはないので、最期とは言えません。吸い込まれて、どこかに吐き出されていく感じです。違う宇宙への通路です。大いなる意志としては、いいのかもしれませんが、縮小した自分の部分で考えると意図していなかった所です。

サブコンシャスとの会話

なぜこのいくつかの宇宙の場面を見せたのか？

T．N．　光から来た存在であることと、無限の宇宙から来た存在であることを思い出してもらうためです。

N　彼女は、そのことをほとんどわかっていたと思うのですが、なぜこの今このタイミングで、さらに思い出してもらいたいのでしょうか？

T．N．　あなたは地球に縛られようとしているからです。人間に同化しようとしています。みんなの当たり前を気にしていますが、そのままでいいのです。ただ宇宙のエネルギーを降ろしてくれるだけでいいのです。

N　前回のセッションで、地球に来た目的は、楽しむことと言われていましたが、それと何か関係がありますか？

T．N．　滅多にない体験だから楽しんだほうがいいです。地球にいることは滅多にないことです。

N　具体的にしたほうがいいことはありますか？

T.N.　何か楽しいことをすればいいと思いますが、何もしなくてもいいです。

N　彼女は、少し頑張ってしまう傾向があるようです。

T.N.　人間にならなくていいのです。

N　この地球自体に少し飽きてきているそうですが、これはどうでしょうか？

T.N.　地球を創ったのは自分だから、もうわかっているのです。みんなも地球を創っていて、そのことを忘れていますが、この人は思い出してしまったからです。もう陰日向がわかってしまって、読めてしまうというのが、つまらないのかもしれません。地球の外に行くと、つまらないという体験もないので、それすらも高いレベルで見ていくと楽しいことではあると思います。上から見ていればいいのです。眺めているだけでデータは受信して送信されているので、楽しみながら中から眺めることをしていればいいのです。

集団の死

N　先ほど見せていただいた中に予期せぬことが起きたとありましたが、何だったのですか？

T.N.　集団に巻き込まれた感じです。大多数の人が死後に通る〝道ではない道〟もあり、そちらに吸い込まれてしまいました。集団自決とかそういうものです。集団の死に関わることは、すごく刺激になってしまいますが、本来やるべきことではなかったからです。興味本位で行ってはいけなかったのです。

死に対する認知の歪み

N　今仕事でやっているヒーリングは、前回にサブコンシャスに言われて始めました。グループの一斉ヒーリングをやると、死にたくなることが増えたということですが、これは何が起こっているのですか？

T.N.　まだ地球の中に残る無念の死のようなものをみんな遠い記憶として持っています。それを手放せる人はあまりいないので、まとめて手放しているのです。死というのは最大の喜びでもありますが、ひとつのショック体験です。死に対する認知の歪みのようなものが高いレベルの意識で起きているので、漂っているエネルギーとしてキャッチしています。ヒーリングの対象の人たちもひとつの集合体意識を背負っているからです。

N　これはどうしたらいいのでしょうか？

T.N.　手放すことです。

N　彼女がその傷を感じているようですが、できればあまり感じないようにしたほうがいいと思います。どうしたらいいのでしょうか？

T.N.　ただ地球の中には、そういう重たいエネルギーがまだ残っているということを知ってほしかったのです。それについてもエネルギーをきれいにしてほしいという、どこか他の願いをもとにやっていただけなのです。

N　やり続けたほうがいいのでしょうか？

T.N.　その死に対するエネルギーは消えることはありません。それなりにこの人を守りますが、ただ地球の中のいらないエネルギーは出しておきたいのです。だから、本人の身体に負担がないように、違うやり方で出すようにはします。結局、自分のタイミングで勝手に死ぬというのは、あまり良くないことです。時間のずれを作ってしまうと、宇宙にまた歪みのようなものができていくので、みんな勝手に死なないようにしてほしいと思います。この人のように頑丈な人などに、死へのエネルギーを浄化してもらうために、渡して送信してもらっているのです。この人は自分では死なないから、大丈夫だと思っていました。

N でも、かなり負担が大きいようなので、できればこういうことを感じないようにしてほしいし、彼女が今後もヒーリングを続けるにしても、ここまでひどく感じないようにしてほしいということですが、それは可能ですか？

T.N. できます、方法を変えます。

地球に入るときのショック体験

N 彼女がヒーリングを担当しているソウル・グループはどこかの恒星のグループですか？

T.N. たくさんあります。たくさんというより、みんなで巡って移動してきているだけです。ミンタカを通り、北極星やベテルギウスなどにも行っているグループです。みんなで巡ってきて、地球に入ってきたときに作ってしまったショック体験のエネルギーを手放すために、また出会って、ということをやっているだけです。

N 地球に入るのはショック体験で、それが出会うことによって癒やされていくのですか。地球に入ってきたときのショック体験とはどのようなものですか？

T.N. エネルギー状態、周波数などを、一気に変えなければいけないので、負荷がかかります。人間のレベルでは、それをショックや痛みとして勘違いしています。勘違いを癒やす、正すような感じのヒーリングです。地球に入りたくて入ってきただけなのに、人間のドラマとして、痛みのようなものを作り出していますが、魂レベルでは楽しんでいるだけです。人間のレベルでは、それを何か重大なこととして問題視していますが、ただの勘違いであることを思い出してもらいます。そうすると、重たいエネルギーに引っ張られずに、体がここにあっても、意識の高いレベルにいて、地球を楽しむことができるのです。

N 結構体がしんどいみたいな人も多いですが、そういう人たちも勘違いに気づけば、癒やされていくのですか？

T.N. いろいろな人がいるので、全員がそうとは一概には言えませんが、地上に縛られ過ぎていると、何もかも重くなってしまうので、意識の次元を上げることは大事です。とても狭い範囲でしか稼働しない意識になってしまうと、外から見える自分を忘れてしまうし、本来の自分の姿を見えなくしてしまいます。エネルギーが中にばかり行き過ぎて、外に発散することがなくなって、重くなります。

N まずは気づいていくことが大事なのですね。

T.N. みんな地球に来たくて来ているだけだし、人間ドラマを作って楽しんでいるだけなのです。今地球にいる人たちは、このドラマを作っていることに気づいている人たちと、気づいていない人たちと、何もかもを忘れてしまった人たちがいます。自分がすべてを作ったことに気づくことです。何もかもを忘れてしまった人たちは従属することが得意ですが、それはずっと地球にいてやろうという魂のひとつの戦略なのです。

N むしろ、地球にいてやろうという感じなのですか？

T.N. 魂では楽しいのです。人間は苦しんでいますが、真逆です。分離している人は、高次元の上のレベルで考えていることと、地上で考えていることは、だいたい真逆だったりします。見事に分離を起こしている人は真逆に働きますね。

今地球へのエントリーは難しい

N 地球は今回で最後だと彼女は言われたそうですが、これは本当でしょうか？

T.N. もう出ないといけません。エントリー期限が切れてしまいました。選抜を通って来ましたが、もうエントリーすることも難しいようです。すでに地球に人が入り過ぎています。世代交代のようなものが起きていて、本当は出ないといけないのです。他の星の人たちなどが、待っている状態だからです。入れ替えが起こっているので、地球でやるべきことをやったら、おそらく元いた光の場所に行き、そこにいないといけないのです。本来はそこにいるべきだからです。

N 待っているということですが、そんなに人気があるのですか？

T.N. 人気というより、ただ見たいだけの人たちもいます。他には実験をしたいグループ、何か持ち込みたいグループがいます。地球にはないエネルギーを持ち込むことで、実験になりますからね。

N 地球では創造の光線の届き方が少しユニークということですが、それと関係ありますか？

T.N. そうですね。創造の光線は地球に入った瞬間にどのように拡散していくのかがわかりません。というより予測不可です。それが楽しいのです。地球の中は、普遍的な法則があまり通用しない世界なのです。地球では、人間の意志の力が強いので、光を捻じ曲げます。その捻じ曲げ方によって、それが破滅をもたらすものなのか、繁栄をもたらすものなのかも予測ができません。しかし、そこにもまた大きな意志が働いています。

レインボーソウルの子どもたちについて

N レインボーソウルの子どもたちは、今どのくらい来ているのでしょうか？

T.N. まだ最初のほうしか来ていません。地球に入り込めずに大多数が待っています。

N どうして待っている状態でしょうか？

T.N. 地球のエネルギーと彼らのエネルギーにまだ互換性がない状態なので、今地球の中のエネルギーを入れ替えて、バージョンアップしているところだからです。互換性がない状態では入れません。前半部分の子どもたちが入ってまだ調整しているところです。

地球の汚染について

N 彼女は地球の汚染がとても気になり、海や川にイルカのエッセンスを使っているということですが、そういう形でよろしいのでしょうか？

T.N. 環境のヒーリングは大事です。自分が創った地球を自分が汚してしまったのならば、自分できれいにしないといけないからです。ひとりの意識は全員の意識でもあるので、誰かがこういう活動をすれば、それは電波のように必ず影響するので、続けてほしいです。（彼女が）行くだけでヒーリングされている場所もあります。光の所から来た存在であることを思い出してしまえば、自分がいるだけで浄化剤のように働くこともあるからです。呼ばれた所に行くだけで、それはヒーリングしていることになります。土地の精霊たちが喜べばいいのです。

人間に同化することで生じる重さによる歪み

T.N. （ボディスーキャンで身体をチェックして）特に問題はありませんが、地上に重心を置き過ぎたのか、人間に同化しようとしたせいか、やはり、重さによって歪んではいます。もう少し浮いていてほしいです。

N　どうしたらよいのでしょうか？

T．N．　大きな問題はありません。身体の波動、エネルギーはとても軽い状態になっているので、今のままでいいです。身体を動かす喜びは今しか味わえないので、それを楽しみつつ、今の生活を続ければいいです。甘い物は、エネルギーがアップダウンしエネルギーの無駄な消費になります。一瞬の軽さをもたらしてくれますが、最終的には後から波動を下げるので、あまり摂らないでほしいのです。彼女はあまり摂っていないので大丈夫です。もう、誰もが肉体レベルで軽くなっていないといけません。バージョンが変わっていく過程で軽さを持っている必要があります。互換性がなくなると、もう地球から出て、帰るしかなくなります。それもすべて宇宙の大きな愛によって動いていくことですが、まだ地球にいたかったら軽くしたほうがいいです。

地球の変化について

N　地球の波動が上昇しているという話がありますが、これは今そうなのでしょうか？

T．N．　地球もカテゴリーがとても低い所から、上がってきているようですが、その上昇のスピードが上がっています。それは地球自体が進化している形です。

N　これは最近の話ですか？

T．N．　人間でも年齢を重ねると、時間の体感がどんどん早くなっていくのと同じ感じです。加速しています。

N　この上昇についていけないと、どうなるのでしょうか？

T.N.　それはもう互換性がなくなるので、死んで宇宙にかえっていくしかないです。もう合わせない、ここまでと決めている人たちは、そうします。

新型コロナウイルスについて

N　最近新型コロナウイルス感染が広がっています。その影響はいつまで続くのでしょうか？　これも地球の変化のひとつと考えてよろしいですか？

T.N.　ウイルスはひとつのスイッチの役割も持ってやってきているので、人間の意識次第です。ウイルスを認識できるようになったということは、つまり人間たちの意識が広がったということなのです。今まで知らなかったものを知るということは、認知の幅が広がったということです。意識の幅、意識の範囲が広がったということで、それはいいことなのです。ただ、その意識が拡大するときのショックにずっととどまっていると、ウイルスの影響を受けます。そういう人たちが減らないことには、ずっと続きます。慣れさせたいがために起こしているだけだからです。強制的に意識を広げさせるためにです。1回起きた大きなショックというのは、ひとつの波形で見ると、とても高い急激な波として観測できます。すべてのエネルギーは必ず収束に向かいますが、それは段階的に起こるものです。だから、すぐに終わるものではないのです。

N　これによって、地球はどのように変化していくのでしょうか？

T.N.　みんなが物質に囚われずに生きること、物質から少し意識に重きを置いた生き方に変わっていきます。地球はそのためのひとつの舞台にもなっているので、舞台装置を変えている感じです。もっとエネルギーの軽い交換ができるように、物質的なものが減ってきます。

松果体が退化していくと言われていることについて

N 松果体が退化する理由は何でしょうか？

T.N. 退化すると、宇宙とのつながりを忘れられるので、非常に長く地球にいられます。地球に居座り続けられるので、あえて人間の意志で萎縮しています。つながりを断つことで、独特の体験ができるから、楽しんでやっているだけです。

テレパシーが使える時代は来るのか？

T.N. かなり先ですね。テレパシーができるということは、そこまで意識、周波数が高まって、すべてつながって、すべてが丸見えの状態です。そこに恥とかの感情を持たなくなったときに可能です。しかし、すでに使っている一部の人たちはいます。本当に一部の人たちだけです。恥の概念がなくなれば、テレパシーはできます。分離がない状態にならないと使えないのです。使えていたけれど忘れているだけです。

最後にメッセージ

T.N. 地球は最後なので、地球にも人間にもあまり同化しないようにしてください。少し浮いているぐらいがいいです。そうすると、本当にすべて終わらせた後に出やすくなるからです。下手に縛られずに、起きることをすべて上から眺めていればいいだけです。地上からの目線というよりも、天空からの目線を大事にしていてほしいです。細かい所を見るのではなくて、全体を見ていくようにしてください。そちらのほうが人間としての能力も使いやすいようになっています。人間的なことは、もうパートナーなり、他の人なり、まだ人間としてやりたい人たちに任せてください。パートナーは、人間寄りではなくなっていきます。皆でいろいろ助け合っているから、大丈夫です。

人間世界の移り変わり

次は「地球解放」（57ページ）Niさんのセッションですが、様々な色で人間世界の移り変わりを象徴的に見ています。こちらでも、元々ひとつだったものが分化して、色で分類される意思存在（途中解説あり）になっています。それぞれの色に特徴がありますが、カルマを作った支配の強い青の「神」の時代が終わる段階に来ているそうです。そして、２０２０年以降、私たちの意識が変化していくことが語られています。

セッション20（２０１９年12月）

鮮やかな緑と青と黄色の光が、かわるがわる目の前に広がっていく。真ん中にある六芒星だけ白か黄色。これらの色の光が全体に広がり混ざり合っていたが、今は青が大半を占めている。黄色が少しと緑もかわるがわる姿を見せ、その後、今までのすべての色を塗り替えるように、暗めの白で全部覆われ始めた。オレンジ色も少し混ざってきた。このサーモグラフィのような光の色の移り変わりが、ずっと目の前で繰り広げられている。「これが人間の世界の移り変わりだよ」という言葉が聞こえた。

（N：施術者［筆者］　Ni：クライアント）

色の変化で示される人間世界

N このようにどんどん色が変化していくのが、「人間の世界の移り変わり」ということですか？

Ni 向こうから見たら人間はこう見えているということです。六芒星が最初だけ見えていたのは、最初の人たちは上から降ろされ、直通して真理がわかっていたから、六芒星を作れたという意味です。今の人たちはもう形など作れません。灰色になっているのは、自分の色ではないものしか出していないということです。オレンジ色の光は、プロレタリアとか、人々の理不尽のために立ち上がった人たちがいた時代を示します。でもやはり、この灰色に潰されていきます。

最初の六芒星

N 最初の人たちは六芒星が作れたというのは、どういう意味ですか？

Ni その人たちは真理がわかっていたから、六芒星を作ることができ、それはとても均等できれいでした。本当はもっとそれを多く生み出したかったようですが、途中で白っぽい灰色が覆ったので、みんな本当の色を思い出せなくなったようです。今はもう完全に、さっきの白っぽい灰色とは違う灰色で埋め尽くされています。「私たちのせいだよ」とサブコンシャスが言っています。

N あなた方が、そうしたということですか？

Ni そのようです。上の世界での理不尽が許せなかったのです。上で起きたことはいずれ下で起きるので、上で解決できなかったことが下ではどうなるのかと、ぶつけたようです。すると本当に灰色になりました。彼らは、この世界を傷つけたかったわけではなく、そういう理不尽を自分たちに強いた神みたいな人たちに、「君たちがやったのはこういうことだよ」と見せたかったのです。

N　最初の人たちは六芒星を作れたから、灰色があっても平気だったということですか？

Ni　いいえ、結局最初の人たちもその変な神から降りてきたので、その六芒星を保てなかったのではないかと思います。かけられた揺さぶりに対して真理を見いだせず、自分のエゴになってしまいました。自分の中での正当性を保てなかったから、形が作れなくなったようです。本当はきれいな色があるのに、結局自分たちで灰色に穢してしまいました。サブコンシャスは、私たちは悪くないですけど？　みたいな顔していますけどね。

N　最初の頃は、きれいだったけども、バランスが悪かったということなのですか？

Ni　とても美しいけど、やはり独善的でした。緑と青と黄の三色の人たちの中だけならば、すばらしく過ごせるでしょう。しかし、そういう考えだと、その三色の中でも、やはり格付けみたいなものはできるでしょう。この馬鹿たちのせいで、こんなにきれいに生み出された元素たちが無駄にされるのを、「本当にいい加減にしろ」と思ったらしく、サブコンシャスたちが介入したようです。

独善的な青

Ni　青と黄色の世界で、青だけで黄色がいなかったら最悪だと思います。青は自分が絶対で、かなり独善が強いのです。色にはそれぞれ意味がありますが、その意味をなぞらえると、青が「神」です。自分が絶対だと思って他を許さない、他に染まりたくない、他人の考えなんて絶対にあり得ない、自分と同じ意見以外は決してあり得ないという色が青です。

N　その独善的な、青が最初に存在したということなのですね。

Ni　だから地球は、空も海も何もかも全部青いんです。青が作ったエネルギーだからです。青というのは

「自分の考えていることは絶対だから、君たちは青に従え」というように「自分は穢されたくない」という色なのでしょう。花などに青が少ないのは、やはり女性性的なエネルギーが強いからでしょう。エジプトには青い花が咲いていますが、それはエジプトが神とつながっているからです。

N そのバランス、偏りをなくすために、あなたがたが介入したということなんですか？

Ni そのようです。トイレのマークなどを見ても男性は青でしょう？　この次元での男性というのは、やはり本当に神の写し身なのでしょうね。聖書では、神の写し身としてアダムを造ったと言われています。しかし、男が先に生まれたことになっていますが、人体を考えれば、みんな女の身体から生まれてきます。アダムを代表する男性は「神」、青い神の写し身なので、独善が少しひどすぎますし、黄色の論理も呑まないために愚かです。青い色は確かにきれいですが、今こうやって見ている青はすごく濁っています。

N その濁りは、どこから来たのですか？

Ni これは、この青い「神」が元々持っていたものです。青い「神」は、上ではずっと美しいと思い込んでいました。しかし、下というのは何もかもが過激に顕著になっていく世界です。上だときれいに見えますが、下の世界に来たことによって、とても凝縮されて濁り、黒い塊のようになっています。黒いモヤがすごく、霧のようなものがかかっています。

調和を保つ黄色

Ni 赤が落ちてきて、黄色と混ざり、オレンジになりました。黄色は中間色ではないですが、かなり調和を保ってくれる存在だと思います。黄色の人たちは暖色系統の人たちの話もちゃんと聞いてくれる人たちで、優しいのです。

『エメラルド・タブレット』を書いたトートも、黄色だったのです。黄色は頭がいいというか、知識で考えて、論理立てて、整合性、正当性を探します。つまり四大元素の世界であれば、その中での、正しい整った論理を探すような性質があります。だから黄色は偏ることがないのです。全部を計算して、答えを述べるのが黄色です。だから黄色は正しいのです。正しいという言い方は、青い「神」のようで、嫌ですが。松村潔先生は黄色っぽいと思います。松村先生は、ヘルメスが気になるとよく仰っていましたが、ヘルメスはトートです。松村先生はやはり地球にとってはありがたい存在です。

人間は器を纏っている

Ni 今、人間が喋っているのか、サブコンシャスが喋っているのか、少し中間みたいになっています。でも、本当はそうなんです。人間とサブコンシャスの境目はないからです。人間世界でサブコンシャスというのは少し強烈すぎて、そのままを出すには問題があるので、それをカバーするために人格を纏っているだけなのです。人間の身体というのは要するに緩衝材のようなものなのです。だから、神なんかよりも人間のほうが共存がすごく進んでいて、優しいのです。

N 共存が進んでいて、優しいというのは、どういう意味ですか？

Ni 神は「自分が絶対」と思うのが大勢いるので、自分と違う意見があったら、それを塗り潰さずにはいられないんです。青だったら青しか認めません。

でも、人間というのはそもそも器で、物質なので、本当はニュートラルなのです。物質は死んでいる状態なので、上との接続が断たれ、上の意図が全く入ってない状態なのです。ニュートラル、つまり、まっさらな中に、神が入り込むことによって色が付いていくのです。神が器を纏うことで、原色ではなくなるのです。たとえるなら、オイルの瓶のように殻ができるから、お互いの色が混ざり合わずに、触れ合えるのです。そういう意味で神よりも人間のほうが優しいということです。個を保ちながら、相手を尊重しながら、相手と触れ合えるからです。混ざらずに接することができるという意味で、人間は優しいのです。人間というのは、カラーセラピーのカラーボトルのようなもので、原色同士が物質を纏うことで、並んできれいに陳列できます。互いに幸せな世界、心地いい世界を作ることができます。それが人間の世界というのが我々の見解です。しかし、あの青い「神」たちは、ナルシスト的で、まわりが見えていないので、この美しい地球を前にしても、陳列する世界になるというような発想は一切湧かないと思うのです。彼らは、「自分のための世界だ」としか思っていないと思います。日本の男女問題も多分そのせいなので、どうしよう、と言ってもどうしようもないです。だってこの世界は、そもそもそういう馬鹿どもが創った世界だからです。

サブコンシャスとの会話

なぜ人間世界の移り変わりを見せたのか？

Ni　この人は端末として、ここに降りているから、全体像があまり見えないので、上から見たらこんな感じだというものを見せました。この人はつながっているので違和感はわかりますが、例えば、理不尽に、口撃され傷ついたら、「自分が悪いのかな?」となってしまいます。特に優しい人はそうなってしまうので、そんなことはないことをわかってもらうために、全体像を見せました。

色が意味することは

N 青の他にもいろいろな色がありましたが、それぞれが神なのですか？

Ni 神というよりも、意思存在です。H1[*]はそもそも色がありませんが、そこから趣味嗜好のように、分かれていきます。そうすると、勝手に色が付いていくのです。自分の好きな色を纏えるわけではないですが、色が勝手に割り振られていく感じです。色について、一定のスケールのような基準がありますが、そのエネルギーが見えているということです。青が誰とかではなく、この人は青を纏っているというような意味です。誰でも何の色にもなれますが、趣味嗜好というのがあるので、それによって、この色を顕著に出すという傾向はあります。

N 恒星などで、分類されるものとも違うのですか？

Ni 恒星などよりも、もっと上の概念でしょうか。星などが生まれる前の大元の話です。恒星の色も、そのスケール的な意味はあると思います。例えば太陽はこちらからは緑に見えていますが、地球から見たらオレンジですか。地球人は、絵とか描くときに太陽のことをオレンジで描きますよね。オレンジは黄色と赤が混ざった色でしょう。だから、太陽は地球人から見たら愛と知識です。太陽は上から見たら緑色です。同じものでも、見る角度によって色が変わったりするのは、上と下では意味が変わってくるからです。

N 色というのは、そういう意味のある概念みたいなものですか？

Ni そうですね。ひとつの指標になっているのです。次元が異なると、何もかもが違ってくる中で、色だけが共通認識として保てます。おそらく数字や形とかもそうなのではないかと思います。三角に飛び込んで人間世界に降りてくる（出典不明）なども、まさにそういうものです。

（＊H1：グルジェフによる振動密度をもとに水素番号を付けた分類概念で、まだ何も生まれていない宇

宙の始まりの段階をＨ１とした）

カルマは青い「神」が作った

Ni　（小声で）このことを、この人だけじゃない、今もっと他の人も知るべきだと思います。本当に全員に見せたいです。この人は、あの本（『宇宙世記憶』）を読んでいたので、少し知っていますが、Naokoさんもカルマで変な契約をしたから、ここで修行をさせられているというような話がありました。そのカルマを作ったのは、多分あの馬鹿な「神」どもです。あのとき、あのサブコンシャスさんが、カルマの契約を焼き捨ててくれて本当に良かったです。そんなに苦労しないと上に上がれないというナンセンスな考えを、どうしてこいつらは流布するのでしょう。

N　カルマはその「神」が流布したのですか？

Ni　その青い「神」たちは、自分の意図と反したり、反さなくても少し違ったり、自分の思い通りにならないことをする人が全員気に食わないので、思い通りに動くように決まりごと、ルールを作るのです。それが「カルマ」という呼び方をされています。そもそもカルマという概念自体が、その青いやつの偏った考え方でしかないので、無視していいのです。物によってはカルマで遊ぶこともいいですが、それが自分を苦しめ始めたら、それは意味がありません。私たちもこの先のことは読めてはいないのですが、今この青い「神」がこんなにひどくなっているのは、やはりこの時代はひとつの節目だからです。結構、極限まで来ている、煮詰まっている、終局段階らしいのです。終却？　終着？（本人注：終却という言葉はないが、けじめや始末を付けるというニュアンス）です。あの青い「神」は頭がおかしいので、そのしっぺ返しを青い「神」自身が食らっているだけなのです。その中で女性をはじめとする弱者が不当に苦しんでいるのは、やはりおかしいのです。その「神」なんかは勝手に滅べばいいのですが、「神」が滅ぶにあたって、弱者が不当に虐げられたり、傷つけられるのは、決して許されることではありません。だからこの人も怒っていますが、そうなるのは我々の意図なので別に問題はありません。

「ルシファー」と呼ばれているが……

N 今この地球は青が優勢で仕切っていて、いろいろ勝手に作った法があり、それがうまくいかなくなって、地球を保つために、いろいろな存在が降りてきているということなんですね。

Ni そうなんです。どうして私たちは「ルシファー」と呼ばれ、あんな大々的に悪にされているのでしょう？　やはり、上でうるさかったからではないでしょうか。誰からも避けられ、そこだけが強調されました。別にうるさくしているつもりはありません。私たちも、H1にいたから、神と等しきものだったんです。みんなH1で平等で同じ立場にいたのに、下に降りてきたら、青い「神」が創造主と呼ばれて、自分が一番偉いと言い出したから、反発して出ていったのです。それが気に食わないだけなのに、現実ではルシファーと言われているのは、ひどいでしょう？　これは、つまり「神」の逆ギレなんですよ。

N 元々はひとつだったんですね？

Ni みんなひとつです。H1というのは、ただ「在る」だけなんです。だけど、科学とかでも描かれているように、必ず何かに手を伸ばし始め、活動を始めるのです。その過程で意識が分裂していくんですよ。細胞分裂のように、本当に勝手に起こるのです。誰にも止められない自然な行動なのですが、それで分かれていくと自我が分かれるので、そういう特質が出てきて、争いとか、くだらないことまで発展していくのです。この青は何なのでしょうね。前にあのビジョン（「地球解放」）で見た、あの黒い塔で白い人のフりをしていましたが、あれは青でしょう。

N あの塔、壊しましたよね？

Ni 壊しました！ 私たちはそういうことが許せないからです。

解放は進化の流れ

N 壊したことで地球に何らかの変化が起きたということですが、最近解放されたということはあるのですか？

Ni これは、進化の流れです。青の自分が一番というような考え方を論理でたどると、全部を排他することになり、結局全部が崩れ去ってＨ１に戻ります。それは退化ではありませんが、無駄です。そういう生産性のない行為というのは全体的な意思、趣味嗜好としても、そぐわないと思うのです。意識存在の大多数が進化の方向を向いているので、解放というのは常に起こり続けるのです。

N 特に最近はそういうことが起きやすいということはあるのですか？

Ni そうですね。今頃は本当に終わりだからです。何が終わるのか少しよくわかりませんが、今はもう殻を破っている段階なのです。みんな少しずつそこから飛び出ていく状態です。

物質的な地球は残るが、２０２０年以降は選択肢が広がる

Ni 殻を破って、みんな出ていきます。どこに行くのでしょう？ 地球はどうなるのでしょう？ あまりに興味がなさすぎて、少しよくわかりません。だからといって、今の物質の身体を持っている人類がいきなり消されるというようなことは起こらないと思います。よくＱＨＨＴで言われているイベント*のような

ことが、もし起こったとしても人間には何の問題もなく、日常生活を続けていくと思うのです。人間は身体をなくすことを恐れているので、それはありません。変わっていくのか、あるいは、この地球はこのまま続いていきます。この人間としての生の意識を持っている人たちは、そのままこの地球を地続きに歩いていって、死後、魂になるというような感じです。バシャールなどが言う別の地球というのは、もしかしたら、ライトボディーのようなものを作って、そちらで暮らす人もいるということかもしれません。固定観念で厳しく狭められると何もかも不可能に見えますが、松村先生がおっしゃるように人間は変幻自在だからですね。

N やろうと思ったらできるのですね。

Ni どこにでも行けてしまうからです。進化というのは、個々人の選択肢が広がる、その人たちの視野が広がるということではないでしょうか。人によっては、ライトボディーかわかりませんが、パラレルユニバースに飛ぶ人もいるでしょう。そういうことが人間の身体でもできるようになる、ということに気づきます。元々できたのですが、それが本当に可能だったということにみんなが気づくかもしれません。それが2020年以降の話です。だから、覚醒した人間は本当にどこにでもいってしまうと思います。すごいですね、今、羽虫が羽をパッと広げて飛んでいくイメージが見えています。

N それをやろうと思った人たちは飛んで行ってしまうのですか?

Ni 多分行ってしまうのではないでしょうか。残ったとしても、ここは、こんなに汚くなっているからです。だから、本当に行ってしまう人は、どこかに行ってしまうのではないかと思います。でも、もしどこかに飛んで行ってしまったとしても、この世界にいる人間たちはその人のことを認識できると思います。パラレルユニバースは、意識が飛ぶということなので、この肉体の世界というのはおそらく持続していくと思います。

N では、肉体を持続しつつ、もうひとつのパラレルユニバースにも住むというようなことですか？

Ni 目の前にいる人は、実はもうそこにはいないかもしれません。肉体はあるけど自動再生のホログラム映像のようになるのかもしれません。ですが、そこにとどまっている人たちは、ホログラムだとは気づかないと思います。ある人が飛んでいってしまったところで、第三者からすればそのまま普通に存在しています。今この世界にちゃんといますが、その人の主観意識のようなものが飛んで行ってしまうだけです。でも、その人の光に会いたかったら、受ける波動が違ってしまうから、今会っておいたほうがいいです。エネルギーをある程度感じる人なら、本当に飛んでいってしまった人が目の前に現れたら、前に会ったときよりも少し空っぽに感じるかもしれません。会っておけばよかったという後悔がないというだけのことですが、そういう悔しさはやはり肉体に入っているとあるし、肉体で会える経験というのはすごく貴重です。それは他の次元の存在から見ても価値のあることです。肉体に入っているこの人に、この次元で会った！とか、君はこの肉体を着てここに来たんだね！というような触れられる感動というのがありますから。それだけといえば、それだけなんですがね。

N でも、心に残りますよね。せっかく肉体を持って生まれてきて、本当に多くの星からやってきて、ここで会えるのは、確かにすごいことですよね。

Ni そうです！　本当にすごいことです。同窓会ではないですが、テンションが上がらないわけはないでしょう。

（＊イベント：２０１３年のＱＨＨＴプラクティショナー、スザーン・スプーナーによるロン・ヘッドのセッションで、当初は大きな社会的変化が急激に起こると言っていたが、数年後には訂正され、変化は緩

やかに意識の上で起こるとしたが、他にも似たようなことを言う人が現れ、一時話題となっていた）

これからの地球：意識の移動

N 今のこの終わりの時期は、バランスを取る形になっているのですか？

Ni 今はもう偏り過ぎているからです。でも、この世界そのものは、はっきり言ってもう捨てられていると思います。

N 捨てられているというのは、どういう意味ですか？

Ni この世界自体が改善されるというよりも、個人個人の思想や意識体が、それぞれの理想の世界に飛んでいくだけの話なので、この物質の地球というのはこのまま放置です。だから、このひどい青の、女性蔑視や男女差別などの現状がひっくり返ることはないでしょう。私たちができることは、せめて今傷ついている人たちが傷つかずに、この青に囚われないように逃がす、本当に自分の行きたい星に逃がす、多分それくらいしかできません。医療にたとえるなら、私たちは救急車に乗ってやってきた救命救急員です。本当の病院は別の所にあり、この地球にはないからです。もしこの地球で傷ついて亡くなった人がいたとしたら、彼らの癒やしは地球では行われないと思います。

N いたくない人は逃せばいいと。もしくは、意識の上で移動するのですね。

Ni そうです。だから結局は移動です。ここの物質で跳ね返そうとすると、それはあの青い存在と同じになります。同じ次元で争うというのはナンセンスです。わざわざ自分がそこまで落ちる必要はありません。でも、この人がおかしいと主張して戦っている行為、この人だけじゃなく他の人たちもそうやって戦っていますが、私たちはその行為を侮辱しませんよ！　とても大事です！　それは救命救急医療の救命行為なので、必要なのです。

N　では、声は上げたほうがいいということですね。

Ni　そうでないと、普通に潰されるだけですから。せめてその緊急手当をするための位置を作ることは、とても必要なことです。声を上げるのはどうしても必要です。

知識の必要性

N　（色との関連があるかと思い聞いてみることにした）許可を得たので質問しますが、私は昨年エジプトにいってスフィンクスの足元で瞑想して、あるビジョンを見ました。それはプールのような四角いものの中に虹の7色の線が下に向かって滝のように流れ落ちているというものです。それをあるエジプト人に話すと、虹色に象徴されるライトワーカーがお互い協力すべきなのに、それが下に向かって流れ落ちているのは、お互いに戦っているという意味だと言われたのですが、これはなぜそうなるのでしょうか？

Ni　虹はきれいで、プールの中に流れ込んできているのは、結局助けに来ているということではないでしょうか。四角いプールという地球に流れ込んできている滝のようなものです。虹のようにキラキラしている人は、あまり争いませんが、それが戦いになるのはやはり、「自分が絶対」と思っているということです。下に落ちて腐ってしまった人が争っているのでしょう。キラキラしてやってきたとしても、自分が好きなことだけの世界から来ているので、みんな基本的に知識がないのです。それで混乱するのです。そうなると、この世界が困ります。四大元素をはじめとする論理、その理というものがあればみんなで共有できるので、そのために黄色の論理を説く松村先生のような方が来ています。そういう人が絶対に必要なんです。知識を得なければ、みんなこの地球の性質に呑まれて腐ってエゴで滅びていきます。

N　地球へ来ても、みんな地球のことがわからないのですね。

Ni　だって、上の人たちはみんな自分の好きしか追っていないので、馬鹿なんです。

N　四大元素という地球の中のルールのようなものは当然わからないのですね。

Ni　自分の星のルールで動こうとするから、わからないのです。だから平気で人間に「何も食べるな」とか言ったりする人がいるのです。この地球のルールは一応あるので、それを習う必要があります。無理やり引っ張っていくことは、もちろんできると思いますが、やはりそういうときに負担をこうむるのは人間の身体です。そういう無知識と無理解から来る暴力、自覚なき暴力を私たちは許せないのです。すべてのそういうものが許せないのです。

N　あなた方は蛇という形で出てきたことがあると別の場面で言っていましたが、蛇は知恵の象徴でもありますね。

Ni　そうなんです。林檎が赤いのには、いろいろな意味があります。もちろん生命や愛という意味もあります。でも、林檎の中は黄色いでしょう。あれは本当に知識なんです。だから人間になったスターシードは全員、林檎を食べましょう。物質の林檎から知識を得られるわけではないので、その林檎に象徴される知識を食べる（取り入れる）ということです。禁断の実とは林檎ですが、それを食べたことによって知識を得たと言われています。あの林檎を食べなければ、スターシードがこの世界で暴れまわるからです。

N　ここの理がわからず、好き勝手にやってしまうと、それが争いのようになりかねないということなんですね。

Ni　スターシード同士、ライトワーカー同士の争いというのは、知識がないがゆえの、自覚なき暴力だと思います。なぜなら、みんな自分が正しいと思っているからです。相手のことを傷つけているなんて、夢にも思ってないでしょう？　しかも、それで「傷ついた」と言ったら、「それは君の修行が足りない」とか言うでしょう？　地球の外に出たり、恒星とかに帰ったら、「修行が足りない」なんていう暴言は吐かないと思うのです。そういうことを言ってしまうのは、やはりこの地球で〝カルマ〟を作り出した青の人たちの中にいるので、馬鹿だとすぐにそれに染まってしまうからです。この世界の理の中に肉体を落としているので、自分で律してきちんと考えないといけないのに、馬鹿だと人間機械*になってしまうのです。誰かのせいではない、この地球のせいだとみんな言いますが、そもそもその中に入った意思存在が馬鹿なせいですよ！　落ちた世界で知識を何も吸収しようとせず、自分の星にばかり執着し、その落ちた世界で適応ということをせずに、自分の星のことばかりを撒き散らすような真似をしています。

N　地球では瓶みたいなものに入り、色が混ざらないようにできているので、他に押しつけなくて済むと言っていましたが。

Ni　だけど瓶というもの自体が硬いです。瓶のたとえで言うならば、中に入っている液体は柔らかいものです。だから元々持っていた柔らかい性質というのは瓶によって失われているのです。それを自覚せずに自分の星のことばかり語るからです。瓶の殻を持ったことがないから、瓶の殻を持ったことによって、どういう変化が生じるのか、それによって行動したらどういう影響をまわりに及ぼすのか、全く考えていないのです。

N　四大元素を学んだりするというのは、瓶の殻はどういうものかを知るということなのですか？

Ni　この世界の、みんなで共有しているルールみたいなものを理解するということです。しかも、そのルールというのは理不尽なものではないのです。タロットカードの「正義」とか、「皇帝」の論理のように、物質の世界に生まれるならば、絶対にどうしても顕れる法則性みたいなものです。ルールといっても、そういうものでしかないんです。カルマではないのです。仕方ない物理的な干渉というものです。

N 本当は光で、キラキラと降りてきているのならば、スターシードやライトワーカーも、知識をきちんと学べば変わるということですか？

Ni そうなのです。松村先生ありがとうございます！ トート、ヘルメスは、松村先生のことをサポートしますね！ 六芒星が現れていた時代は、あの人たちが地球に降りてやっていたのですが、何か事情があって、ここを去りました。今ここにはいませんが、そうやって上の世界ではサポートしています。トートは、この人のことも少しサポートしてくれたことがありました。そもそも黄色の人たちと私たちは仲がいいのです。かたや知識をもたらそうとし、かたや人間を愛したいのです。私たちは人間を愛したいから、知識がないことで争う人間というのが、いてもたってもいられないんです。そういう意志がその知識の人たちに伝わるんです。すると知識の人たちは頑張ってくれるから、本当に優しいです。黄色い人は全部見ていたから、私たちがただの黒じゃないと知っています。黄色い人が今の時代にもいて良かったです！

（＊人間機械：元々はグルジェフの言葉で、意識せずに機械的に生きる人のことを指す）

第三部
新しい地球

サブコンシャスからのメッセージ

このパートでは、本書に掲げたサブコンシャスからのメッセージの中で共通している部分を抽出し、ひとつにまとめてみました。前述したように、サブコンシャスとの会話としての言葉だけでなく、セッション内容自体も、サブコンシャスからのメッセージだと捉えています。中には、セッション内容の掲載許可は下りなかったものの、一部を引用することを許してくれたものも含まれています。

さらにドロレス・キャノンや他の著者の文献、研究家やコンタクティーがYouTubeなどのメディアで語っている内容も引用し、私なりの考察も加えています。そのメッセージが人類の意識や宇宙意識に共鳴しているからこそ、どこでも同じような内容になるのです。当然ながらこちらに書かれた内容にそぐわない情報もたくさんあると思います。どれが正しいとか間違っているということではなく、これを読んでそれぞれの方がそれぞれ自分に合うメッセージを選択し、受け取って、それぞれの場所に行くことが新しい地球へのステップだと思います。次元が異なれば見え方も変わるのは当たり前です。それぞれの魂にやりたいことがあり、その場所（次元）を選んでいるのです。今は選択の時代です。

今地球で何が起きているのか？　新しい地球とは何なのか？　これからどうなっていくのか？　これを読んで行き先を決めてください。

第8章 古い地球とは

様々な実験場としての古い地球

私たちは宇宙ではすべてがひとつであることをわかっています。しかし、地球にいるときにはそのことをすっかり忘れています。それは、地球が元々分離した意識になりやすい場所だからなのです。逆に分離することで様々な経験ができるので、それを利用して、地球では様々な実験が行われてきました。

地球は何かのシミュレーションや実験をするには、とても面白い場所です。その理由のひとつとして、宇宙では受信と送信、受け取ることと送ることは常にセットになっていますが、地球内部ではタイムラグがあり、すべてが遅く、すぐには受け取れないということがあります。何かを願ってもすぐに叶わないのはこのせいと言えます。逆に私たちは、このような特徴を使い、地球で様々な実験をしています。例えば、創造の光線の変化、つまり、光がどこまで変化して、物質化していくかなどです。光線自体は常に一定のスピードで降りていっていますが、地球の中に入った途端に何が起こるのかわからなくなります。屈折などによって、いろいろと変化して、いろいろな形になっていくのです。だからこそ、地球では何かを形にしようとするなら、強い意志を持ち続ける必要があります。実はこういう特徴は他の星にはありません。地球はとても不思議な星なのです。

この実験のひとつとして、地球は刑務所としても使われていたようです。暴力的な犯罪者たちを集めて、地球に「閉じ込めて」どのように変化するのかを見ていた星のグループもいたようです。そのせいでしょうか？　地球はとてつもなく低い次元になってしまい、多くのスターシードは地球の次元上昇を助けるように言われてきたのにもかかわらず、地球に来ることをためらったり、来たことを悔いていました。ところが、それまで「閉じ込め」ることが目的だったのが、最近になって「解放」に変わりました。

閉じ込めた目的は？

その前に、閉じ込めた目的について考えてみましょう。何の実験をするにしても、ひとつの場所に「閉じ込め」ることで条件が整い、はっきりとした実験結果が出ます。宇宙では求めるとすべてにつながることに対して、地球では「孤独を学ぶことこそが真の世界へ進化するための前段階」(『この星の守り手たち』)と言うように、孤立した場所に「閉じ込め」られ、馴染みのないやり方を強いられ、自分なりに工夫していくことで、発見することがあります。ドロレスも地球は「制限」を学ぶ場所だと言っています。宇宙とは異なる「閉じ込め」や「制限」を体験することではじめて、真の自己に目を向けるようになるのです。

人間が定着する以前の初期の地球は、「感情と肉体的快楽の実験の場」でした。普段肉体的な快楽を経験することがない存在たちが休暇で地球にやってきて、地球が与えてくれる喜びを楽しむ場所でした。それが肉体的な楽しみにはまってしまい、帰るのを引き延ばしているうちに、帰る能力を失ってしまいました（『入り組んだ宇宙　第一巻』）。

このように「バカンス」の場所として地球創生を手伝ったのは、プレアデス人たちです。ハワイのようにきれいな遊び場として創ったのです。それぞれの星の人たちは、観測するための中継地点や波動調整のための星など、それぞれの思惑で地球を創っていきました。その中でアトランティス文明は発展していきました。

ほぼ同時期に別の場所に存在したレムリアでも、宇宙から生物の種が持ち込まれ、どのような生き物が地球で育つかの試みがなされていました。中には、今現在の形とは異なる生命体もいました。そうする中で、多様な植物や動物が育っていきました。

この地球の多様性、独特のカラフルさを珍しがり、アンドロメダ人たちが地球を自分たちの別宇宙へ持っていくために星の塔を建てようとします。それが建ってしまうと、地球自体がアンドロメダへ引っ張られていくことになるため、他の宇宙人たちに咎められてしまいました。そのことに腹を立て、アンドロメダ人が当時の地球世界を壊してしまったというのがアトランティス文明の崩壊です。と同時にレムリアも破壊されてしまいました。当時のレムリアでは、天と行き来をしていたという自分たちの意識を忘れてしまい、3次元の生活、レムリアの快楽の中に落ちていった人がたくさんいて、その隙を突かれたのです。

この崩壊をきっかけにして、宇宙人たちがグループとなり、そのような悪い宇宙人を地球に入れないように、波動のグリッドを地球のまわりに張り巡らせました。少しはすり抜けてくる宇宙人もいるようですが、地球が再び壊れないようにみんなで守ろうとしています。この守りの波動グリッドのために逆に宇宙へ帰れないこともあります。元々は宇宙とつながり行き来していたのに、これにより「閉じ込め」ることになったのです。

別の視点からみると、これは、それまでのグリッドを壊し、別のものを作ったことにより、地球の進化を遅らせたとも言えます。別の次元のある意識体のグループが欲と好奇心を追求し、自らのコントロールを失い、宇宙のすべての空間と時間で、破壊が起こる可能性があったために、アトランティス文明を崩壊させたという同様の話が「グリッドキーパー」にあります（"The Three Waves of Volunteers and the New Earth" 第21章）。しかし、このとき破壊されたグリッドの情報は、（物質の）クリスタルにすべて保管され、グリッドキーパーというグリッドを保持するエーテル界の意識存在と協力して、グリッドを修復するためにクリスタルを使おうと生まれてきた人たちは、今全世界で1万人います。このグリッド修復には、「地球チーム、グリッド（キーパー）チーム、アクティベーションポイント（場所）のエネルギーの三角形（網）」を作るのがいいとしています。こうやってグリッドを修復することにより、地球は癒やされ、眠っていた（人間も惑星も含む）すべてのＤＮＡの容量を目覚めさせ、すべてにアクセスするための宇宙の梯子ができます。それにより、私たちの光の周波数が高まり、光のコードが活性化されることになり、超能力が戻ってくる現象が起こるそうです。これはすべて新しい地球の誕生を促すものです。

地球は守られていたのか

このアトランティスの崩壊時にグリッドが壊されたのは進化を減速させるためでした。それも「閉じ込め」た目的の一つでした。そして同時にそれは地球を守るためでもありました。

この波動グリッド（エネルギーの枠線）で作られる形の中でも、十二面体は、特に悪い宇宙人から私たちを守ってくれています。ケプラーの惑星プラトン立体モデルによると、ひとつの面が五角形である正十二面体は地球を取り囲んだ火星との間にあります。五には防衛という意味がありますが、それが十二面あることから、「これは他宇宙からやってくるものから防衛する。（同時に）これは地球人を閉じ込める。この抜け道として、地球と金星の間の正二十面体という仏陀グリッドがある」（松村潔雑記：２０１８年２月11日からの雑記：20190812 キ教より抜粋）。

つまり、一面が五角形の正十二面体のグリッドにより地球は守られていますが、そのせいで、やはり宇宙への行き来が難しくなったということです。すぐに帰ることを期待していたスターシードは帰れなくなり、コンタクトを取ろうとする宇宙人からもスターシードが見えなくなっているのはこのせいもあるのです。コンタクトが取れなければ、本来の記憶、宇宙世記憶を思い出すのが困難になります。すると他の地球外生命体である宇宙人の情報も入りにくくなります。

では宇宙人にこちらを見つけてもらうには、どうすればよいのでしょうか？　それは、夢を見たり、何らかの変性意識状態になり、身体という枠から離れ、エーテル体を拡大させることです。エーテル体が拡大した状態にあるときに、宇宙人はスターシードを見つけやすくなります。さらに抜け道になる正二十面体の仏陀グリッドを使うといいのです。それは、ひとつの面が三角形から構成されるグリッドです。だからこそ、夢で意図してきれいな「三角形」を作る必要があるのです。

「五角形はひとつの世界にとどまり、そこを防衛する。三角形は動く性質がある」（松村潔『人間は宇宙船だ』ナチュラルスピリット）ということですが、この「三角形」の性質に注目すると、グリッドキーパーの「三角形（網）」との関連が見えてきます。「地球チーム、グリッドチーム、アクティベーションポイントの三角形（網）」がエーテル体で作られることにより、グリッドが修復され、すべてにアクセスするための「宇宙の梯子」となるDNAの容量が目覚めていく、つまり「三角形」で動き始め、抜け道を作るということになります。このようにしてグリッドが修復されることで宇宙へアクセスでき、地球は癒やされ、新しい地球の誕生を促すことになるのです。

地球解放へ

しかし、コロナ禍前後あたりから、地球の目的が「閉じ込め」て実験する場所から、「解放」へと変わってきたということです。

これまでの「閉じ込め」られていた古い地球に呼応するものが、黒い地下の塔の閉じ込めです。黒い地下の塔にいた人たちは、最初は黒という分類ではなく、様々な色がありましたが、断罪的に真っ黒に塗り潰されていました。しかし、この塔の中では「無力化されるようになっている」ために、いくら暴れても、すべて無に変換されてしまっていたのです。しかしながら、銀河において、この塔が壊されたことで、それに呼応する地球でも解放が起きます。ヘルメスがいうように、上に起きることは下でも起きるのです。

解放は当然ながら、地球との並行宇宙、パラレルユニバースのバッタ宇宙人の世界でも起きました。ここでは、白と黒のぶつぶつしかなかったのに、地面の隙間の下のほうから、今までなかった赤や青、黄や緑の光が出てきており、それが「生死に関わるもの」として調査されていました。バッタたちは元々きれいな光を持ち豊かに暮らしていましたが、仕事を効率よくするために感情を支配者に取られてしまったのです。みんなで願うことで光は出てきましたが、出てきた直後の光の色はまだ望んでいたものではなく、感情もまだ戻っていませんでした。これは、これまでの恐怖政治が必要以上に浸透してしまい、戸惑っているということに呼応します。今の地球はこの状態です。「解放」されたにもかかわらず、これまでの古い価値観から勝手に恐怖に支配されているだけなのです。まず「解放」されるべきは地球内部にいる私たちの意識なのです。この塔を壊したのも、古い価値観に囚われないという意味での「常識がない」存在でした。

支配の終わり

この支配構造は、ゼカリア・シッチンの人類起源論に登場するアヌンナキのものと似ています。45万年前にアヌンナキたちは太陽系の惑星ニビルから、自分たちの星を守るために必要な金を探しに地球に降り立ちました。その金を採掘する労働者として、自分たちの遺伝子を掛け合わせ人類を造ったと言われています。元々労働者として支配するために造られたのが人類ということになります。

しかし、この支配がなくなってから、すでに10年、20年は経っています。人類はただ残像に怯えていて、ホログラムに映っているものを本物だと思っているだけなのです。それは怖さが細胞の中に残っているからです。人類というシステムと恐怖政治には親和性があったため、必要以上に恐怖心が浸透してしまったということです。すでに自由にできるはずなのに、まだ見張られていると思っているのです。

このアヌンナキの支配は、カルマを作った青い「神」の支配に通じるものがあります。意思存在のひとつである青い「神」はこれまで独善的に支配を続けてきましたが、この時代はいよいよ終局段階にあるのです。この恐怖による支配を権力者は未だに使おうとしていますが、人々が自分で考え始めたために、うまくいかなくなってきているのです。だからこそ、パンデミックなどの混乱時にはその恐怖を増大させることで、さらに恐怖を植えつけ、支配の姿勢を続けようとしているのです。これに気づいている人たちは、混乱の時にはとにかく冷静さを保っていることが大切になります（『入り組んだ宇宙　第三巻』第30章「混乱の時の助け」本書13ページ）。

確かに新型コロナウイルスの感染拡大は、私たち自身が病気や経済的な恐怖やそこから派生する様々な恐怖に向き合い、自分で考える機会を与えてくれました。ワクチンのことなども、自分で考え選択する必要がありました。ひとりひとりの立場や身体が異なるように、出した答えは人によって違ったでしょう。これまで盲目的に信頼していた政府や社会システムをすべて鵜呑みにするのではなく、自分自身で選択せざるを得なくなりました。

この時期には、すでにホログラムでしかない恐怖を徐々にでも解放していく必要があるのです。それを手助けするひとつは古脳（爬虫類脳）の解放にあります。

ワニのソウル・グループがエジプトの神官に呼ばれ、地球にやってきたのは、人間の意識の流れの中で、退化した脳である古脳（爬虫類脳）に残り、詰まっている恐怖を解き放つためでした。

人間の脳は働きによって、古脳・旧脳・新脳（爬虫類脳または虫脳・哺乳類脳・人間脳）に分けられ、それぞれの働きは、本能を司る脳・感情を司る脳・思考を司る脳と言われています。それぞれの脳の部分はアクセス領域の異なる受信機であり、「古脳は恒星意識、旧脳は太陽系意識、新脳は地球意識」です。それゆえに自分の故郷の星を思い出す部分は古脳にあるのですが、個人意識を持つことで新脳に閉じこもった人は古脳にアクセスできず、おそらく、保存本能、恐怖などという定義をして遮蔽してしまうのです（松村潔著『サビアンシンボルでアカシックリーディングする（38）』）。宇宙人に関する情報も昔はアブダクションが中心で、宇宙船で解剖されたなど恐ろしい話を聞きますが、催眠状態の中では全く違うイメージが見えることから、恐怖は後付けされたものであることがわかり、これらは遮蔽記憶と呼ばれています。（ドロレス・キャノン著『人類の保護者』）

この地球解放のタイミングにワニの精霊が、爬虫類脳に残っている恐怖の解放を私たちに見せてくれたのは、恐怖で遮蔽して個人意識に閉じこもるのではなく、古皮質とつながる宇宙意識、恒星意識へアクセスするようにと手助けしてくれているのです。そうすることで、宇宙人との物質的な接触が容易になっていきます。

コールタールのような黒い膜、妨害電波

古い地球に呼応する地下の黒い塔の中では、様々な色があるのに、そこにいた存在は真っ黒に塗り潰され、閉じ込められていました。これが、かなり強力に介入してきた黒っぽいシステムを壊すものです。そのために、地球での人生は1回で済むと言われてきたスターシードは閉じ込められ、何度も何度も地球で過ごさないといけなくなったのです。すべてが無力化される、地下の黒い塔に閉じ込められたためにどうすることもできなくなりました。

黒く塗り潰されてしまうと、宇宙から地球が見えなくなってしまっています。それは地球の表面を覆う、コールタールのような黒い膜のようです。その黒い膜に塞がれてしまっているために、情報が宇宙の

大元と循環しないのです。このコールタールのような黒い膜となっているのは、私たち人類に存在するネガティブな概念でした。これは、ずっと前から存在し、それを消す役割の人も一定数いましたが、何かのきっかけから、そういう人が少なくなりました。地球に最初に来た人たちは、宇宙と直通し真理がわかっていたために、六芒星という形を作ることができました。しかし、今降りてきている人たちは、黒い膜がかかった灰色のように見え、形を作ることも、自分の色を出すこともできなくなっています。つまり、大元とつながることが難しくなってしまったのです。

この膜のようなものは言葉を換えると妨害電波とも言えます。それが存在しているために、地球では何かしようとしてもすぐに流れていってしまうのです。意識を保っていられないために、ものすごく強く、強く、強く意志を持たなければ地球では達成できないのです。この妨害電波はかつて地球を自分のものにしたいと思った宇宙のグループたちが地球の振動数を上げないように出しているものです。スターシードが宇宙に帰り、地球での体験や情報を持って帰られるとそのことがばれてしまうので、帰さないように悪い宇宙人が邪魔をしています。それが理由で帰れないスターシードもいました。

この膜状のものは、月を経由していたとされています。スターシードの地球でのデータ（夢の記録）は一度月で受け止められ、そこから元々いた星に転送されていました。地球で人として生きているときの記録を同じ星の人が読みたいときに使うものです。しかし、特殊な月の人たちは月の図書館に地球にいるスターシードの夢のデータを手元に置いて、何らかの監視をしていました。この月を経由していた膜である妨害電波は、銀河連盟グループの監視においても目に余る行動だったため、とても問題になり、地球（惑星）が助けを要請しました。

月に設置されていたのか？

妨害電波はかつて地球を自分のものにしたいと思った宇宙のグループたちが出していました。そのグループは、スターシードを宇宙に帰さないようにしていたということです。

２０２１年の2月に銀河連合と地球連合は、悪意ある地球外生命体によって月の裏側に保有されていた採掘場と奴隷施設を攻撃したと、エレナ・ダナーン*がコンタクトする銀河連合の司令官ソーハン・エレディオンが伝えてきました（『心優しき地球外生命体たち "We Will Never Let You Down"』［ヒカルランド］）。

つまり月には何か妨害するものが存在していましたが、地球は解放されたのです。

（＊エレナ・ダナーン：考古学者であり、シャーマンであり、コンタクティとして、前掲の他に『１１０の宇宙種族と未知なる銀河コミュニティへの招待 "A Gift From The Stars"』や『［ザ・シーダーズ］神々の帰還』［ともにヒカルランド］を著している。）

第9章
新しい地球へ

地球内部からの光

宇宙連合は地球人の自由意志を尊重しており、地球の外からは直接は手を下せないので、様々な星由来の魂を持つスターシードやソース（宇宙の源）直接由来の魂を地球に転生させることで、内側から地球の振動数を上げようとしてきました。ドロレスの著作では、そうやって宇宙から降りてきているボランティア的存在に三つの波（世代）があるとして、それぞれの波の特徴を述べています（"The Three Waves of Volunteers and the New Earth［ボランティアの三つの波と新しい地球］"）。それは前著（『宇宙世記憶』）にまとめた通りです。言葉を変えると、年代ごとに計画的に霊的なもので満たし、地球内部からも変化をもたらそうとしているということになります。

世代ごとにテーマを絞り、少しずつ地球の振動数を変化させているスターシードには、インディゴ、クリスタル、レインボー・チルドレンという呼び名が付くこともあるでしょう。現在は、純粋な愛の波動を伝えると言われるレインボー・ソウルの子どもたちが降りてくる番です。しかし、まだ最初のほうしか入れていません。地球に入り込めずに、大多数が待っている状態です。レインボー・ソウルの子どもたちの高いエネルギーと今の地球のエネルギーにはまだ互換性がないので、地球内のエネルギーを入れ替えて、バージョンアップしているところだからです。

スターシードを地球に転生させようとする方針は、広島の原爆投下後に宇宙の代表者の話し合いにより決まりました。お互いに協力して宇宙人の意識を保って生きられるスターシードたちを大量に増やそうという動きが生まれました。ノストラダムスも語ったように、地球が原爆により破壊されてしまうタイムラインもあったためか、この原爆については、宇宙ではかなり憂慮すべき事態と考えられていました。

原爆以降、ＵＦＯの目撃情報が増えているのもそのためです。ＵＦＯ研究家のグラント・キャメロンは、日本における原爆投下後、長崎の上空にＵＦＯがいた証拠となる写真をアメリカ軍が所持していると述べています（Grant Cameron: UFOs, Partial Disclosure & The Theory of WOW | PortalToAscension - YouTube)。あるクライアントさんのお父さんは子供の頃にいた広島で、原爆後にＵＦＯを実際に目撃したと語っていました。

地球を破壊しない選択をするためには、この次元の地球上からの光、つまり私たちの意識が変化していく必要があったのです。

スターシード

このような経緯から、宇宙人の魂を持ちながら、地球人の身体に転生してくるスターシードが生まれてきました。アメリカのウェブサイトGaiaの記事によると、スターシードは地球上の人口の約１％としていますが、２０１１年にドロレス・キャノンが、著作“The Three Waves of Volunteers and the New

Earth”の中で宇宙からボランティアとしてやってきている魂について触れると、世界中から「自分のことだ」という大反響があったそうで、潜在的にはもっと多くの人がいると思われます。

スターシードの大きな特徴のひとつは、ここ（地球）には自分の居場所がないと感じ、銀河や星などの宇宙を懐かしく思い、ホームシックになっていて、自分のいるべき場所、本当の家に帰りたいと強く願っていることです。実際にそういう方がＱＨＨＴセッションによく来られます。

もう少し細かな特徴として、①普通は大きくなってから得るような知恵を子どもの頃から持っていた。②自分の家族を家族と感じたことがない。帰属意識を感じなかった。③非常に直感的で、人の反応がすぐにわかる。④組織的な宗教を否定し、自分自身で生きていこうとする。⑤形而上学に惹かれ、未知のものに対する答えを求める。⑥貨幣や社会のシステムに違和感を覚えたり、意味不明なものと感じたりする。⑦より平和で調和のとれたものを強く望み、戦争、紛争、暴力を嫌う。⑧頭の中で空想を膨らませ、そのための逃避行動に走ることがある。⑨すばらしい夢を見るが、なかなか寝つけない。⑩赤ちゃんや動物を引き寄せたり、魅了したりする。⑪痛みや光・騒音に非常に敏感で、肉体の限界に不満を感じることがある（Are you a Starseed? Read These 27 Starseed Characteristics | Gaia)。

宇宙世記憶をまだ思い出していない方でも、これらを読んで、ハッとしたのではないでしょうか？　このハッとした感覚こそが、スイッチやきっかけとなり、しまい込まれた宇宙の記憶がふと浮かんできたり、夢などで蘇ってくることはあります。後ほど詳しく述べますが、目覚めのためのスイッチは様々な所に用意されています。

新しい地球と古い地球

多くのスターシードが来ているのに地球にはまだ闇が多く、予定されていた変化が遅すぎました。それゆえに新しく生まれた星も人間に転生し、新しい光を地球に広げていっているところです。この変化が遅すぎるとはどういう意味なのでしょうか？　新しい地球へ移行するということについて改めてドロレスの考えを見てみましょう。

「2003年頃から、私たちは新しい地球に向かって移動しており、地球の周波数と波動は上昇し、私たちを別の次元に押しやろうとしています。私たちはすでにその真っ只中にいるのですから、期限はないのです。そして、私たちはその設定や、実際に起こっていることを知ることさえできません。なぜなら、それは非常に緩やかなものだからです。急なものではありません。2003年以来、ずっと続いているのです。それは長い時間をかけて、非常に緩やかに起こっていることなのです。」

「地球そのものが生き物なのです。すべてが生きている、そして、すべてのものに意識がある。つまり、私たちが無生物だと思っているものでさえ、です。……『地球』そのものが生きていて、次の転生に向けて準備をしているのです。人類と同じように、『地球』にも転生がありますが、時間がかかるだけです。そして、次の転生に向かうということは、地球全体が別の次元に移行していき、その振動と周波数を変化させるということです。今、それは人類が一緒に行こうが行くまいが関係なく実行されようとしています。……そして、もし私たちが一緒に行くのであれば、私たちの振動数と周波数も変えなければいけない。そ

うすれば、一緒に次の次元に移行することができます。これは、私たちの肉体の周波数の変化ということです。私たちがそれに合わせられるように、これは２００３年頃から起こっていることです。なぜなら、周波数はそんなに速く変化しないからです。でなければ、二つに分離して移動するときに、私たちは古い地球に残されてしまうでしょう。」（ドロレス・キャノン Time Monk Radio のインタビュー要約抜粋 Dolores Cannon 5D Earth is Here! | in5dn - YouTube 2012/4/1）

つまり、２００３年から本格的に地球という惑星は自身の転生にむけて次元が変化し始めたけれども、その上にいる私たち人類の振動数や周波数の変化が遅すぎるので、それを早めるために、さらに新しい星から生まれたスターシードを送り込んでいるということなのです。ドロレスの娘ジュリアは２０１１年に地球がシフトしたというメッセージを受け取ったと言っていましたが、それにしてもあまりにも変化が緩やかすぎるので、急がせるためにその頃に段階的な大きな波がひとつあったということかもしれません。

地球という惑星も成長し振動数も変わってきています。成長とは物理的には劣化していくということですが、振動数は上昇していき、別の次元の新しい地球となります。地球は脱皮するのです。一方で、物理的に今の地球も残ります。その振動数に合わなくなる人は、それぞれ自分の振動数や周波数に合う場所に移動するのです。つまり、物理的に別の地球があるとか、宇宙船に乗って物理的にみんなで一緒に移動するということではないのです。このようにして新しい地球と古い地球に分かれていくのです。

新型コロナウイルス出現による変化

新しい地球と古い地球に分かれていくときに新型コロナウイルスが出現しました。それは２０２０年のことでした。新型コロナウイルスというたったひとつのウイルスが瞬く間に世界中に蔓延し、多くの方の命が奪われたり、危機にさらされたりしました。その感染拡大を阻止するために、全世界でロックダウンや緊急事態宣言がなされ、様々な機能を一時停止せざるを得ない状況になりました。生活の基盤となっていたものを手放したり、変えたりしなければならなくなりました。支えてくれると思っていた政府などの大きな組織に対する信頼も大きく揺らぎました。ノストラダムスは、どこかの研究所から流出したウイルスが変異を重ねるために、なかなか収束しないという予言をしていますが、２０２３年には実際に米連邦捜査局（ＦＢＩ）がかつて陰謀論として片づけられていた、武漢ウイルス研究所からの流出の可能性を示唆しています。

この新型コロナウイルスによる全世界的な危機は人々の大きな呪縛を解くために起きました。国や政府のような大きな基盤が揺らいだことで、それまで鵜呑みにしてきたことが信じられなくなりました。そして背後に隠された真実を知ろうとする動きが出てきました。それまでの地球は制限され、黒い膜のような、ベールで包まれており、そこには、様々な人々の想念が染みつき、それはひどく汚れて膜のようにべったりしたネガティブな概念として残っていました。それが、新型コロナウイルスの出現によって、完全に取り払われました。

コロナ禍の中、Ｑアノンのような陰謀論もかなり流布しました。その真偽はさておき、世間一般で言われていることを疑い、今までの古い凝り固まった常識や思想を疑うという意味では悪いものではありません。新しい価値観に変わっていくプロセスとして、古いものを壊す必要があるからです。人々が真実とは何かを考え始めた証拠です。膜が取り払われた今、それぞれが自分自身で宇宙にアクセスして、自ら情報を得ることができるようになってきました。そうするためには、まず膜が取り払われていることに気づく必要があります。まだ気づいていない人にとっては、膜に覆われた地球のままだからです。それはもう存在しないのだから、直接自分自身が宇宙から情報をもらうという意識に変えていくということです。

新型コロナウイルスは人間の意識を広げる役割も果たしていました。今まで知らなかったウイルスを認識できるようになったということは、認知の幅、意識の幅や範囲が広がったということで、それ自体はむしろ良いことです。ただし、意識の拡大時のショックにずっととどまっていると、ウイルスの影響を受けることになります。そういう人たちが次第に減ってきたのか、パンデミック騒動自体はようやく収束してきたようです。一度起きた大きなショックというのは、波形で見ると、とても高い急激な波として観測できます。すべてのエネルギーは必ず収束に向かい、段階的に収縮していきます。すぐに終わらないのは、それに慣れさせ、段階的に強制的に意識を広げさせようとしていたからです。今後もこのような時には落ち着いていていればよいのです。

覚醒のためのスイッチ

ＳＦ小説家であったフィリップ・Ｋ・ディックは、友人のブラッド・スタイガー*に手紙を出し、自分はスターピープルのひとりである気がすると書いていたそうです。（＊アメリカの著名な超常現象インベスティゲーター、作家。"Gods of Aquarius: UFOs and the transformation of man（水瓶座の神々：UFOと人間の変容）",1976［邦訳『超次元』サラ・ブックス］他、175冊もの本を出版しており「スターピープル」という概念を紹介した）

フィリップ・K・ディックは、1974年2月に郵便配達の女性が着けていた魚の形のペンダント（ヴェシカパイシス）に日の光が反射して、彼の額にピンク色の光が当たり、彼の宇宙人としてのDNAパケットが開いたと説明しています。その日、ディックは、歯の治療のためかなり強い薬を摂っていました。そのためか、額に当たったピンク色の光の刺激により、しばらくの間半覚醒状態が続き、その中で自分が高度に発達した宇宙文明の一員であり、銀河系に「系統的記憶」を分散させる役割を担っていると告げられ、それが数百万年前に起こったことだと知りました。そして、この系統的な記憶はDNA情報パッケージの中にエンコードされているとわかりました。スタイガーへの手紙の中で、ディックは次のように書いています。

「これらの主なDNA情報パッケージは、同期した体内時計か、純粋な偶然の刺激のどちらかによって、発火するように、いずれ抑制が解除されるであろう。理想的にはその両方の組み合わせである。こうして何千年か後にでも、（宇宙）子孫の心の中で、元々の文明が『解放』されると、自分たちが今住んでいる惑星の原住民だと思い込んでいたために驚くことになるのである。ある個人のDNAパケットは、その人物に以下のことを教えてくれる。①自分がどこから来たのか、②その元の文明、つまりその人物の文明を構成しているものは何か、③その人物の本性と能力、④その人物がしなければならないこと。その目的は、可能な限り、その人物の祖先が維持してきた（宇宙）文明を、今いる惑星に創造することである。私は、あなた方がスターピープルと呼ぶ人々の間で、この系統的な記憶パケットが現在広く発射されていることを、極めて重要なこととして評価している。１９７４年2月、私自身のＤＮＡ記憶パケットは、体内時計によって、あるいは偶然に、他の人々と同期して抑制が解除され、1年の間完全に発火した。」（アンソニー・ピーク著『フィリップ・Ｋ・ディックの生涯　未来を記憶していた男（A Life of Philip K. Dick: The Man Who Remembered the Future)』Arcturus)

フィリップ・Ｋ・ディックはこれらの体験を"VALIS"などのＳＦ小説にして、フィクションという形で世の中に出していましたが、それはまだ人類の意識が受け入れる準備ができていなかったからでしょう。ディックの言う「ＤＮＡ記憶パケットが体内時計によって解除された」とは、誰もが持つエメラルド・タブレット的なマイクロチップの存在が、宇宙連合によって発動させられたということに通じます。それは折に触れ発動させられていましたが、新しい地球へ向けて、コロナ禍以後さらに加速しているようです。「他の人々と同期して」というのはハートとハートの共鳴共振です。このようにして私たちが、本来の記憶を思い出すことにより、他の地球外生命の情報も入ってくるので、地球外生命ともフェアに付き合うことができるのです。

このような目覚めのためのスイッチは誰にでも何かの形で用意されています。これは、スターシードが自らの宇宙世記憶を取り戻すように設定されているウェイクアップ・プログラムというものです。この本来の記憶を思い出す、覚醒のためのスイッチは様々な所に置かれ、それぞれの人にとって、ちょうど良いタイミングで発動します。

これは、ディックのように半覚醒状態などの変性意識の中で起きます。だからこそ、変性意識のひとつである夢も監視されていたのでしょう。松村潔氏は、20代の頃から夢の中に黒服の2人の男性が現れ、教育を受けるという形で、ウェイクアップ・プログラムを体験していたと語っています（『夢を使って宇宙に飛び出そう』ナチュラルスピリット）。

その記憶を呼び戻すスイッチは行きやすい神社などの古くから存在する場所に置かれていることもあります。エジプトのピラミッドもそのひとつでしょう。

私自身の体験として、異なる次元の自分がエジプトのピラミッド近くの砂地に何かを埋めているビジョンをはっきりと見ました。自分で埋めたスイッチとわかったのは、エジプト旅行後に、さらなる目覚めが後押しされ、より宇宙に開けた情報が入ってくるようになったからです。エジプト人は一般的に〝星から来て、星に帰る〟という考えを持っていて、エジプト人のツアーガイドは、ピラミッドは星の記憶を蘇らせる装置であるという認識がありました。実際にピラミッドの内部に使われている石、花崗岩は水晶と金属でできており、水晶は記憶媒体、金属には伝達する性質があります。ギザのピラミッドには電磁エネルギーを集めることができるという研究結果（『応用物理学ジャーナル』ＩＴＭＯ大学：ロシアの研究機関、２０１８年）もあります。ピラミッドがひとつの大きなスイッチとなり、訪れる多くの人が記憶を蘇らせても不思議ではありません。

何をスイッチにするのかは、自分で決めて生まれてくるのです。誰かと会うこともスイッチになります。なぜなら思い出している人とつながることで、こちらも目を覚ますのです。そうやって人や場所に共鳴することで目覚めの数が増えていくのです。

そして、今回の新型コロナウイルスによるパンデミックは多くの人にとってのスイッチのひとつでした。

全世界が一時停止してしまったことで、私たちはそれまでのこと、これからのことを見つめ、自分自身について考えざるを得なくなりました。一度すべてを止めてみないと、それまでのことを見返すこともできません。コロナ禍は、私たち自身について考える時間をたっぷり与えてくれました。また世界中の人々が同じ体験をしたことで、各国の政府のあり方、取り組み方なども包括的に見え、何が真実なのかを考えるようになりました。このようにして新しい地球へ移行するための、またとないチャンスを与えられたのです。

地球の次元上昇のための準備

地球が新しい地球へ転生していく、つまり次元上昇（アセンション）していくことは、綿密に計画されていました。そのためには地球上にいる人類が意識を変えていく必要がありますが、この新型コロナウイルスの出現自体が覚醒のためのスイッチのひとつであったことは疑う余地もありません。「混乱によって信念体系が揺さぶられ、完全に空白の状態、つまり白紙の状態になる」（『入り組んだ宇宙　第三巻』第30章「混乱の時の助け」本書13ページ）ためには、新型コロナウイルスによるパンデミックによる世界中の一時的混乱状態も必要だったのです。このことで、新しい考え、信念体系が入る隙間を作り出しました。それが黒い膜が取り払われたということです。しかし、何も変わっていないと思う人もいるかもしれません。そこに目を向けなければ黒い膜はそのままだからです。新しい意識に変えようとしなければ、確かに何も変わらないのです。

元々「地球人は、理解できない事柄に対する耐性がとても低いために、注意深く少しずつ行う必要がある」（『この星の守り手たち』）ために、少しずつ意識を変え、意識を広げていく必要がありました。今後も様々な出来事が起こる可能性はあります。これはほんの始まりなのです。なぜなら、これまで知らなかったことや特に驚くような出来事を認識することは、意識の変化につながるからです。そこでグラント・キャメロンのＷｏｗ理論をご紹介しましょう。

グラント・キャメロンは、２０１２年に宇宙意識をダウンロードして以来、ＵＦＯ現象は物質的科学的な現象ではなく、意識による現象であると考えるようになり、Ｗｏｗ理論を唱え始めました。それを簡単に説明すると、科学テクノロジーが私たちよりもずっと進化しているはずの宇宙人が、わざわざ円盤の破片を残したり、宇宙船を光らせたりするのは、その時代時代に合わせて、私たちの意識に印象を残そうとしているからなのです。同様に、宇宙人といえば、古くは火星人や金星人と言われていたのに、だんだんとシリウス人やプレアデス人、その後は銀河連合そして光の存在へと変化していますが、それは随時新しいものが出ることで新鮮な驚きＷｏｗ（わ〜！）が生まれるからです。そのほうが、人々の意識に残りやすいのです。このように意識に新鮮な驚きを与えながら、人類の意識の変化を促そうとしているというのがＷｏｗ理論です。ただ単に何か新しいことを知ったとしても、そこに驚き（軽いショック）が伴わなければ、意識が変化するまでには至りません。また、ショックが強すぎると逆に恐怖が形成されてしまいます。だから、このショックは軽いものがよく、しかも、わ〜！というような楽しさや新鮮さを体感するようなものであれば、良い形で変化が起こるのです。

このように、ひとつひとつ階段を昇るようにして、私たちの意識は変えられているのです。確かにコロナ騒動は、ショックな出来事でしたが、もし第三次世界大戦が起きたとすると、この比ではなく、強い恐怖が形成されてしまっていたかもしれません。ここで大切なのは、コロナ騒動を起こした犯人をつきとめることに時間を費やすのではなく、これまでのように、権威が流す情報をすべて鵜呑みにすることを止め、自分で真実を見極めようとすることです。かといって、誰かの唱える陰謀論をすべて信じるのもおかしな話です。ドロレスは、「私の言うことを信じないで下さい。誰の言うことも信じないで下さい。自分で考えて下さい」と講演の中でよく言っていました。常識や通念に囚われず、何が起きているのかを自分で考えるようになることで、だんだんと宇宙意識に開かれていきます。

身体の調整

この時期に心身の不調や不思議な現象（音が聞こえたり、セットしていない目覚ましのアラームが鳴る）が起こるのは、地球のシフトに合わせるための調整だったり、お知らせだったりします。これも新しい地球へ移行するために起きていることですから、今後もたびたび起きる可能性があるでしょう。それらに目を向け、そのことを意識しておくだけでよいのです。

身体に関して言うと、新しい地球では最初肉体を持っていますが、時間が経つと、アセンションして、5次元の地球へ行き、そこでは光の身体に変わります。新しい世界に適応するためには身体を軽くする必要があり、今から食生活を変えなければならないとドロレスは書いています。理想的な食べ物は、新鮮な果物や野菜などの生きた食べ物です。軽い食べ物は、より簡単に振動数や周波数を変えることができます。砂糖を控えて、水をたくさん飲むように言っています（Dolores Cannon planetary transformation: the coming New Earth［ドロレス・キャノン　地球の変容　来るべき新しい地球］／Global Heart)。

意識の調整：ハイブリッド化

新しい地球へ移行する調整期間には、宇宙人との意識のハイブリッド化が行われていると考えられます。ハイブリッド化というのは、宇宙意識を保っているスターシードを地球に送り込み、その意識をブレンドさせて、地球の人類の意識の振動数を高くするということです。それにより、新しい地球への移行がスムーズに進みます。しかし、このハイブリッド化には時間がかかるのです。特に人は恐れを抱くと心を閉じてしまうために、〝ハート〟と〝叡知〟の二つの塔がこの時期に重要になります。

このハイブリッド化はすでに始まっています。スターシードが地球に転生してきて、古い地球の常識やネガティブな考えに縛られない、彼らの新しい考えがどんどん入ってきています。宇宙の意識、情報という光を保持している存在ならば、そのネガティブさに気づき、地球の一般的な人類ならば疑いを持たないところに一石を投じることができます。支配者の決めたネガティブな概念に対し、非常識であることも時には必要なのです。このようにして、人類の意識を少しずつ変えています。そうすることで直接宇宙の情報を受け取り、伝達、共有できるように人類の意識は変化します。情報の重要性については様々なセッションで何度も何度も出てきています。情報交換ができるようになれば、宇宙人の意識との違和感がなくなるからです。

スイスの言語学者フェルディナン・ド・ソシュール（1857―1913）は、「人間の思考を決定するのは言語である」として、ソシュールの言語理論を発表しました。突然現れた宇宙船の目的を知るために、宇宙人とコミュニケーションを取ろうとする「メッセージ（Arrival）」という映画では、これがとてもうまく描かれています。宇宙人が伝えていることを解読するために、言語学者が呼ばれますが、最初にしたやり取りは、「人間」という単語を教えることでした。「人間」という単語を見せながら、「自分がそれだ」と伝えるのです。そうやって長い時間をかけて、ようやくコミュニケーションが取れるようになってきた頃、言語学者に変化が起こります。様々なビジョンが入り混じって見えるようになったのです。それがだんだんと頻繁になり、最終的にはそのビジョンにより、ある大きな問題が解決することになります。実は、言語学者はその宇宙人の言語体系を研究することで、気づかないうちに、その思考体系の世界に入っていたのです。この宇宙人の言語体系は、描かれた円のような形（文字）の中にすべての情報が含まれているというものでした。つまり、その言語の思考体系の世界はすべての時間が同時に存在する世界で、言語学者は様々な未来を同時にビジョンとして見ていたのです。その言語体系（思考方法）を知ることが宇宙人からの贈り物だという話でした。

言語が思考を決定するならば、当然ながら私たちがどのような情報を手にしているのかがとても大切になります。何らかの情報を伝達しあうということは、相手の思考体系の世界に入ることになるからです。それは振動数が変化することでもあります。今、新しい地球へ移行するために必要な情報が宇宙から降りてきていますが、大多数の地球人がまだそれを受け取ることができないのは、振動数が異なるとその情報が認識できないからです。

一般的な地球人は、物質次元の既存の概念に囚われ過ぎています。普通の人間の脳（哺乳類脳）では、宇宙的な感覚はわからないのです。しかし、固定観念や教え込まれた科学を取り払い、すべてを捨てて一度真っさらにしてしまえば何か掴めるのです。

『この星の守り手たち』で、フィルは、「人間が先祖代々受け継いできた思考プロセスは、正統的なものとは言えず、それは我々が〝宇宙の現実（ユニバーサルリアリティー）〟と呼ぶ一般的な基準から、少し変更されたものなのである。」と言っています（『この星の守り手たち』原文より翻訳）。つまり、宇宙の現実とは私たちがこの地球で当たり前としている考え方、思考プロセスとは全く異なったものだということです。宇宙の意識を保ったスターシードが増えていくことで、ユニバーサルリアリティー（宇宙現実）のほうが当たり前になっていくでしょう。

情報は光であると言われています。それは地球のアセンション（次元上昇）には欠かせないものなのです。次元上昇した新しい地球は宇宙からの光（情報）を内部に持ち込んだスターシードの意識とハイブリッド化された私たち人類の意識で創っていくものだからです。

お金の価値の変化

松村潔氏は『人間は宇宙船だ』（ナチュラルスピリット）の中に、未来予言的とも言える短編小説「隣の地球へ」を序章として掲載しています。これは、唯物主義的な「見た目がすべての地球」から精神主義的な「感じることがすべての地球」へ移動するという話です。現在の環境破壊も、「四元素バランスが崩れて、土の元素、すなわち限られた資源の環境に生きるという姿勢を選んだ結果」（同著者『サビアンシンボルでアカシックリーディングする（54）』）として起こっているのです。

唯物主義の根幹となるお金という概念は、そもそも人を支配しやすくするために作られたものです。お金に引きずられている限りは、そこから抜け出すのは難しくなります。本来、人間はただそこに存在しているだけで、幸せなのですが、そのことをすっかり忘れています。誰によってということではなく、私たち自身によって人間は本当にすばらしいということを、本当の意味で理解すればよいのです。

この地球にいる間、私たちは肉体という器に入っているだけで、実のところ、誰にも制約されない大きな存在なのです。私たちは神と同じ思考力を持ち、それによって何でもできるのです。しかし、それらのことを思い出させないように意図的に遮断されていました。それは宇宙から来たことを思い出すことで、富が偏ることがおかしいとわかるからです。

それが新型コロナウイルスの出現により、コールタールのような膜が取り払われ、宇宙の意識に直接つながる人が増え、宇宙の記憶を思い出す人が増えていっています。すると、だんだんと価値観が変わり、お金を持っていなくても何かを得ることができるとわかるようになります。お金が一番大切だというような価値観が変わっていきます。原点に戻って、お金は単に何かと交換するための情報の形に過ぎないと気づきます。お金を食べることはできませんし、場所や時代によって価値も変わるものです。それがないと何もできないと思うのはひとつの囚われです。本当はもっと工夫すればできることがわかってきます。

これまでの地球では、四元素のバランスが崩れていたために、物質至上主義的な考えが強く、お金や地位、名声などを持っている人が成功者とされてきました。大きな家に住み、ハイブランドを持ち、高級食材を食べるセレブが脚光を浴びていました。パリに本店がある某高級ブランドショップは、爆買いする中国人好みの色やデザインを作ったりしたと聞いています。全世界で、お金を持ち、消費することが良いという価値観に支配されていたのです。つまり、これまではお金や地位や名声など目に見えてわかる物質的なものを重視していました。

ところが、このコロナ禍により、世界中で物を生産している工場稼働が一時止まりました。すると、水や空気がきれいになりました。ハワイなども観光者が減ったために、美しい海が戻りました。今後もこの美しさを維持するために入場制限などを設けたいと地元の人が語っていました。2021年6月には、ルーブル美術館で行われたルイ・ヴィトンのファッションショーで「過剰消費」のプラカードを持った人が乱入したりもしています。人々の意識の中に、これまでの物質至上主義として当たり前だったこと(高価なものを多く消費する、そのために多くお金を稼ごうと、自分の本来のあり方を無視して働く)に、様々な疑問が芽生えたのではないでしょうか。

コロナ禍は世界の経済に大打撃を与えました。大変な思いをされた方も多くいると思います。しかし、このコロナ禍を境にして、私たちがこれまで持っていた唯物主義的な「目に見えるもの」がすべてという価値観が実は少し変化しています。苦難の時代を乗り越えた後には、ノストラダムスも言うように、私たちの意識が唯物主義から、精神的なものを重視する方向へ変わっていくのでしょう。人は苦境に立たされて初めて、古い価値観がそぎ落とされ、自分にとって本当に価値のあることは何なのか？　これから自分はどう生きたいのか？　と考えることができるようになるのです。

コロナ禍の期間に「何もしない」をすることができたのも良いことでした。なぜなら、多くの人には「何かしなければいけない」という強い思い込みがあります。ところが「何もしない」ことで、それまで気づかなかったことに目を向けるようになります。地球的に「こうあるべきだ」という思い込みが取り払われたときに、宇宙につながりやすくなります。このような人が増えてくると、確かにこれまでの貨幣経済は崩壊していくでしょう。

そして、みんながそれぞれにもっと多様な、古い価値観に囚われない生き方へとシフトしていきます。宇宙につながり目覚めることで、唯物的な思想から脱却し、目に見えない精神性を大切にしていきます。それは私たち自身の生き方の選択にも大きく関わってきます。宇宙につながると、本来の自分や大きな自己と照らし合わせることができ、小さな個人として、これまで当たり前のようにやってきた「おかしさ」に気づいていくでしょう。この気づきが、新しい地球へのステップとなり、新しい地球意識が次第に創られていくのです。

繰り返し書いているように、新しい地球へ一気に変化するわけではなく、ステップを踏みながら少しずつ変化していきます。

第10章
新しい地球と目覚める意識

新しい地球、5次元の地球へアセンション

今までの低い次元から、まずは正常な次元へと上昇し、そこから一気に5次元の地球へ移行していきます。最初のうちは身体を持ったまま移行する、つまり、まずは意識の変化が起こるということです。

この新しい地球はひとつに限りません。それぞれの星系のソウル・グループがそれぞれに創っているからです。この機会にそれぞれ振動数にしたがって別の次元の星に行く人もいます。この人生で地球での転生は終わりだということを確認するためにセッションに来ている方が多いのは、地球ではない別の場所へ移動することをどこかで感じているのです。

特にコロナにより新しい地球への移行が始まった2020年以降には、進化の流れとして個々人の選択肢が広がっています。人によっては、今世でこのまま、ライトボディーになり並行世界（パラレルユニバース）に飛ぶ人もいます。実際のセッションでも、2020年以降にパラレルユニバースを見る方が増えてきました。そういうことが人間の身体でも可能であること、というより元々可能であったということに誰もが気づき始めた証拠です。覚醒した人間は本当にどこにでも行けるのです。このように意識の移動が始まっています。

新しい地球意識を創る

サブコンシャスはセッションの中で移動や移住のテーマを多く見せていました。意識の移動の準備をさせるためです。例えば、移動や移住には、荷物を軽くコンパクトにまとめたり、断捨離したりする必要があります。荷物が多いと動くのが大変になるからです。つまり、今は新しい地球意識へ移行するため、古い考えや古い凝り固まった意識を捨てる時期であることを伝えているのです。そうしなければ、本当の意味での移動はできません。

また、この時期にレムリアやアトランティスを思い出す人も多かったのです。それは、レムリアやアトランティスを再現するというよりも、それらを超えた新しい世界を創るために、古い記憶をリセットするということです。それを宇宙全体が応援し、見守り、たくさんの情報も降ろしてくれています。古いレムリアを懐かしむことは悪いことではありませんが、一度リセットして「新しい地球意識」で、レムリアを超えた世界を創っていくのです。地球創生期のレムリアを思い出すことで、みんなで新しく地球を創ろうと夢を持ったこと、自分たちの夢を語り合ったということ、その初心に帰ることが大事なのです。いつまでも古い考えを引きずるのではなく、新しいことや見知らぬことを始める際の夢やワクワク感をもう一度感じよう、というメッセージでもあるのです。

つなぎ直すことと新しいルール作り

新しい地球意識を創るというのは、ノストラダムスの言うネクサスポイントから別の未来のタイムラインを選ぶということです。それは古い地球とつながっている「恒星（ロゴス）のルート」を新たにつなぎ直すということでもあります。それまでの分離の世界である古い地球から恒星のルートをいったん外し、新しい地球へつなぎ直すのです。興味深いことに今、恒星占星術が世界的に流行っています。これは集団意識が恒星（ロゴス）とのつながりを見直そうとしているとも言えます。そして、どこへでもつながることができる新しい地球に相応しいものにしようとしているのでしょう。古い地球とつながる星のルートを新しくつなぎ直すということは、それぞれの恒星によって作られていた概念をリセットして、もう一度見直すということです。

例えば、古代エジプトにあった動物神信仰は、ギリシア神話ではすっかり人間主体に改ざんされています。そうなると、シリウスという恒星ひとつにしても、その捉え方や神話も全く違うものになります。ギリシア時代以降、すべての価値の尺度を人間にあわせた人間中心主義に移行しています。それは聖書の中にも見出されます。「十戒」など、絶対だとされている教えは、どれだけ正しく伝わっているのでしょうか？　神から直接来た教えが、真実の言葉では訳されずに、うまく誤用されています。それを直接的に受け取って、自分たちの言葉に変換していく必要があるのです。そこから、新しいルールが作られていくのです。

苦難の時代には、カトリック教会の崩壊があるとされています（『ノストラダムスとの対話』）。すでに長く隠蔽されていたローマ・カトリック教会における聖職者の問題行動が実際に暴かれてきています。キリスト教文化圏にいない日本人としてはそこまでピンと来ないかもしれませんが、宗教というのは何世紀にもわたって人々の信念に浸透し、文化の一部となっているものです。例えば、輪廻転生の思想は、仏教やヒンズー教にはありますが、キリスト教にはありません。そのせいか、某UFOカンファレンスでUFO研究家が、自分は宇宙人の生まれ変わり（スターシード）であるということを他のパネリストに気を遣いながら発言しているのを見たことがあります。

古い概念、固定観念とは当たり前すぎてなかなか自覚できないものですが、日本人にも、別の凝り固まった古い概念があるはずです。日本は第二次世界大戦前まで神である天皇が治める国という、神国思想が司っていました。ポツダム宣言後に日本国憲法が制定され、政教分離原則の厳格化と信教の自由導入が行われました。しかし、2022年になってみるとどうでしょう。統一教会と政治の癒着が取り沙汰されています。このことが表面化したのも、機能していない古い概念を入れ替えるためです。こうしたものをひとつひとつ、すべてリセットして、宇宙から直接来る考え、つまり、ユニバーサルリアリティー（宇宙の現実）に基づいたものへと変えていく時期なのです。

カルマはもはや必要ない

新しい地球では波動が軽くなったためにカルマは必要ありません。カルマは地球にとどまるために必要な重さでした。かつて私たちは地球にいるために、一生懸命我慢して、カルマを溜め込んでいたのです。

いまや、そのひとつひとつを取り出して、見る必要はありません。過去世を見て、そこに意味づけなどしていたら、手放せなくなり、またそれがカルマになってしまうことがあるからです。

２００６年頃からドロレスのＱＨＨＴセッションにおいて、「宇宙の源（ソース）」に戻ったり、他の次元での人生（宇宙世）を探索したりすることが増え、従来のように過去世を訪れる人のほうが少数派になってきたそうです。過去世に行かなかった理由をサブコンシャスに尋ねると、「それはもう重要ではない、すべてのことを経験しているので、手放すべきだ」と言うそうです。カルマをすでに返したので対処する必要がないこと、現在の生活と未来に集中する必要があることを繰り返し伝えていたそうです。新しい地球になるとネガティブなものがないので、カルマを返すためにそこに生まれ変わることができません（『入り組んだ宇宙　第三巻』第16章）。まさに軽い新しい地球ではカルマが必要ないということなのです。

カルマというものを考えてみたときに、良きにせよ、悪しきにせよ、何らかの行為に対する結果です。因果応報の法則に基づくものです。つまり、カルマとは時間の流れがあって初めて成り立つものなのです。

私たちは5次元の新しい地球へのシフトの初期段階にはまだ物質的な身体を持っており、シフト後には純粋なエネルギーとなります。5次元という時間を超えた意識では確かにカルマというものは存在しえないでしょう。カルマの時間的な因果、つまり、ある原因からある結果が発生する、ということが成り立たなくなるからです。すると、ただ何かを自ら意図して行為するのみとなり、5次元の地球は、言うなれば因のみの世界のようなものかもしれません。

時間という概念は地球独特のものです。時間のない宇宙から来たスターシードには当然カルマはないということになります。重いカルマがないからこそ、地球の振動数を上げることができるのです。カルマというよりも地球に降りるときの設定として、その魂の希望をもとに、家族などの環境を決めてきているのです。その決め方は星系によって異なります。細かく設定している所もあれば、わりに大雑把な所もあります。その設定が、どのような形で地球上に表出するのか、詳しいことはわからず、少し過度になることもあるようです。それは地球が、そこに届いた創造の光線がどのように変化するのか、なかなか読めない場所だということもあります。いずれにせよ、カルマではなく、単なる設定なので、それに気づきさえすればいいのです。

カルマというものは、そもそも独善的な青い「神」という意思存在が、人類を支配しやすくするために作ったものです。それは古い地球に属するものであり、新しい地球では、スターシードが増え、地球の人類の意識が軽くなり、これまでのカルマという概念そのものを捨てざるを得なくなります。

二極化を超える

古い地球から脱却し、新しい地球意識を創るためには、二極化、二元をどう乗り越えるのかが、大きなテーマとなります。白か黒か、善か悪かで物事を判断してしまうと、自分の価値観に合わないものをすべて排除してしまうことになり、争いや競争のもとになります。この二極化には善悪だけでなく様々な要素があります。例えば、男女ということも考えられます。数十年前に比べると、性を男女という二つに割り切るのではなく、ＬＧＢＴなど多様性を認める方向へは進んできています。#Me Too 運動なども起き、これまで隠されていた男女の問題が表面化されています。統合に至るにはまだまだですが、人々の意識は少しずつ変化しています。バランスを取り戻すために、女性の神聖な力が今高まっています。つまり、女性の力を上げて、地球のバランスを整えようとしているのです。それにより愛のエネルギーが拡大します。この二極化を統合して初めて宇宙への階段を一段上がることができるのです。実のところ、ケンタウルスの象徴的意味の一つには、「ヤコブの梯子」という神への階段の一段目として、二極化を超える足がかりというものがあります（松村潔著『三次元占星術』説話社）。

ケンタウルスは、外から愛の矢を射って、黒くなった闇を光に変え、地球を守ってくれています。闇を光に変えるというのも、二極化を超えようとすることを表しています。すると暗いエネルギーの存在すら地球アセンションの計画に寄与することになるのです。

このケンタウルス座にはいくつかの恒星がありますが、中でもα星の恒星系はこの太陽系から一番近いということもあり、この中の惑星に人類の起源があるというのはエリス・シルバー博士の説（「地球は囚人惑星なのか？」53ページ）の通りです。そこから何らかの存在が人類の精神的成長を見守ってくれているそうです。

また、ノエル・ハントリーによると、ケンタウルス座α星の三重連星のひとつであるAリギル・ケンタウルスの惑星メサリアには、サンティニアンと呼ばれる宇宙人が住んでいるそうです。この名前の由来はイタリア語のサンティーニ（小さな聖人）で、小さくて聖人のような性格から付いたということです。サンティニアンは、ベガ系の宇宙人で精神的にも技術的にも最先端にあり、ほとんど宇宙船で飛び回っています。シリウス人、プレアデス人、金星人と密接な関係があり、アシュタール司令部と惑星連合のメンバーで、地球をいつも手助けしようとしていると言われています（Noel Huntley “ETs and Aliens: Who Are They ? and Why Are They Here ? ”）。コンタクティのエレナ・ダナーンも、ケンタウルス星の世界は完全なる平和な世界と言っています。だからこそ、ケンタウルス（サンティニアン）は虹と雲の世界のような宇宙船に乗って闇を探し、自分たちの星のような、二極化のない完全に平和な世界を伝播しようと宇宙を回っているのです。

神のエネルギーの統合化

二極化の統合は、神のエネルギーの統合化という形でもみられるでしょう。これから地球がもっと愛の溢れる星になっていき、5次元の地球にアセンションするためには、女性性のエネルギー、女神のエネルギーが非常に重要です。それについては、多くのサブコンシャスが語っています。

またノストラダムスの予言の中にも、これまで神の女性的な側面が軽視され、非難され、無視されてきたけれども、反キリストの後に平和な時代が来ると、この欠如は埋め合わされるというものがあります(『ノストラダムスとの対話』1巻第23章百詩篇II―87)。神は元々男性であり女性でもあり、男性でも女性でもないので、よりバランスの取れた宇宙的な見方を発達させるためには、神のこれらのすべての側面をバランスの取れた方法で扱う必要があるからです。

ノストラダムスが言う、反キリストの後の平和な時代とは、第三次世界大戦の後の時代ですが、私たちが第三次世界大戦の代わりに新型コロナウイルス・パンデミック以降の社会的混乱を選んだとするなら、そのような時代はすぐに訪れるということになります。つまり、新しい地球へのステップとして、バランスを取るために女神や女性性が強調される時期が来ます。そして、神は男性でも女性でもあり、男性でも女性でもない、という本来のバランス、二極化を超えたものに戻っていくのです。

大元の「いちなるもの」から分化して、様々な色の意思存在が生まれ、その中に様々な神もいました。それらの神のエネルギーも、もう古い時代から脱皮して、宇宙エネルギーとして、ひとつの大きなエネルギーに変化しました。神々にはそれぞれに古くから親しまれ使われてきた名前や象徴する意味がありますが、そんな神々でさえも、今この時に宇宙の大調和のエネルギーになろうと、宇宙意識に変換されたのです。もはや個々の神々という時代ではなく、ひとつになって、大きな宇宙の存在のエネルギーとしてあるのです。しかしながら、いつまでも古い時代の神話の神々の時代に留めて置こうとして、その足を引っ張っているのは私たちです。だから、私たちの神に対する意識も変えていく必要があるのです。

星系ソウル・グループでの移動

この統合へ向けての動きは、各星系でも始まっています。宇宙知性のグループはいくつもあり、それぞれが新しい地球を創って、ソウル・グループで移動しています。

ソウル・グループの違いとは振動数の違いです。それぞれのソウル・グループがそれぞれ共鳴し合う振動数で集まり、振動数によって行く場所を決める（決まる）のです。これは意識の上での移動になります。中には、別の地球に行かず、別の次元の別の星に行く人もいるでしょう。それぞれの振動数の合う人々でグループを作り移動していることを示すために、住んだまま移動したり、同じ種族で丸ごと移動し続けているという形を見せたのでしょう。

退化した脳に残っている恐怖を解き放つことを目的として、エジプトの神官から呼び寄せられ、銀河を移動して地球のワニになったソウル・グループもありました。地球の次元上昇を助けるために、天使もグループで降りてきているという話も聞きました。

これらをビジョンとして見せることで、振動数の共鳴し合うソウル・グループで移動したり、行動したりすることを意識するようにと伝えています。グループで集まることで意志の力が強くなり、未来を変えていけるとノストラダムスが言っていたように、集まることで何乗もの大きなエネルギーとなるのです。それは物理的に集まることから始まりますが、後にはそれぞれが個という枠を外して、元々の大きな自己へと回帰することを示しているのです。

すべてがひとつである「いちなるもの」の意識の前段階で個人個人の枠という区切りが、より大きなグループの区切りへと統合されていく過程があるということです。この2022年（執筆時）の状況を見ていても、国や地域という枠を超えて、それぞれどこか引き合う人々で集まることが増えています。コロナ禍以降、特にこの傾向は強くなりました。この要因のひとつは、新型コロナウイルスの感染対策として、世界的にオンライン化が進んだということ。もうひとつは、心理的に、新型コロナウイルスという共通の敵が現れたために、世界の人々の間で結びつきが強くなったことが考えられます。すでに振動数が合うソウル・グループで集まっています。目に見えるものではなく、響き合う、感じられる絆のグループです。それぞれのグループで新しい地球、新しい地球意識を創っていくのです。それらが統合されていくことで、アセンション、つまり地球の次元上昇が起きるのです。

ひとつの意識、大きな意識へ

新しい地球を経て、私たちは最終的にはひとつに戻っていきます。

それは光に戻る、つまり創造の源（何を創造の源とするかは諸説ありますが、ここではドロレスの考えに基づいています）へ戻る時を指します。ドロレスは、2006年から光に戻るセッションが増えたと語っていますが、今後もそのような体験をする人は増えてくると思われます。準備として、慣れておく必要があるからです。そこまで意識を広げておく必要があるからです。

そこは、全体として存在する状態です。個がなく、すべてが溶けてしまって、白い光でしかない状態です。全部が光なのです。そこはすべてが一体化している状態です。何もないことを何も思わないし、時間の流れもなく、ただ光としてあるだけです。すべて普遍的にあるだけで、完全な状態なのです。誰もが、すべての物質すら、ここから出てきて最後にここに戻ります。完全な所に戻るのです。

すべてがひとつであるということは、人間だけでなく魚やバッタであっても、自分と同じだという所まで意識が広がるということです。当然ながら時間も存在せず、何か原因があって結果が起きたということはなく、すべてはあるべき場所にあるという意識になることです。みんなひとつであり、ただ存在するだけだったのが、活動を始め、何かに手を伸ばし始め、その過程で意識は分裂していき、次元下降していきます。細胞分裂のように勝手にそれが起こるのです。

次元が下降することによって、分離・分裂していくということは、当然ながら次元が上昇していくことで、私たちは統合され、ひとつに近づいていくということです。

5次元の地球ではワンネスの意識を持つと言われています。しかし、もっと高い次元に存在がいることを考えると、5次元はすべてがひとつになる、かなり前の段階だと考えられます。マヤやアステカ、エジプトには階段ピラミッドというものがあります。それらは、精神的な成長には一段一段登る必要があることを示しているそうです。地球のアセンションは綿密に計画されているように、私たちはひとつひとつ階段を登るように上昇していくということを、古代の智慧はその形にのせて伝えていたのでしょう。

時期によってセッションのテーマが変化したということ自体、私たちの集合意識の焦点が変わってきたことを示しています。このことは前述したようにドロレスの著作からもわかることです。私たちの意識を向ける焦点が変わるということは、それだけ意識が満遍なく広がっていくということです。想像してみてください。ひとつひとつの点だったものが、より大きな塊となり、最終的にはすべてを埋めつくしていくのです。そのときに、私たちの意識は、ひとつの大きな意識に戻っていくのです。

ひとつの大きな意識へ戻ろうという動きが地球全体で始まったというのが、新型コロナウイルスのパンデミックだと私は捉えています。今から私たちは新しい地球へ、新しい地球の意識へシフトしていきます。そして最終的には大きなひとつの意識へと戻っていくのです。

目覚めていく意識

地球という惑星の次元が上昇し、新しい地球へ移行していく中で、その上にいる私たちの意識もどんどん目覚めていっています。私たちは本来の大きな自己に戻ろうと覚醒していきます。そして、意識の上で自分の振動数に合う場所に移動していきます。もちろん、その個人がそれを選択しなければ何も起こりはしないでしょう。しかし、確実に私たち人類の意識は目覚めの方向に進化しています。

ドロレスの死後、娘のジュリアとともにＱＨＨＴ教育を支えてきたメンバーのひとりであるレベル３プラクティショナーのスザーン・スプーナーは、２０１８年にYouTube番組の中で、私たちの意識の〝変化（シフト）〟について話しています。それによると、数年前まで、クライアントはＱＨＨＴでの体験をなんとか覚えているか、麻酔をかけられた時のように全く覚えていないか、あるいはその中間だったのが、最近は明らかに変化して、今ではセッションを受けた99％の人が、「ＱＨＨＴセッションの催眠中にある程度意識が残っている」と言うようになりました。クライアントが夢遊性トランス状態に入っているのは、プラクティショナー側から見ると明らかなのに、クライアントは深く催眠に入っていながらもある程度意識が残っているために、「これは自分が勝手に作っている」とか、「十分にリラックスできていない」とか、「催眠に入りきれていない」というように左脳的（分析的）判断をしてしまうのです。このようなことがあまりにも頻繁に起きるので、スザーンは、いろいろなクライアントのセッションの最後に「どうしてセッションの間に意識が残っているのですか？」と尋ねてみると、「私たち人類は今、大きな意識の変化（シフト）にあるのです。そのことに気づいていいようといまいと、私たちは目覚めた意識の状態です。すべての情報にアクセスできる、かなり近い所まで来ているのです」と同じ答えを返してきたそうです。つまり、人類の意識の変化、そして振動数の変化によって、私たち自身がすべてを知るハイヤーセルフ（大きな自己）に近づいており、目覚めたまま深遠な情報を受け取ることができるようになっていっているのです。

（QHHT Session Advice Updated ~ Suzanne Spooner - YouTube 2018/12/16 ｜部抜粋要約）

私たちは地球のシフトに伴い、目が覚めた状態のまま、ハイヤーセルフ（大きな自己）が知り得るようなかなり深い情報にアクセスできるようになっていくということです。このことは次のジュリアの体験からもわかります。

ジュリアは、昔から催眠を受けている間、ずっと意識が残り、セッション内容をすべて覚えていたそうです。若い頃からドロレスの実験台になり催眠を受けていたことと関係があるのかはわかりません。そんなジュリアが2006年にハワイで開催された、ドロレスのQHHTクラスの手伝いとして参加した際に、面白い出来事がありました。クラスでドロレスのQHHTデモンストレーションを受けた人と、たまたま同じタクシーで空港に向かうことになりました。

当時は、セッション内容を全く覚えていない、フルトランスのような人が大半でしたが、デモンストレーションを受けた方も案の定、その内容をほとんど覚えていませんでした。ジュリアが覚えていないことを羨ましく思うと伝えると、その彼はとても真面目な顔をして「覚えているのはDNAの第6の鎖がつながっているからだ！」と言い、分厚い専門書を見せました。そこには、「第6の鎖がつながったときに、人間は状況に目覚めていることになる、たとえ深いトランス状態のようなときでも。」と書かれていたそうです。実は彼はDNA学者だったそうです。

近年ジュリアのように、催眠を受けている間に意識が残っている人が大半になってきているのは、私たちの意識のDNAが〝目覚めに向かって〟進化してきたということを示すのです。

新しい地球の誕生を促すとされるグリッドの調整も行われており、それによりDNAの容量に目覚め、宇宙のすべてへとアクセス可能になるのです。すると、元々持っていた超能力が発揮できるようになります。現在でも、多くの方にチャネリングやサイキック能力が自然と開発されていっています。これから私たちはサブコンシャスであるハイヤーセルフ（大きな自己）とつながる感覚がわかるようになったり、その存在や言葉を信じるようになるでしょう。すると他の誰かの言葉をやみくもに信じることがなくなっていきます。

さらにコロナ禍以降、黒く覆っていた膜が取り払われたことで、宇宙からの情報量が圧倒的に増えています。そういう能力を持った人たちに、霊的なライン、宇宙の大元とのラインの交換が起きています。スターシードのように宇宙人としての意識を保つように生まれてきている人たちは、さらに意識が変化して、目に見えない様々なことを捉えられるようになっていきます。

おわりに　新しい地球としてのこれからの時代

今新しい地球へ移行するために、スターシードの数はどんどん増えています。そして人類の意識もハイヤーセルフ（大きな自己）に向かってどんどん目覚めていっています。コロナ以降、地球を覆っていた黒い膜も外され、宇宙からの情報を受け取りやすくなってきています。このように変化していく中で、人類はどのように生きていくのがよいのでしょうか？

これは、繰り返し述べているように、その人が何を選択するかによります。それによってその人の振動数が決まっていきます。異なる次元の新しい地球へ意識を移動させるかどうかの選択は、第三者がとやかく言えることではありません。新しい意識を自ら選ぶのは、言う程簡単なことではありません。慣れ親しんだこれまでの古い物質に基づいた意識を捨てなければいけないからです。どういう選択をしたとしても、他の人にはわからない、大きな自己の計画のひとつということもあります。ただ、それぞれが地球でやろうと思っていたことを思い出す必要はあるでしょう。それを知るには、やはり大きな自己につながることは避けられないかもしれません。

２０２２年、２０２３年と、ＱＨＨＴセッションを通して感じることは、本当に多くの人が大きな自己とのつながりを求めているということです。これまでは、サイキックな仕事をしたり、宇宙のメッセージを流したりする人にだけ限られているという印象がありましたが、コロナ以降、すっかりそれが変わりました。普通に生活している人が、大きな自己に目覚め始め、直接上位の自己からのメッセージを受け取っていくことを望んでいるのです。自分で直接聞くことができれば、他人、特に社会の権威者の情報を鵜呑みにしなくなります。自ら真実を見極めるのに役立ちます。

このような見えない存在とつながることは、カルトを促すことだと混同している人をたまに見受けますが、これは全くの逆です。自分自身が自分の大きな自己につながることで、どこかの霊能者（偽物か本物かはさておき）の情報を真に受けたり、言われた通りにすることはなくなるのです。それは大きな自己に聞けばいいからです。そして、これは実はそんなに難しい話ではありません。

ジュリアン・ジェインズという心理学者は、人類が個人としての意識を持ったのは、わずか３０００年前であると言っています。それまでは、私たちの脳は、神の声を聞く部分とそれを実行する、二つの部屋（二分心　Bicameral Mind と呼ぶ）に分かれていて、当たり前のように聞いていたというのです。

ジェインズは、古代からの楔形文字や旧約聖書、イーリアスなどを研究し、意識は言葉（目に見える文字）から発生したものと考えました。３０００年以上前の二分心時代、人々は神の言葉を聞き、それを行動するだけで何の問題も起きなかったのです。ここでいう神とは、それぞれの人の神、つまり、ハイヤーセルフ（大きな自己）ということです。縄文時代はそれぞれが神とつながり平和であった、とよく聞きますが、縄文時代はまさにこの二分心時代の真っ只中にあったと思われます。

二分心時代が終わったのは、紀元前1000年末と言われているので、それまでは、むしろ神（大きな自己）の声を聞いていたほうが普通だったのです。神の声を聞いて、細々したことまで決めていました。しかし、次第に社会が大きくなるにつれ、秩序が失われ、複雑化し、細かなルールが増え、意志決定には神の声に代わって、自分たちで決めたルール（文書化されたもの、これが後に合意的現実となったのではないか）が使われるようになりました。その頃に大きな火山噴火が発生し同じ土地に住めなくなり、他の地域のおそらくは異なる価値観（当時は意識がないので価値観というものもなかったはずだが）の人々と交流する機会が生まれたのも要因のひとつのようです。そんな中、ギリシアは長く神託という形で二分心が残っていた場所でした。巫女など二分心を持つ人によって神の声を聞き、従っていました。現在でも、占い鑑定は人気がありますが、これは、神の声を聞こうとする形が残ったものだそうです。そして、現在でも3割の人が幻聴を経験しているのは、二分心の名残ということです。

ジェインズは、二分心、つまり心の二つの部屋を、その機能から、おおまかには右脳と左脳と考えました。そして、右脳で神の声を聞き、左脳でそれを実行するとしました。左脳には言語領域があり、細かいことを分析する能力があります。一方の右脳はイメージを見ることに関連していますが、情報を統合的に処理する能力があります。神の声を聞く部屋である右脳はこの統合機能のおかげで、全体のテーマを捉えることに優れているからこそ、大きな視点からのアドバイスを思いつき、またそれを聞いた左脳が細かく実行していくのです。

確かにＱＨＨＴでは夢遊性トランス状態（シータ波状態）になることで、左脳の分析的な部分が弱まり、右脳のイメージを見たり、統合的・包括的に見る力が活性化されます。そして、サブコンシャス（ハイヤーセルフ）が俯瞰的な視点から、小さな自己である被術者に、様々なアドバイスやメッセージをくれるのです。被術者のことを「この人」と三人称で呼ぶのは、心（脳）がこの二つの部屋に分かれていることを示しているように思います。

つまり、現代であってもQHHTの夢遊性トランス状態を作れば、二分心になれるということになります。さらに私たちは目覚めに向かって進化していることから、かなり大雑把な結論を出すと、何らかの形で左脳的な部分を弱め、そして右脳的な部分を活性化することで、誰もが神（大きな自己）の声を容易に聞くことができるようになるということです。脳には可変性があるからこそ、何千年の間に二分心から個人が意識を持つ形に変わってきたのですが、これは逆に、この脳の状態に戻すこともさほど難しくないということになります。

QHHTの催眠から目覚めた後に、時間がかなり経過していて驚く方が多いですが、これは、右脳部分をよく使う夢遊性トランス状態では、個という物質次元の枠から離れるために時間感覚が変化するからです。つまり物質的3次元を超えたなら、その状態では5次元意識にアクセスしやすいということです。つまり、二分心になり、それぞれが大きな自己からのメッセージをもらうようにすると、5次元の新しい地球意識にシフトしやすくなるということです。別次元の存在とコンタクトしたり、時空を超えてドロレスの所にやってくることができたノストラダムスは、その方法を熟知していたはずです。伝えたかったのは、その予言だけでなく、人間には元々そのような能力が備わっているということなのではないでしょうか。

そしてそれぞれが、大きな自己からメッセージをもらえば、他の誰かに振り回されたり、何かの情報を鵜呑みにすることもなくなります。スターシードは自分の故郷である恒星を探すことの大切さを伝えられましたが、大きな自己とつながるというのは、まさに故郷の星を探し、そことつながるということと関係しています。大きな自己の全体像を俯瞰して見ることができるようになるからです。そして、コロナ以降は黒い膜が取り払われたことで、宇宙へのアクセスが容易になり、地球が次元上昇するにつれて、大きな自己とつながることで、意識を変えることもどんどんたやすくなってきています。

多くのスターシードがこの時期の地球をめがけてやってきているというのは、このような変化を生で体験できるからということもあるのではないでしょうか？　そして、様々なタイムラインが集まったネクサスポイントにいるからこそ、自らの振動数に合う場所（次元）を選んで、そこに行くことができます。それは別の見方をすると、意識により自分に合った世界、望む世界を好きに創造できるという意味でもあります。こんなに楽しいことはありません。

私たちがそれぞれ大きな自己の意志にそって、新しい地球意識を楽しく創っていくこと。これが新しい地球へのステップとなるのです。

あとがきに代えて　惑星連合からのメッセージ

この本は、私のサブコンシャス、大きな自己からの指示により書いたものです。２０２０年に家に籠っていたときに、「データをまとめなさい」という声を聞きました。自ら受けたＱＨＨＴセッションで私は人類の意識の進化を見る目的があったことを思い出し、その頃のセッションから、それをまとめることにしました。

そして、２０２２年12月、この本の校正の最終段階で、ある方が来られました。この方は別のプラクティショナーのセッションを受けるつもりだったのに、私のサイトを見ているとき、急に何かに後ろを押されるようにして、予約してしまったそうです。そうやって来られた、このＫさんのセッション内容は、不思議なことに、この本を締めくくるのにぴったりのものでした。私が求めていたものをまるで知っているかのように感じました。それと同時に、このような形でドロレスは本を書いていたことに気づきました。

　ドロレスは、例えばアメリカである人のサブコンシャスが語る話の続きを、旅先のロンドンの別のサブコンシャスが話す、そうやって続いていく内容を本にしたとどこかで言っていました。私たちのサブコンシャス、大きな自己は目には見えない所でつながっていて何らかのやり取りをしているのです。自らの振動数に合う世界に行く、望む世界を創造できるとは、結局このように共鳴し合う存在同士がつながり、望むものが目の前に現れるということです。そういう意味では、この本自体が新しい地球意識に属するものであり、私個人が書いたというよりも、新しい地球の意識を創るために参加しているサブコンシャスたちの共同著作です。小さな自己である私はその指示に従いまとめただけです。

そして、Ｋさんがこのタイミングで来られたということ自体、新しい地球へ向けて惑星連合が応援してくれている何よりの証拠だと感じました。以下のセッションをあとがきに代えて掲載することにいたします。

セッション21（2022年12月）……惑星連合と5次元の地球

（N：施術者［筆者］　K：クライアント）

六芒星に配置されたピラミッド

K　なんか青い山？　青いピラミッドみたいなのが見えました。

N　もう少し詳しく教えてもらえますか？

K　青いピラミッドみたいなのが、そびえ立っていますね。濃い青で、自分から見ると、はるかに大きい。材質は……クリスタルみたいな感じの、透明的な材質です。

N　では、向こうが透けて見える感じですか？　透けて見える向こうは、何があるのですか。

K　透けて見えるけど、何もない。赤茶けた禿山しかない。ピラミッドのまわりには何もないです。

N　それを見ている、あなたの足元を見ていただくと、どうなっていますか？

K　足元？　空中に浮いている。足がない。体？　ないです。

N　どうやってそれを見ているんですか？

K　ただ見える。目も何もないけど見える。何も使っていない。

N　ピラミッドを見ていて、どんな感じがしますか？

K　ただ綺麗だなと。

N　そのピラミッドはひとつだけですか？　どんな配置ですか？

K　いくつかある。配置はちょっと遠くまで行かないとわからない。全部青で、点在して六芒星を作っている。ダビデの六芒星みたいな形に配置されている。

N　あなたはこれを見に来たのですか？　何しにここに来たのでしょうか？

K　見に来た？　何しに来た？　……ただいる。

N　六芒星になっていることをどんなふうに感じますか？

K　満たされている。何もいらない。

N　それはどういう意味ですか？　もう少し詳しく教えてください。

K　この場所は、これで完結している。

N　どうして完結しているとわかるのですか？　何か伝わってくるのですか？

K　ははは……もう満たされているの。理由がない。ものすごく幸せ。

N　幸せ？　それはその場所に行って感じたからということですか？

K　ここで満たされている。完璧である。

N　満たされると、何か自分の中に変化が起こりますか？

K　変化？　変化も何もない。ただいるだけで幸せだから。

N　そこにいるだけで本当に他に何もいらないのですね。

K　何もいらない。

N　それは、とてもいいですね。しばらくそこにいたい感じですか？

K　ず〜っといたい。はは……永遠に完結している。すべてがある。

N　それはピラミッドの配置のせいですか？　六芒星の配置は何か関係がありそうですか？

K　関係ある。パワーがそこからこんこんと出ている。この群青？　どういったらいいんだろう？　濃い青の光がパーッと出て、満たされているパワー……平和が行きわたった。

N　パワーというのは、その場所だけですか？　光のエネルギーというのはそこだけにしか伝わってないのですか？

K　本当は全宇宙に出ている。

N　それは、みんな感じることができるのですか？

K　地球からだいぶ遠いよ。

N　だいぶ遠い？　地球人は感じるのが難しいのですか？

K　ああ、難しいのかな？　地球になると、ものすごく雑な電波になっちゃうから、届きにくいかもしれない。地球のまわりに、靄《もや》みたいなものがかかっているから。妨害されている。

N　そういう話は他でも聞いたことありますが。

地球を覆う靄（雲）

K　地球のまわりに靄みたいなものがかかっているせいで、宇宙もみんなパワー出しているのに、届かないようになっている。感じたくても、感じられないようにさせられている。

N　これは問題ですよね。

K　そこをなんとか開こうと、みんな頑張っているのだけど。それを開けないと……、それが外れたら……。いろんな人（存在）がパワー出している の。私たちも出している。だけど、地球だけ本当に靄みたいなのがかかって、はね返しているのよ。すごく困っているの。困ったことだなって、みんななんとかしてそれを開けようと必死になっている。

N これは誰が困っているのですか？

K 地球（という星）とそこにいる人たち。

N 宇宙もそうやって応援して、パワーをいっぱい出してくれている？

K 出して、なんとか伝えようとしている。

N 誰がこの靄を創ったのですか？ なぜこの靄があるのですか？

K なんか変なやつが見えるな。黒いでっかい目をした変なやつ。頭は禿げで、目だけやったらでかくて。顎が尖った形をしているな。すごく気持ち悪いやつ。そいつらが絶対入らせないという感じでがっちりガードしている。俺たちの他にもいっぱい良い波動を出しているのに。それはグループで、妨害している。地球を籠城している。

N これはどうしたらいいのでしょうか？

K なんとか打破したいというので、みんないろいろ手を尽くしている。

N 例えばどんなことをしているのですか？

K どんなことだろう？ 宇宙船みたいなのが見えて、なんとかして接触しようとしているな。なんとか話し合いしようとしているけど、こいつらは絶対に応じないな。もうやめてくれ、もう終わりだからやめてくれと言って、大船団で呼びかけている。だけど応じない。

N このグループは地球を閉じ込めておくことで、何の利益があるのですか？

K　エネルギーを収奪する。……地球のエネルギーを食べている。
N　地球という星？
K　いや、星じゃない。人のエネルギーを食べている。それが美味しくてやめられない。それを維持するために、雲（靄）みたいなので覆っている。
N　困ったものですね。これはどうしたものですかね？
K　どうしたものだろうな。俺たちでもどうしようもできない。これじゃ、どうしようもできないからな。
N　俺たちというのは？
K　惑星連合。

惑星連合

N　惑星連合としてはなんとかしたいけど、どうしようもできないと？
K　できない。手を尽くしていたけど、できない。
N　あなたは惑星連合なのですね。惑星連合には他にどういうメンバーがいるのでしょうか？
K　他の惑星連合……木星がいるな。後は、わけがわからない星だな。地球の天体図にないような惑星だな。
N　これは太陽系の惑星ということですか？
K　太陽系外だな。太陽系外など、いろんな惑星がいっぱいある。それで連合を作っている。俺たちは遠すぎて、太陽系に行けない……太陽系に影響しにくい。
N　同じ惑星連合だけどかなり遠いと。さっきいた、あの六芒星の星ですか？

K　そうだね。六芒星の星だな。

N　あなたの星からパワーを出しているけど、遠いから届いてないのですか？

K　届いてないな……届いているけど、妨害されているんだ。

N　せっかく送っているのに、それは残念ですね。他の惑星連合は、どうすると言っていますか？

K　太陽系内の専門にやっている人（惑星）がいるから、その人（惑星）に任せるしかないって感じなんだよ。俺たちは太陽系外のちょっと遠い所にいるから、太陽系の近い人（惑星）たちが一生懸命頑張っているんだよ。俺たちは後方で支援するって感じだな。ちょっと太陽系から離れているんだ。

N　でも、後方支援として、そのパワーを一生懸命送ったりはしているわけですよね。

K　そうだね、それが我々の普通の自然なあり方だよね。

N　どういうことが自然のあり方なのですか？

惑星同士のコミュニケーション

K　自分のエネルギー、パワーを放射して、そして他の惑星がそれに感応をして、表現していくけど、それは波動同士のコミュニケーションなんだよ。言葉じゃないんだよ。惑星から波動を発して、その波動が他の惑星に届いたら、その惑星の別の波動を返してくるんだよ。波動同士のコミュニケーションだな。言葉を話さない。言葉じゃなくて、ウェーブで話している。

N　素敵ですね。あなたの所から、絶対の満足感というものを送っていますよね？　他の星はまた別の何かを送っている？　それが宇宙では普通なのですね。

K　そうそう。それが普通。相手がどういう波動を送ってくるかなって、楽しみにして。ポーンって返ってきたら、ああ、そういうことかとわかって、こっちもそれに合わせて波動を送る。バーンって発信するの。その波動のやり取りが楽しいの。

N この雲みたいなもののせいで、地球にはその波動が届かないので、返すこともできない？

K そうだね。だけど、これはもう改善されるって。

N それはどうやって？

銀河の波がやってくる

K 銀河自体に何かサイクルみたいなのがあって。またサイクルが進むらしいんだわ。そこで一気にその雲を掃除してしまう。波があるの。エネルギーには全体的に波みたいなのがあって。それが、今ちょうど波が起こるポイントになっているの。今はその周期のポイントになっているから、その波を生かして、雲を全部除去するという。そういう形で今太陽系内の人たちが動いているのよ。俺たちはずっと見ている。あまり力にならないけど、後ろで見ているという形だな。

N その波はもう来るのですか？

K もう来る。

N どのくらいで波が来るのですか？

K どのぐらいなんだろうな。全部行きわたるのが波なんだ。これは銀河全部にわたる波なんだよ。

N それは結構すごいですね。

K 大周期だな。大周期が来て、そこのポイントでもう全部切り替えるって。それがないとあの雲取り除けないって。

Ｎ　その波と一緒にやるしかないのですか？

Ｋ　ない。あいつらにも自由意志あるから。だから、尊重してやらなきゃいけないの。それが宇宙の法だから。

Ｎ　そいつらが地球のエネルギーが美味しいと食べていたら、それはそれでいいと？　話し合っても聞かなかったら、それはしょうがないということですか？

Ｋ　それも自由意志ではあるんだよ。認めるしかないんだよ。だからもうゼロにするしかないの。それは宇宙法である以上、雲を完全に取り除くとなったら、もうゼロにしてしまうしかないの。

Ｎ　ゼロになったら、地球はどうなるのですか？

Ｋ　だからもう廃止だよ。

Ｎ　地球も廃止というと？

3次元の地球と5次元の地球に分かれていく

Ｋ　３次元の地球と５次元の地球に分かれるんだよ。古くなったやつは、ボロボロになっちゃっているから、もうダメなんだ。サポート停止だよ。ゼロにするしか……。この気持ち悪いやつらの自由意志も尊重しなきゃいけないから。３次元（地球）は、もうおまえらにくれてやるわと。自由意志でお前たちも雲を創っただろうからって。一応、生産物だから、もうそれはお前らにくれてやるわと。ただそれが嫌な人もいるから、お前らを支援しない。だから、そこはもう切り離すしかないんだわ。向こうの自由意志も尊重して。でも、嫌だっていう人の意志も尊重しなきゃいけないだろう。そしたら、もう二つに分けるしかないんだよ。

N　それが、地球が二つに分かれていくということなのですね。

K　宇宙法に適っているの。宇宙法通りにやるとしたら、両方活かさないといけないから。

N　宇宙法というのは、そういうものなのですか？

K　自由意志。自由意志で自分がやりたいって思って創ったものは尊重されるの。

N　それに基づいて地球を分け、3次元の地球はあげるから、分かれた地球は5次元の方に行くと。それしかないということですか？

K　それしかもう解決法がないんだよ。気持ち悪いやつらの自由意志を尊重する。地球も、もう嫌だって言っているから、その意志も尊重しなきゃいけない。両方の意志を尊重するんだったら、それしか方法はない。すごく楽しみだな。雲がなくなって、地球が新しく入るんだよ。新しく、惑星連合に入るから。

N　その地球が入るんですね。

K　仲間が戻ってきたよ。楽しみだよ。みんな楽しみにしている。

N　ところで、あなたは太陽系外の別の惑星自体なのですか？　それとも惑星に住んでいる人ですか？

K　惑星だな。

N　惑星だから他の惑星のことも気になる、ということなのですね。

K　もう一体だから。組織というか、宇宙は生きているから。どこかが傷んだら、みんなわかるでしょう。例えば手を怪我したら、みんな心配になって、足は動くでしょ。足が動いてお医者さんに行ったりするでしょう。手と足は細胞的に遠いけど、だけどわかるでしょう。手を怪我したら足もわかるし、足を怪我したら手もわかるし。だから、どこか怪我したらみんなに伝わるの。だからみんな地球が苦しんでいるって知っているし、なんとかしたいと思っているし。

N　なるほど、全部すぐ伝わってくるのですね。他に何かそこで気づくことはありますか？

K　……（笑）何もない。ただ幸せだから。

最期の時（人間に生まれる準備）

N　何が起きていますか？

K　何か準備をしているな。惑星の意識から、落とす準備をしている。落とさなきゃいけないから。人間に生まれるから。

N　人間に生まれることを決めたのですか？　どうしてですか？

K　雲の中に入れないから。雲を直接除去できないから、生まれるしかない。生まれて波動を伝えるしかないって。もう、あの節目が来ているから、大きい波の節目が来ているから、だからみんなでちょっと生まれようや、ということで。だから有志を募って。みんなってわけじゃないけど、俺らの近く何名かも一緒に生まれてきているよ。

N　他の惑星だった存在ですか？　それまでは惑星として送っていた波動を地球の中から伝えようとするのですか？

K　そうそう。ちっちゃくしないと人間に入れないから、次元を落とさなきゃいけないから、今波動の部分を切り落としていっている。

N　どんな作業をしているのですか？

K　波動を細かく、細かく分けるようにしている。人間に生まれられるような形にしている。ただ、やりたくない作業だけど。

N　どうして、やりたくないのですか？

K　縮まるから。今まで波動をワーッと流して、向こうからワーッと返ってきて、それが楽しいけど、そんなことできなくなる。ちっちゃすぎて。特別な時や特別な目的でもないと、小さくならない。

N　結構特別な目的なのですか？

K　特別だな。余程なんだよ。

N　その波が来ることと何か関係があるのですか？（K：ある）どのように？

K　そのときでないと雲が除けないから。雲の地球（3次元の地球）と分かれた地球（5次元の地球）とに分かれるとき。

N　そのときにそこにいる必要性は何ですか？

銀河の波が来るタイミングでの支援

K　支援するためよ。俺たちの母星から、その波動をその生まれたやつに送って、そこから発信する中からきれいにしていくって形だよ。

N　外からも中からも、みたいな感じですか？

K　外からだと、さすがにあいつらもガードしているから、できないのよ。届かないのよ。それで中から。閉じ込められている人たちもいっぱいいるだろう。だからその人たちも、できるだけ救出してやらなきゃいけないんだ。

N　この波が来るポイントでないと、それはダメなのですか？

K　ダメだね。だって、「お前ら、苦しんでいる人たちいっぱいいるから、その雲取り除けよ」と言っても、向こうが嫌って言ったら、それはできないんだよ。

N　自由意志だからと言っていましたね。

K　こちらが強制的に撤去することはできないんだよ。だけど、波が変わるというときだったら、例外的にそれができるの。除去するわけじゃないけど。地球そのものを分けられるから。分割できるから。それは、その波のときでないとできないの。

N　分割するにあたっての応援という感じですか？

K　そう。そのときにやっぱり、残っている人たちもいるから、できるだけ、雲の中から脱出させる。

N　そのために、このエネルギーが必要なのですね。

K　必要である。惑星連合も、その人たちをこの雲から助け出したい。

N　これは惑星連合の考えということなのですか？

K　惑星連合も地球のことはやはり気にかけていたから。

N　有志を募ったっていうのも惑星連合で募られたのですか？

K　今になってやっとできるから。今このタイミングでやっと地球を分けられるから。分けるときでないと、こいつらの生産物を消滅させることができないから。だって、彼らがこうしたいと言って創ったんだから。宇宙法では、こうしたいと思って創ったことは存在できるの。

N　それは善悪とかそんなこと関係なく、ですか？

K　関係なく、こうしたいと思って創ったことは、存在できるの。それで地球を分けるしかないの。

N　その分けるにあたって、いっぱい（惑星から）生まれてきているのですね。

K　最後だから、もうできるだけ。人がその雲の中にとどまりたいという意志を出したら、それは認められるの。どれだけ収奪されていても、どれだけやつらにいじめられても、そこがいいという意志表示した時点で、そこはいいになるの。そこから出られないの。どれだけ嫌でも、意志が認められるから。地球に降り、俺たちがエネルギーを出して、できるだけここから出してやりたい。囚われた人たちに「もうここから出たい」という意志表示をしてもらいたい。

N　その波動があれば、そういう気持ちにさせるわけですね。

K　そうそう。出たいっていう意志表示した時点で新しい5次元（の地球）に移れるの。出たいという意志表示をしたから、それは認められるの。

N　エネルギーを小さくしてまで、よくそんなことをやろうと決めましたね。

K　でも、もうこれで最後だから。ここで、もう決まる、勝負が決まるから。

N　他にも来ているって言っていましたね。みんないろいろ応援してくれているのですね。

K　………（笑）。

N　どうしました？

5次元地球へ移行したお祝い

K　惑星たち、みんなで集まって踊っている。惑星連合で踊っている。光の神殿みたいな所に集まって。光の中に集まって、みんなで楽しく踊っている。

N　楽しそうですね。これは何の踊りですか？

K　地球がめでたく成功したって。

N　成功した！　もうお祝いしているのですね。すばらしい。地球はすでに5次元にいるのでしょうか？

K　そうだね。もうスタンバイしているね。最後の移行の作業が残っているという感じ。

N　最後の移行の作業が残っているけど、もう地球自体はもうちゃんとそこに？

K　もうあるね。

N　だからみんなでお祝いして（笑）。嬉しいですよね。他に何か気づくことありますか？

K　なんか上の人？　壇みたいなものが見えて……今、光の中にいるんだけど。光の所のパーティー会場の上に壇みたいなのがあって、偉い人が何か講演しているな。「みんな、おめでとう」って言って。「これから、みんな地球を応援してやってくれよ。楽しい宇宙生活になるからな」みたいな感じで。「応援してやってください」とか言っているな。

N　誰が言っているのですか？　それはどんな人ですか？

K　誰だろう？　もう厳かな感じだね。厳かな感じの……人というか、エネルギー体なんだけど、権威のある感じ。俺たちを統率している長みたいな感じの人。すごい偉い人だな。

N　その人が惑星連合を統率しているっていうことですよね。

K　「おめでとう」って。「地球くんが新しく来るから、みんな仲良くしてやってよ」って。すばらしいね。

N　本当にすばらしい。

K　いろんな……俺たち体なくて、エネルギー体なんだけど、何か談笑しているよ。パーティーで談笑しているという感じ。酒とかないんだけど、波動で、なんて言ったらいいのかな……コミュニケーションできるの。そのパーティーみたいな感じ。お祝いだな。完全にお祝い。

N　地球は、ほぼ準備ができているんですね。

K　できている。

N　他はどうでしょうか？　もっと他に何か見たいものがあれば見ていただきたいのですが。
K　あなたに「ありがとう」って言っている。
N　あなたというのは私？　どうしてですか？
K　「御世話になりました」みたいな感じで。
N　わあ、嬉しい。
K　あなたもよく頑張っているから。頑張っている光の人だから、「呼んでくれてありがとう」みたいなメッセージを出している。
N　めちゃくちゃ嬉しいです。どうもありがとうございます。

サブコンシャスとの会話
なぜ先ほどの人生を選んで見せたのか？

N　なぜ、惑星の人生を見せたのですか？
K　それが本来の目的だから、それが本当の姿だから。
N　それをKさんに知ってほしかったと。今回、地球に来た目的というのは先ほど言ったことですか？

地球に来た目的：支援のためのエネルギーを流すこと

K　そうです。この変化の時に、最後の支援をしなきゃいけない。
N　支援とは、具体的にどんなことをするのが良いのですか？
K　具体的にエネルギーを流すというのが仕事だから。元々いた惑星からエネルギーを引っ張ってきて、生まれている身体を通して流すの。それが仕事だから。

N ということは、例えば本を書くとか、そんなことは別にしなくていいということですか？

K 別にしなくていい。でも、この身体を通してこのエネルギーを流すっていうことはやらなきゃいけない。それは今やっている。

N 本人は自覚あるのですかね？

K ないと思うね。意識させちゃいけないというのがあるから。自分がエネルギー流しているとわからないほうがいいかもしれない（このセッション自体がフルトランスで本人の意識が全くなかった）。

N ちょっとバレましたけど、どうですか？

K それはもう最後だし、まあ、いいだろうということで。

N 今まではあえて意識させないようにしていたのですか？

K 今まで全く意識させなかったはず。

N どうして意識させない方がいいのですか？

K 混じるから。顕在意識から取ってきた要素がその惑星のエネルギーに混じっちゃうから。不純物を混ぜない。暗い雲で覆われていて、もう意識もエネルギーも汚染されているから。顕在意識といっても、絶対どこかで汚染しちゃっているのよ。それが1回入ると汚染されちゃうのよ。水の中に毒が入ったら、どんなに薄めたって、毒性は低くなるけど、毒になっちゃうんだよ。純粋なものに保つために、それを一切入れちゃいけないの。そのためには、顕在意識を一切通してはいけないの。自分がエネルギー流しているという役割を持っているほとんどの人間は、意識してないはず。それがわかった時点で、今まで顕在意識で取った汚染が入っちゃうの。

N　今回は知ってしまうことになって、本当に良かったのですか？

K　もう最後だからいいわ。もう終わるから、もう地球が終わるから。

N　さっき言った地球が分かれるのが、もうすぐだということですか？

K　そう。だから仕事としてはもう十分やっただろう。

N　今まで何十年もずっとやってきているわけですね。後は？

K　後はもういいよって。もうこいつの好きにしたらいいよって。

N　ご本人も残りの人生は消化試合みたいなものと言っていましたが、いいのですね？

K　いいよ。もう十分エネルギー流したし、後は地球が終わるのを待つだけだから。

N　終わるというか、分かれていくということですね。雲に包まれた地球はそのまま3次元にいて、一方は5次元の地球に。

K　そう。もうバイバイだよ。

5次元の地球へのアセンションについて

N　この質問の中に、5次元地球のアセンションについてとありますが、これはもうすぐなのですね？

K　そう、もうすぐ。準備はできている。後は、最終段階だけ。

N　最終段階？　何が整えばいいんですか？

K　最後にあいつらがもう降伏しないということを確定したら。もう確定はしているんだけど、最後の認証の機会が来る。最終チェックの機会が来るの。段階がある。

N　降伏しないことを確認するのですね。

K　そう。それが破られたときに、もう本格的に切り離すの。それでスイッチが押されて、バイバイという形になるの。

N　先ほど支援として地球に来ている人たちのエネルギーでなんとか引き上げると話されていましたが、それをやってきているのですか？　その効果は出ている感じですか？

K　やってきている。その効果は出ているね。もうみんな波動が上がっている。全体的な波動が上がっている。

N　私もそう思います。

K　目は見えないんだけど、波動が全体的にアップしていると、ちゃんと数字でわかるんだよ。そういう人たちがたくさん生まれて、エネルギーをずっと流してきたから、結果になってちゃんと波動が上がっているのよ。俺らはそれがわかるから。もう、後ちょっと。

N　楽しみですね。

K　バラ色の世界が待っているよ。

エレナ・ダナーン［"The Seeders: Return of the Gods（2022）『〔ザ・シーダーズ〕神々の帰還』"］によると、人類には22種類の宇宙人のDNAが入っていると言っているが、これは5次元の地球に行くと発動されるのか？

K　もっとあるだろうな。22よりもっと多いと思うけどな。とにかくいろんな所の遺伝子を取ってきて混ぜたんだよね。混ぜた人（存在）がいて、それを封印していたんだよ。いろんな所の50ぐらいの宇宙人のDNAを混ぜて、そこで何ができるだろう?って。高価なおもちゃを作ったようなものだよな。だけど、この黒い連中が無茶苦茶に使うみたいだったから、今は停止しているのよ。少ししか使えないように停止してあるの。

N　わざと停止しているのですか？

K　そう、能力なんか使っちゃいけないと思う。どうせこいつら、ろくなことに使わないし。もっともっとひどいことができたらするからさ。ろくなことに使わないから。原子爆弾を作ったでしょう。せっかく地球で相対性理論というすごい理論がもたらされたのに、あいつら原爆で使ったでしょう。馬鹿か。

N　作ったのも、そちらの関係者ですか？

K　闇が主導して、首脳とか政治家とかを乗っ取ってね。自分たちが思うように操作するのよ。魂ごと強力にがっちり掴んでいるから。せっかく相対性理論というのを地球に流したのに、爆弾に使いやがったんですよ。もう馬鹿ですよ。そんな使い方するようでは、魂のＤＮＡを開花させるわけにいかんのよ。いろんなことができるんだから。まるで、物のわかってない赤ちゃんに包丁を与えるようなものだから。だから厳しい制約をつけなきゃいけなかったの。なぜＤＮＡが使えないかというと、こいつら闇の奴らがいるからよ。安心して使える環境じゃないと。ガキが刃物を振り回して、何するかわからないようなものだから。５次元地球になって、そういう悪い奴らとか、馬鹿な用途に使うやつがいなくなって、平和にみんな仲良くやっているなとなったら、遺伝子をオンにしていくんだよ。

N　これは、徐々にオンになっていくのですか？

K　いきなりオンになって、１００パーセントになると、人間の身体が耐えられるかどうかわからない。

N　それはどうしてですか？

K　ＤＮＡって光のエネルギーを流す媒体なんだよね。光のエネルギーとつなぐ媒体みたいになっているので、一度に全部オンにすると、強い電流が一気にガーッと入ってる状態になるから、ショートするというか、感電するというか。だから、徐々に慣らしていかないといけなくて、いきなり高電圧がバーッと来たら、焼き切れちゃうときがあるの。だから様子を見守って、段階を踏んで少しずつ強化して、ショートしないように、徐々に電線を太くしていくという形なんです。

N DNAというのは光を受け取る媒体なのですね。いっぺんにやるとショートするから、ちょっとずつ？

K いきなりやってもいい人もいるけど、だけど人類全体で考えたら、ショートして焼き切れちゃう人のほうが多いの。強い人はいいよ。霊的な修行を積んで、強い光を受け止められる人はいいけど。だけど、普通の人はそんな光を受け取る訓練なんてしないでしょう。いきなり強い電流を流したら、もう焼き切れちゃうのよ。それは、やっぱりダメだなということで。

高い次元にも悪の同盟がいるようだが、地球が5次元にアセンションしても奴隷化される可能性はあるのか？

K ないね。完全に切り離すから。もう、みんなカンカンだから、もう3次元の黒いやつ（地球）は、もう完全に隔離して一切サポートしない、朽ちていくに任せるという戦略にしたのよ。当然、包囲網を引いているよ。

N もう一切タッチしないのですか？

K そう。傷を負って、しばらくしたら、かさぶたになるじゃないですか。かさぶたは残るけど、放っておかれ、生体からは切り離されるんですよ。傷ついたら、血が固まって、かさぶたになるけど、皮膚ができたら剥がれ落ちるのです。その後かさぶたはどうなるか？　そのままです、変わらないです。傷ついた部分は皮膚が回復して、また元通りの身体に戻るということ。

N　かさぶた自体は切り離されてしまうから、もう知らないというような感じですか？

K　そんな感じ。くれてやるよ、お前らそこで遊んどけよ、って。

N　惑星だったのに、今回わざわざ小さくして降りてきているのは、3次元地球か5次元地球かで、まだ何か迷っている人がいるからということですか？

K　そうそう。やっぱり全員が全員、闇の中で生きてきたからね。闇の中のほうがいいっていう人も、結構いっぱいいたりするんだよね。

N　そちらに慣れていますからね。

K　引き上げるためには、外から支援しなければ、ちょっと無理だったろうというのがあって。だから特別に支援するという形。

N　それによって、だいぶ波動が上がってきて、みんな5次元地球のほうを選んできているというわけですね。でも、今このときに私はどっち？と思う人はどうしたらいいのでしょうか？

K　意志を出すことだね。もう3次元地球は嫌だという意志を出すことだね。自由意志の法則だから。もう嫌だって意志を出したら5次元地球に行ける。

N　それだけで十分ですか？

K　それだけで十分。嫌だという意志を出すことで、自由意志の法則から、5次元に行きましょう、となる。

N　それだけでいいのですね。すばらしい。特別に修行しなければ行けないということではないのですか？

K　ないですね。

N　それはいいことを聞きました。ありがとうございます。この地球の移行に関して、他に何か付け加えることはありますか？

K　いや、もう順調にうまくいっているよ。

N　いや、よかったです。少し聞いていいですか？　他の方の情報で、新型コロナウイルスのパンデミックが始まったというのも、ひとつのきっかけになったという話がありましたが、これについてどう思いますか？

K　コロナがきっかけで何が起こったって？

N　もう少しみんなが真実を知ろうと、人々の意識が変わったという。

K　変わった？　……コロナ自体は闇の黒い雲を創っている連中の仕業だから。変わったのか？　ただ妨害しただけじゃないのか。意識を変えるためなのか？

N　それを誰が創ったとかはわからないです。というよりも、それによって、「こんなのは嫌だ」とか「これはおかしい」という気持ちになった人が増えた、そういう意味です。

K　う〜ん、それを意図してやったんじゃないと思うけどな。

N　意図はしていないと思います。ただ結果として……。

K　結果としてそうなったとしても、仕掛けたやつ自身はそうは思ってないだろうね。結果としてそうなったってことは、あるね。それがより大きな何かの指示なのかどうか、それはわからない。結果として、嫌だって人は多くなった。それはいいことかもしれない。

N　そう思うのですよね。「おかしい」と思うようになった人は本当に増えて、だから今のままの３次元地球は嫌だと。

K　それはいい流れだと思う。

N　それをちょっと確認したかったのです。

K　コロナを創った人間はそれを意図して創ったわけではないと思う。むしろ逆で、もっと苦しめて、もっと縛りつけて。その意図しかないよ。

N　でも、そこから「もう嫌です」となった人が増えた。結果はそうなので、宇宙って面白いですね。

K　わからないところもあるからな。

２年前から眉間の間がウズウズするのは何か

K　いじって開こうとしている。ただ全面的に開くわけにいかない。

N　なぜですか？

K　まだ見せるわけにいかないから。まだちょっと。この男には知らないままで、地球のアセンションの日を迎えてほしいの。私は何も知りませんでした、という形で迎えてほしいから。だから霊能力は開かせない。ただ、いじってはいるよ。ちょっといじって通りを良くしているだけ。開きはしない。こいつはただの人として、アセンションするの。

N　どうしてそちらのほうがいいのですか？

K　能力が開かないほうが俺たちにとってはいいの。外に出ないほうがいいから。

N　出てしまうと、まずいのですか？

K　まずくはないんだけど。人の目とかにさらされると、当然人の想いや多くの人の目が向けられて、多くの人の想念がこっちに来るんですよ。やっぱり純粋なエネルギーを流したいというのが僕らにはあるんでね。できれば不純物は入れたくないの。能力が開いたら目立っちゃうの。「誰々さん、チャクラ開いていろんなことできるらしいよ」と言ったら、人がわーっと来るでしょう。悪い波動とか想念も当然いっぱいもらってきちゃうわけですよ。それは、できれば避けたかったのね。それを避けるために、最後の一個は開かせない。最後の門は閉じている。絶対開かせない。僕らはやろうと思えばできるのよ。チャクラを開くぐらい、わけないのよ。

N　あえて開けないのですね。

K　そう。純粋なエネルギーを流し続ける。それが僕らの本当の役目だから。この役目の人は、目立たない人が多いはずだよ。目立つ人は、目立つ人で役割があるのよ。プレゼンしてやる仕事があるからさ。それはそれでいいんだよ。役割の違いだな。

N　確かにセッションに来られた方でも、表には出たくないという方も結構いました。

K　仕事としては、僕らと同じような感じだろうね。エネルギーを上げるのに悪の連中の奴らに邪魔させちゃいけないから。目立つとあいつらは絶対邪魔してくるから。エネルギーを上げる役割の人間は逆に絶対目立たないはず。できるだけ、不純物を排除するはず。

N　いろいろとわかった気がします。本当にいろんな役割があるんですね。

K　人それぞれ持っている役割が違うからね。だから、その役割に応じた生き方というのは、人それぞれその目的によって違うと思う。

残りの人生は消化試合みたいなもので、集めた2万冊の数学書を読むぐらいと感じているが、今後についてのアドバイスはあるか？

K それを読め。

N どうしてこれを読む必要があるのですか？

K 5次元地球になって、そちらの方向、数学系の知識を使って仕事するから、今しっかり勉強しとけ、と。来世で数理科学の仕事をする。5次元地球の来世でちょっと仕掛ける。そのときに科学的な所で出る。

N 数学とか物理は元々勉強しなくても得意だそうですが、これは、どこから持ってきたのですか？

K それは我々の惑星的なものかもしれないな。我々惑星自体が幾何学とか、幾何パターン、波動、そういうものを扱う、そういう流れの惑星なんだよ。そういうのが得意な惑星なの。

N だから青いピラミッドが六芒星の形で置いてあったのですね。そのように配置することでパワーを出せることを知っていたのですか？

K パターンを生成する機械のようなものだから。今のパソコンのようなものだ。

N そういえば、工場で働いている夢をよく見るというのは、このことと何か関係ありますか？

K 工場というよりも、波動の調整だろうな。そのピラミッドで、いろんな所をいじって、調整して波動を出している。波動を出す実験しているの。そのときの作業が変換されて、工場というイメージになったんだろうな。ピラミッドの中で、いろんなパラメーターをいじって、エネルギー、波動を出してテストしているの。こういうパターンでやったらどんな波動が出るのかな、とか。パソコンのディスプレーで実演しているみたいな感じで、そういう実験をしている。

N それをこちらにいるKさんが受け取って、そのエネルギーを流さなければいけないと言っていましたよね？

K 調整しながらエネルギーを流しているの。それが夢で工場となっていると思う。

N 来世でやることも、ちょっとそれを生かしているということですね。

K そうそう。波動に関係する仕事だな。波動の調整とか、幾何パターンをいじって、どうやって波動を変えるか。

N それは5次元地球ではすごく生かされる仕事ですね。そのために今数学書を読んで勉強しておくと。

K じっくり研修しろよ。

N 学校にいる夢もよく見ているそうですが、これは何ですか？

K 地球霊界の学校に行って、地球霊界、太陽系霊界についての特殊な知識を学んでいる。太陽系に特化した知識を学んでいる。

N この太陽系を知らないからですか？

K そう。俺たちは、ちょっと遠い所に住んでいるから、太陽系はよくわからないから。地球霊界だけじゃなくて太陽系の宇宙のことを学べる惑星があって、そこのスクールに通っている。5次元地球で新しく仕掛けるんだったら、その土地のことを学んでおかなければいけないでしょう。だから、そこで下ごしらえさせているの。準備して次で科学的な波動パターンや幾何学で打って出る。仕掛けるの。波動で物を動かしたり、波動を使って物を生み出したりする。だから、テレポーテーション的な感じもあるけど、無から何かが生まれる電子レンジ。空っぽなのに、ある波動のパターンを調整してプッシュしたら物が出てくるの。

N すごいですね。

K　それは波動力だね。波動を知ってないと、それはできないんだ。それは元々の惑星の波動を使って何かをするということ。5次元地球で僕らが出すイベントとして、こんなことできるよというのを見せるため。

N　いろんな惑星から来た人はそれぞれイベントを用意しているのですか？

K　だからみんなパーティーで喜び合っているの。「今度、何？　あそこで何仕掛ける？」「俺らは波動で無から生み出す電子レンジを創るわ。あなたは何を創るの？」そういう話はしている。新しい地球で何を仕掛けるのか、みんなもう仕込んでいるよ。

N　私は今世が終わったら、もう宇宙に帰ろうかと思っていたのですけど、それ聞くとまた地球に来たくなりますね。

K　楽しい商店街みたいになるよ。

N　楽しそうです。他に何か言い足りないことや付け加えたいことがあれば、どうぞ。

K　言い足りないことはないことはないな。ただあなたも光の人だというのがわかったんで、この方、やはりあなたにしか伝えたくなかったな。だから、俺たちを呼んでくれてありがとう、と言いたい。

N　こちらこそ、ありがとうございます。

K　あなたは光の人として本当に一生懸命働いているとわかったから、だから俺たちは、あなたのことを応援していますし、だからあなたの所に行きたかった。

N　すごく嬉しいです。ありがとうございます。

K　これからも、光の活動として、こういうセラピーを続けてほしいなと思う。

N　はい、もちろんやっていきます。ありがとうございます。

最後にKさん自身へのメッセージ

K　のんびりやれよ。もう仕事やったから、あんた結構頑張ったから、もうゆっくりやってくれよって。それだけだね。

Kさんをはじめ、セッション掲載を快く許可してくださった皆様と情報を与えてくれたサブコンシャスたちに心から感謝いたします。それぞれの方がそれぞれの方法で地球の次元上昇を支え、新しい地球意識を展開していくことに協力してくださっているということだと思います。その中でホームページの掲載を希望された方は以下の通りです。よろしければ覗いてみてください。

セッション4　Sさん：mimosa ▼ https://69mimosa.net/
セッション10・16　Moさん：MOPRHO WAVE ∞ ▼ https://morphowave.com/
セッション15　Rさん：小池了 ▼ http://soulscience.jp/
セッション18　Aさん：Blue Dragon ▼ https://www.bluedragon-an.jp/
セッション19　T. N. さん：FREE YOURSELF ▼ https://freeyourself-tokiko.stores.jp/

最後に、ナチュラルスピリットの今井社長にはこのような機会を与えてくださったことに、心から感謝をしております。尊敬する師であるドロレスと同じく、ナチュラルスピリットから本を出すことになるとは夢のようにすばらしいことです。本当にありがとうございます。そして、前著に引き続き編集を担当してくださった岡部智子さんには本当にお世話になりました。ずっと感謝しています。

■著者プロフィール

Naoko

QHHT®レベル3プラクティショナー。

九州大学大学院教育学研究科教育心理学専攻 修士課程修了。イリノイ大学シカゴ校大学院アートセラピー専攻 修士課程修了。夢やアート、イメージを用いたセラピーを長年実践研究し、ヒーリングなどのエネルギーワークも行ってきた。松村潔氏考案の精神宇宙探索がきっかけとなり、変性意識や宇宙に対する興味が深まり、主宰した「変成意識編成会」が『みんなの幽体離脱』松村潔編著（アールズ出版）として、まとめられた。

2017年よりQHHT®プラクティショナーとして活動する側ら、QHHT®レベル2ハワイクラス通訳、レベル1オンライン・コースの翻訳校正などにも関わる。QHHT®セッションで多くの宇宙世記憶を持った方に出会い、その面白さに目覚める。その内容を本やブログ、SNS等で発信し、宇宙意識に目覚めるきっかけにしてほしいと願っている。

著作：『宇宙世記憶—大いなるものとつながって』（ヒカルランド）。

翻訳：ドロレス・キャノン著『ノストラダムスとの対話　予言者みずからが明かす百詩篇の謎』（ナチュラルスピリット）。

WEBサイト：アル・リシャ　https://www.alrescha17.com/

新しい地球へようこそ！

サブコンシャスからのメッセージ

●

2024年7月13日　初版発行

著者／Naoko

装幀／福田和雄（FUKUDA DESIGN）

編集／岡部智子

本文デザイン・DTP／小粥 桂

発行者／今井博揮

発行所／株式会社 ナチュラルスピリット

〒101-0051 東京都千代田区神田神保町3-2 高橋ビル2階
TEL 03-6450-5938　FAX 03-6450-5978
info@naturalspirit.co.jp
https://www.naturalspirit.co.jp/

印刷所／モリモト印刷株式会社

ISBN978-4-86451-483-5　C0011
落丁・乱丁の場合はお取り替えいたします。
定価はカバーに表示してあります。